高等学校人工智能通识教育系列教材

计算与人工智能通识

主　编　李晓昀　万亚平
副主编　何啸峰　周恺卿

中国教育出版传媒集团
高等教育出版社·北京

内容提要

本书从基础概念到实际应用，全面介绍了计算与人工智能的核心知识。

本书共9章，遵循"理论为基、实践导向、前沿引领"的编写理念。前4章构建了完整的计算机科学知识体系，为后续人工智能、大模型、具身智能相关技术的理解、机器学习算法的应用奠定基础。后4章紧扣人工智能核心理论、前沿技术及应用。最后1章作为一个应用场景，以国产软件WPS为例，介绍利用人工智能助力智慧办公。

本书精选了大量案例与应用场景，兼顾经典与前沿，旨在增强初学者的学习兴趣，拓展他们的视野；本书还设计了多个实践环节，如利用大模型完成不同类型的任务，编写Python程序使用机器学习算法完成预测等，让初学者能够跟随书中内容完成实际操作，建立学习自信，激发学习热情。

本书适合作为高等院校"人工智能通识""大学计算机基础"等信息技术类通识课程的教材，也可供对人工智能与信息技术感兴趣的人员参考。

图书在版编目（CIP）数据

计算与人工智能通识／李晓昀，万亚平主编；何啸峰，周恺卿副主编． -- 北京：高等教育出版社，2025.8. -- （高等学校人工智能通识教育系列教材）． -- ISBN 978-7-04-065120-1

Ⅰ．TP3；TP18

中国国家版本馆CIP数据核字第2025D0J468号

Jisuan yu Rengong Zhineng Tongshi

| 策划编辑 | 耿 芳 | 责任编辑 | 耿 芳 | 封面设计 | 张 志 | 版式设计 | 杨 树 |
| 责任绘图 | 于 博 | 责任校对 | 王 雨 | 责任印制 | 耿 轩 | | |

出版发行	高等教育出版社	网　　址	http://www.hep.edu.cn
社　　址	北京市西城区德外大街4号		http://www.hep.com.cn
邮政编码	100120	网上订购	http://www.hepmall.com.cn
印　　刷	北京市联华印刷厂		http://www.hepmall.com
开　　本	787 mm×1092 mm　1/16		http://www.hepmall.cn
印　　张	18		
字　　数	360千字	版　　次	2025年8月第1版
购书热线	010-58581118	印　　次	2025年8月第1次印刷
咨询电话	400-810-0598	定　　价	48.00元

本书如有缺页、倒页、脱页等质量问题，请到所购图书销售部门联系调换
版权所有　侵权必究
物　料　号　65120-00

新形态教材网使用说明

计算与人工智能通识

主　编　李晓昀　万亚平
副主编　何啸峰　周恺卿

1. 计算机访问 https://abooks.hep.com.cn/1272381 或手机微信扫描下方二维码进入新形态教材网。
2. 注册并登录后，计算机端进入"个人中心"，点击"绑定防伪码"，输入图书封底防伪码（20位密码，刮开涂层可见），完成课程绑定；或手机端点击"扫码"按钮，使用"扫码绑图书"功能，完成课程绑定。
3. 在"个人中心"→"我的学习"或"我的图书"中选择本书，开始学习。

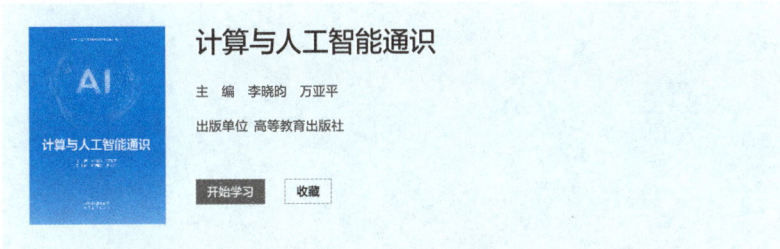

　　受硬件限制，部分内容可能无法在手机端显示，请按照提示通过计算机访问学习。

　　如有使用问题，请直接在页面点击答疑图标进行咨询。

https://abooks.hep.com.cn/1272381

前　言

人工智能正以前所未有的速度和深度重塑人类社会的方方面面。从大模型引发的生产力革命，到具身智能对物理世界的感知与重构，这场技术浪潮不仅加速了知识生产的范式转型，更对人才培养提出了全新挑战。高等院校的学生，既要理解智能技术的底层逻辑，又需具备将技术转化为创新解决方案的实践能力。

作为高等学校信息技术类通识课教材，本书规避了对复杂算法本身的深入剖析与数学推导，侧重阐释技术"是什么"，它们"为什么会这样发展"，它们"能做什么"以及它们"会带来什么影响"。现代人工智能的核心技术根植于计算系统与数据处理，而智能决策的实现则依赖算力提升、高质量数据供给、算法创新以及领域知识的协同。本书正是在这样的背景下精心编撰而成。我们选择从"计算"这一基础切入，引导学生探索物理世界信息如何转化至数字世界，计算系统如何处理数据，以及在大数据的推动下，智能如何逐步涌现。这种循序渐进的路径符合初学者的认知规律，不仅能够奠定他们坚实的理论基础，而且还能激发他们对人工智能技术的兴趣和应用欲望。

本书共 9 章，遵循"理论为基、实践导向、前沿引领"的编写理念，具有以下几个方面的特色：

(1) 从"计算"的本源出发，构建认知基础，而非直接切入"人工智能"

很多人工智能通识教材可能直接从人工智能的定义和发展史开始介绍，本书则将"计算"本身置于开篇，探讨智能与计算的关系、计算工具的演变，特别是"思维范式"的变革。这体现了一种"溯源"的思路，帮助初学者理解人工智能之所以能够出现和发展的底层逻辑，是计算能力的进步和计算思维的形成。这为后续理解 AI 的"可计算性"和"数据驱动"特性打下了坚实的基础。

(2) 强调"数据"的核心地位，并将其作为连接"计算"与"人工智能"的桥梁

在介绍计算工具之后，第 2 章和第 3 章则说明了信息在计算机中是如何存在的，

以及信息在计算机中是如何计算和管理的，并在第 4 章阐述了数据的处理流程、大数据如何产生以及有何价值。这凸显了数据在整个信息技术和人工智能领域的核心作用。对学生而言，理解数据如何被数字化，如何被处理，以及大数据带来的机遇和问题，是理解后续机器学习、大模型等技术的关键。这种安排使得从计算到人工智能的过渡更为自然和顺畅。

（3）构建循序渐进的知识体系，兼顾计算机科学内在逻辑与学生认知规律

整体来看，本书脉络清晰，先建立宏观认知和底层基础，然后逐步深入 AI 的核心技术和前沿方向，最后落脚到具体应用，每一章都为后一章做了铺垫。例如：不理解数据表示和计算系统，就很难理解数据处理和机器学习的原理；不理解机器学习，就难以把握大模型的核心思想。这种结构设计充分考虑了零基础学习的认知曲线。

（4）覆盖主流前沿技术，注重讲清楚"是什么"与"怎么用"

除了机器学习这一核心技术外，本书紧跟时代步伐，着重介绍了当前发展最快的"大模型"（第 7 章）以及代表未来趋势的"具身智能"（第 8 章）。更重要的是，对于这些前沿技术，本书不仅介绍了它们的特点和核心技术，还特别强调了在不同领域的一些常见应用，对于初学者来说，是非常实用且能立刻感知效用的内容。

（5）注重实践案例设计，实现知识的落地与技能的转化

全书设计了 3 个模块的实践，分别是"机器学习"（第 6 章）、"大模型及其应用"（第 7 章）以及"智慧办公"（第 9 章）。机器学习没有复杂的算法与数学推导，而是以分析数据特点为主，根据数据集特点选择对应的机器学习算法，且非常详细地介绍了如何一步步基于公开数据集快速完成一个分类预测。大模型的应用则选择常见的场景与任务，便于学生模仿、复现相关任务。最后，通过介绍文字处理、电子表格、演示文稿中的 AI 应用，将前面章节学习到的 AI 概念具象化、实用化。这些实践内容的设计，能有效提升初学者的数智素养。

（6）重视伦理教育，注重培养思辨能力

本书没有一个单独的人工智能伦理章节，而是在每个章节中都融入了数据隐私、算法偏见、模型安全、责权归属等关键议题，培养学生的理性思辨能力。引导初学者充分了解人工智能技术的功能特点、局限性及潜在风险，进一步关注人工智能对社会、对本学科带来的影响与责任问题。

（7）用"思考与拓展"取代"习题"

本书建设了丰富的线上资源与题库，因此，每章末尾没有设置"习题"，而是设置了"思考与拓展"，鼓励初学者深入思考、自主探索。

在本书的编写过程中，李晓昀负责内容的设计与统稿工作，并负责第 1 章、第 6 章、第 8 章的主要编写；万亚平负责第 2~4 章的优化与修改；何啸峰负责第 5~6 章的优化与修改；周恺卿负责第 7~8 章的优化与修改。

另外，南华大学计算机学院鹿江春负责第 2 章的编写，黄玲玲与李华新负责第 3 章部分内容的编写，周倩芳与邹腊梅负责第 4 章部分内容的编写，陈星负责第 7 章的编写，胡义香负责第 5 章部分内容的编写，李丽华与雷雪飞负责第 9 章的编写。同时，还要感谢罗江琴、陈星、周倩芳、雷雪飞、胡义香老师在寒假耐心完成了书稿的校稿工作。

衷心感谢武汉理工大学赵广辉教授，作为本书的审稿专家，他提出了许多中肯的修改意见；也要衷心感谢中南大学刘卫国教授，在我校首轮教学实践中，遇到困惑、困难时，帮助我们梳理思路，寻找解决方案。

编写教材，既是机遇，也是挑战。本书依然有许多不足之处，敬请各位读者、前辈、同行批评指正。

编者邮箱：10892136@qq.com。

编 者

2025 年 3 月

目 录

第1章　计算与思维方式变革　1
1.1　智能与计算　1
　　1.1.1　智能的定义　1
　　1.1.2　计算的定义　2
1.2　计算工具演变历程　2
　　1.2.1　从手工计算到机械计算　3
　　1.2.2　机电混合式计算　4
　　1.2.3　电子计算机的发展　5
　　1.2.4　新兴计算技术的探索　11
1.3　思维范式　14
　　1.3.1　实验科学范式　14
　　1.3.2　理论科学范式　15
　　1.3.3　计算科学范式　16
　　1.3.4　数据科学范式　17
思考与拓展　19

第2章　数据表示与编码　20
2.1　进制系统及转换　20
　　2.1.1　计算机与二进制　20
　　2.1.2　进制系统与进制转换　22
2.2　数值数据的编码　26
　　2.2.1　整数的编码　27
　　2.2.2　浮点数的编码　29
2.3　字符与文本数据的编码　30
　　2.3.1　英文字符的编码　30
　　2.3.2　汉字的编码　32
2.4　媒体数据的编码　34
　　2.4.1　图像的编码　34
　　2.4.2　声音的编码　38
思考与拓展　41

第3章　计算系统　42
3.1　计算机硬件组成　42
　　3.1.1　冯·诺依曼结构计算机　42
　　3.1.2　指令的表示与执行　51
3.2　计算机语言与程序执行方式　53
　　3.2.1　机器语言与汇编语言　53
　　3.2.2　高级语言　55
3.3　操作系统与计算机资源管理　57
　　3.3.1　操作系统的演进　58

3.3.2　操作系统的核心
　　　　　　功能　　　　　　60
3.4　并行计算与分布式计算　63
　　　3.4.1　并行计算　　　63
　　　3.4.2　分布式计算　　64
思考与拓展　　　　　　　　66

第4章　数据与大数据　　　67
4.1　数据的基本概念与类型　67
　　　4.1.1　数据的定义与
　　　　　　分类　　　　　　67
　　　4.1.2　数据的存储与
　　　　　　常见类型　　　　71
4.2　数据的采集、处理与分析　72
　　　4.2.1　数据采集　　　72
　　　4.2.2　数据预处理　　75
　　　4.2.3　数据分析　　　78
　　　4.2.4　数据可视化　　79
4.3　大数据的产生与定义　　80
　　　4.3.1　数据产生方式的
　　　　　　变化　　　　　　80
　　　4.3.2　大数据的概念与
　　　　　　影响　　　　　　82
4.4　大数据的应用与伦理　　86
　　　4.4.1　大数据应用实例　86
　　　4.4.2　大数据伦理　　89
思考与拓展　　　　　　　　91

第5章　人工智能概论　　　92
5.1　人工智能的基本概念　　92
　　　5.1.1　人工智能的起源与
　　　　　　定义　　　　　　92
　　　5.1.2　强人工智能与弱

　　　　　　人工智能　　　　94
　　　5.1.3　影响人工智能
　　　　　　性能的要素　　　96
　　　5.1.4　人工智能的学习
　　　　　　路径　　　　　　98
5.2　人工智能的典型应用　　100
　　　5.2.1　AI赋能生物医药　101
　　　5.2.2　AI赋能智慧城市　104
　　　5.2.3　AI赋能艺术创作　106
5.3　人工智能伦理　　　　　108
　　　5.3.1　人工智能的模型
　　　　　　安全　　　　　　108
　　　5.3.2　责权归属与社会
　　　　　　责任　　　　　　111
思考与拓展　　　　　　　　113

第6章　机器学习　　　　　114
6.1　机器学习的概念与发展　114
　　　6.1.1　机器学习的基本
　　　　　　概念　　　　　　114
　　　6.1.2　机器学习的发展　116
6.2　机器学习的主要算法　　120
　　　6.2.1　监督学习　　　121
　　　6.2.2　无监督学习　　125
　　　6.2.3　半监督学习　　126
　　　6.2.4　强化学习　　　127
6.3　机器学习的步骤　　　　128
6.4　机器学习的应用示例　　134
　　　6.4.1　Python环境
　　　　　　配置　　　　　　134
　　　6.4.2　机器学习编程
　　　　　　实例　　　　　　141
思考与拓展　　　　　　　　147

第7章 大模型及其应用 148

7.1 大模型概述 148
- 7.1.1 大模型的特点 148
- 7.1.2 大语言模型与多模态大模型 150
- 7.1.3 大模型的构建流程 152

7.2 大模型的核心技术 154
- 7.2.1 自然语言处理技术 155
- 7.2.2 Transformer架构 158

7.3 大模型的常见应用 160
- 7.3.1 提示词及设计技巧 161
- 7.3.2 内容生成 165
- 7.3.3 信息检索与理解 170
- 7.3.4 数据分析 174
- 7.3.5 其他应用 179

7.4 大模型的挑战与局限性 184
- 7.4.1 计算资源需求 184
- 7.4.2 大模型幻觉问题 185
- 7.4.3 算法偏见与数据安全 185
- 7.4.4 透明性与可解释性 186

思考与拓展 186

第8章 具身智能 188

8.1 具身智能的概念与发展 188
- 8.1.1 具身智能的基本概念 189
- 8.1.2 与传统人工智能的区别 190
- 8.1.3 具身智能的发展 191

8.2 具身智能的关键技术 196
- 8.2.1 感知与传感技术 196
- 8.2.2 环境建模与学习 200
- 8.2.3 决策与规划 201
- 8.2.4 动作执行与反馈控制 203

8.3 具身智能的常见形态与典型应用 204
- 8.3.1 具身智能体的形态分类 204
- 8.3.2 具身智能的典型应用 211

8.4 挑战与伦理 224
- 8.4.1 具身智能的技术挑战 225
- 8.4.2 具身智能的伦理问题 226

思考与拓展 227

第9章 智慧办公 228

9.1 文字的处理 228
- 9.1.1 文字编辑 229
- 9.1.2 文字排版 230
- 9.1.3 智能文档 234
- 9.1.4 高级应用 236

9.2 电子表格的处理 238
- 9.2.1 基本元素 239
- 9.2.2 数据计算 239
- 9.2.3 数据管理 241
- 9.2.4 数据图表化 243
- 9.2.5 智能表单 243

9.2.6 智能表格 247
9.3 演示文稿的处理 251
  9.3.1 基本概念 252
  9.3.2 演示文稿的创建 253
  9.3.3 演示文稿的编辑与美化 253
  9.3.4 演示文稿的放映与输出 255
9.4 WPS AI 258
  9.4.1 AI 赋能文字处理 258
  9.4.2 AI 赋能电子表格 260
  9.4.3 AI 创作演示文稿 265
9.5 WPS 与大语言模型的结合 267
思考与拓展 272

参考文献 273

第 1 章

计算与思维方式变革

人类最初发明计算机是为了帮助科学家解决复杂的计算问题。各类计算工具的演进不断改变着人们解决问题的方式,进入数智化时代,人们的思维方式正逐步从传统的逻辑推理转向用数据来驱动科学决策。新一代大学生,要正确看待当前飞速发展的人工智能技术,不仅要培养独立的思考和创新能力,以应对不断变化的环境和日益复杂的挑战,还需理解每项关键技术的创新对各个学科领域的影响。只有这样,他们才能在科技进步的浪潮中保持敏锐的洞察力,才能更好地适应未来的生活、学习与工作。

电子教案

本章要点:
① 智能的定义、计算的定义。
② 计算工具演变历程:手工计算、机械式计算、机电混合式计算、电子计算等。
③ 计算工具演进推动科研范式与思维方式演变:实验科学范式、理论科学范式、计算科学范式、数据科学范式。

1.1 智能与计算

1.1.1 智能的定义

要探索人工智能,首先需要了解什么是智能。在《牛津英语词典》中智能被定义为"获取和应用知识和技能的能力"。在《韦氏大辞典》中,智能是"学习、理解、处理新的或者困难处境的能力"。许多学者对智能也提出过不同的看法。人工智能科学家马文·明斯基(Marvin Minsky)与雷蒙德·库兹韦尔(Raymond Kurzweil)

将智能定义为"以优化的方式使用有限资源（包括时间）来达成目标或解决困难问题的能力"。谢恩·莱格（Shane Legg）与马库斯·胡特（Marcus Hutter）认为智能是"个体在多种不同环境中实现目标的能力"。

约翰·霍普金斯大学李大烈教授（Daeyeol Lee）在其《智能简史》一书中对目前广泛认知的智能进行了一个总结："智能是一系列能力的综合，这些能力使得拥有智能的主体能在不同的环境中实现自己的目标。智能并不是人类独有的，因为所有动物都在一定程度上具备相似的能力，使得它们能做出明智的选择，从而尽可能提高其在所处环境中成功生存和繁衍的机会。"

从本质上来说，**智能就是解决问题的能力**。那么，是不是解决越复杂的问题就意味着智能越高呢？当然不是。目前，电子计算器能够求解非常复杂的算数问题，但我们不会认为计算器具有很高的智能。这是因为计算器的能力仅限于解决计算问题。因此，**具备较高智能水平应该是能够很好地解决多种不同类型的问题**。例如，人类就能把智能运用在各种各样的问题中，从寻找食物与能源，到解决数学与物理学难题，再到解决社会中的各类问题。除此以外，智能还应该能够在解决问题的多种方案或选项中，帮助主体选择最佳选项，进而保证主体获得最想要的结果，即**智能应该是能够做出最好决策的能力**。

1.1.2 计算的定义

微视频：理解计算与工业革命

计算的本质在于解决问题。从古至今，人类发明了各种工具和技术以协助计算过程，从最早的手工计算，到后来的机械计算，再到如今的电子计算机，计算本质上是为了应对各种问题的技术手段。

计算并不仅限于使用电子设备执行复杂的运算，它涵盖了所有对数据、信息或数字的处理活动。无论是简单的加减法、几何问题，还是现代人工智能的高级数据处理，都是广义计算的一部分。在最基本的层面上，**计算可以被定义为一系列操作，用以从输入信息中推导出输出结果**。这些操作可能依赖一套规则、算法或逻辑推理体系。广义的计算还可以应用在不同领域，不局限于数字的运算，包括符号的处理、语言的理解以及自然现象的模拟等。

1.2 计算工具演变历程

计算工具的发展历程，是人类不断追求更高效、更精确计算手段的体现。从最初的手工计算到现代复杂的电子计算系统，计算工具经历了多个阶段的创新，每一次重大突破都极大地推动了科学、工程和日常生活的进步。本节将系统回顾计算工具的演变历程，并展望未来可能出现的计算工具。

1.2.1 从手工计算到机械计算

在早期的人类文明中，计算需求的出现与日常生活和社会发展的各个方面息息相关，计算主要集中在基本的计数、测量、天文观测和时间计算上。在农业和商业活动中，计数和测量成为必不可少的技能。

微视频：计算工具的发展与现代计算机的发展

早期的农业社会，农民需要精确计算农作物的种植面积和收成，以确保粮食分配合理；商人则需要记录交易的商品数量和价格，确保公平交换。此外，建筑师在修建房屋、道路和其他基础设施时，也需要用几何学来测量和设计建筑物的构造。在这些背景下，计算不仅是生存的必要条件，还是推动人类社会进步的重要工具。

为了应对这些需求，人类发明了各种早期的计算工具，帮助他们完成烦琐的计算任务。例如，在我国，算筹是一种非常古老的计算工具（图1-1（a））。算筹是由细长的竹棍或木条制成，通过竖放和横放的组合来表示不同的数字。这种工具主要用于加、减、乘、除等基础算术运算，并且被广泛应用于政府和商贸活动中。算筹的发明不仅让复杂的算术问题得以更快速地解决，还成为古代中国文化中重要的数学象征。

随着时间的推移，更加复杂和高效的计算工具逐渐被发明，算盘便是其中最具代表性的一种（图1-1（b））。珠子的不同位置代表不同的数值，通过灵活的操作，算盘可以快速完成加、减、乘、除等运算，甚至可以处理更复杂的计算。算盘极大地提高了商业活动中复杂账务处理的效率，并且在全球广泛使用。

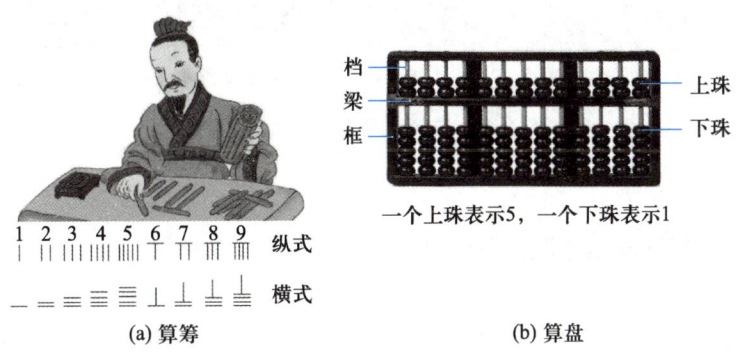

(a) 算筹　　　　　　　　　　(b) 算盘

图1-1　我国古代计算工具

除了我国早期的计算工具外，欧洲的机械计算工具在计算史上也具有重要地位。中世纪和文艺复兴时期，随着数学的发展，欧洲逐渐涌现出多种用于计算的机械设备，尤以16至17世纪发明的各类机械计算器为代表。

人类历史上第一台机械式计算工具是1642年法国数学家布莱士·帕斯卡（Blaise

Pascal)发明制造的帕斯卡加法器(图1-2(a))。这是当时用于商贸和税务计算的先进工具。帕斯卡加法器是由齿轮组成的,以发条为动力,通过转动齿轮来实现加减运算,用连杆实现进位,用操作刻度盘实现数字输入。帕斯卡加法器的出现标志着机械计算的一个重要突破,因为它通过机械手段部分解放了人们的心算压力。帕斯卡从加法器的成功中得出结论,即人的某些思维过程与机械过程没有差别,因此可以设想用机械设备来模拟人的思维活动。

德国数学家莱布尼茨(G. W. Leibniz)在17世纪70年代初构思了计算机的设计,目的是改进帕斯卡加法器。他专注于扩展帕斯卡加法器的机制,使其可以进行乘法和除法运算。1673年,莱布尼茨研制出能进行四则运算的机械式计算器,称为莱布尼茨四则运算器(图1-2(b))。这台机器在进行乘法运算时采用进位-加(shift-add)的方法,后来演化为二进制,被现代计算机采用,为后来的机械计算器和现代计算机奠定了基础。

随着欧洲机械计算工具的进一步发展,18至19世纪的工业革命推动了更为复杂的机器出现。查尔斯·巴贝奇在19世纪建造了差分机(图1-2(c))并设计了分析机,这两者特别是分析机被认为是现代计算机的雏形。巴贝奇的设计理念是通过机械方式自动完成多步骤的数学计算,虽然他的分析机从未建成,但它们的原理极大地影响了后来的计算机科学家。

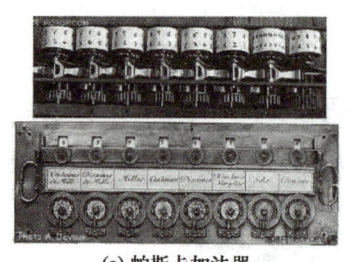  

(a)帕斯卡加法器　　(b)莱布尼茨四则运算器　　(c)差分机

图1-2　欧洲代表性机械计算工具

1.2.2　机电混合式计算

人类历史上第一次用于大规模数据处理的计算机是美国统计学家赫尔曼·霍勒瑞斯(Herman Hollerith)在1886年发明的制表机(图1-3(a))。这台制表机借鉴了雅各织布机的穿孔卡原理,用穿孔卡片存储数据,用机电技术取代了纯机械装置,可以自动进行加、减、乘、除四则运算,以及累计存档和制作报表。它被用于辅助美国1890年的人口普查工作,使预计10年的统计工作提前数月完成,而且耗资远远低于预算。霍勒瑞斯于1896年创建了"制表机公司"(Tabulating Machine Company,

TMC)。1911年,TMC与另外三家分别制造时钟、打卡钟与精密磅秤的公司合并为"计算—制表—记录公司"(Computing-Tabulating-Recording Company,CTR)。1924年,CTR公司更名为国际商业机器公司(International Business Machines Corporation),就是我们熟知的IBM公司。霍勒瑞斯也被认为是现代机械数据处理之父。

1938年,德国工程师康拉德·楚泽(Konrad Zuse)研制出Z-1计算机(图1-3(b))。虽然这只是一台实验模型,但这是第一台采用二进制的计算机,可以完成3×3矩阵运算。在此基础上,楚泽先后研制出采用继电器的计算机Z-2、Z-3、Z-4。其中,1941年完成的Z-3是世界上第一台真正的可编程计算机,不仅全部采用继电器,同时采用了浮点记数法、二进制运算、带存储地址的指令形式等,几乎实现了计算机之父冯·诺依曼在1945年所描述的现代计算机的所有特征,楚泽也因此被称为现代计算机发明人之一。

另一个计算技术历史上的重大突破,就是世界上第一台实现顺序控制的自动数字计算机Mark I(图1-3(c))。它由美国哈佛大学应用数学教授霍华德·艾肯(Howard Aiken)于1937年提出。设计初衷是要提高数学计算的效率,在深入研究巴贝奇分析机的基础上,艾肯提出用机电的方法来实现。艾肯与IBM公司经过5~6年的合作努力,于1944年成功制造了Mark I。Mark I的数据和指令是通过穿孔卡片机输入,输出则由电传打字机实现。其加法速度是300 ms,乘法速度是6 s,除法速度是11.4 s。Mark I是第二次世界大战中最早投入军事用途的机电通用计算机之一,一直在哈佛大学服务了15年。艾肯等人制造的机电式计算机,典型部件是普通的继电器,继电器的开关速度是1/100 s,使得机电式计算机的运算速度受到限制。20世纪30年代,电子计算机的制造技术已具备,机电式计算机从一开始就注定要很快被电子计算机替代。

(a) 制表机

(b) Z-1计算机

(c) Mark I

图1-3 代表性机电混合式计算机

1.2.3 电子计算机的发展

随着工业革命的推动,人们亟须快速、可靠的计算工具。19世纪末到20世纪初的科技进步使得电力和电子技术逐步应用于计算领域,电子计算机逐渐取代机械计算设备。电子计算机的出现是计算史上的一个重要里程碑。

1. 第一代电子管计算机

ENIAC、EDVAC 及 ORDVAC 是 3 台重要的早期计算机,它们对计算机科学的进步产生了深远影响。ENIAC(Electronic Numerical Integrator and Computer,电子数字积分计算机)是世界上第一台能够真正运转的电子计算机(图 1-4(a))。它由美国宾夕法尼亚大学的约翰·莫奇利(John Mauchly)和约翰·普雷斯珀·埃克特(John Presper Eckert)共同研发。ENIAC 的设计初衷是为了解决当时复杂的军事和科学计算问题,例如弹道计算和核研究,这些任务在手工计算时往往需要几天甚至几周的时间。而 ENIAC 能够在几秒钟内完成过去需要数天手工计算的任务,标志着人类计算工具的历史性变革。

ENIAC 是一个程序控制计算机,使用了大量的电子管作为元件,所以它体积巨大,同时功耗也很高。ENIAC 没有通用的存储器或程序存储概念,它通过手动设置和硬连线来编程。每当需要计算不同的程序时,都要重新连接线路或通过插头和开关进行设置。ENIAC 主要依赖十进制运算,而非现代计算机普遍使用的二进制。虽然 ENIAC 能够执行不同类型的算术运算,但缺乏内存系统,只能将计算结果临时存储在外部设备中。

继 ENIAC 之后,莫奇利和埃克特再次共同研发 EDVAC(图 1-4(b))。值得一提的是,在 EDVAC 研发过程中,冯·诺依曼以技术顾问形式加入,对 EDVAC 进行逻辑设计,并于 1945 年发表了一份长达 101 页的报告,这就是著名的《关于 EDVAC 的报告草案》("First Draft of a Report on the EDVAC")。该报告提出的体系结构一直延续至今,即冯·诺依曼结构。在本书的第 3 章将详细介绍冯·诺依曼结构。正是因为 EDVAC 采用了冯·诺依曼提出的架构,包含了存储器(memory)和算术逻辑单元(ALU),程序和数据都采用二进制表示,且存储在电子存储器中,这使得计算机能够自动执行程序而无须重新配置硬件,它能够执行更复杂的计算任务。

第三台早期计算机是 1952 年由埃克特和莫奇利团队开发的 ORDVAC(图 1-4(c))。ORDVAC 被视为 EDVAC 的继任者,是一个小型、改进版的计算机。它在 EDVAC 基础上优化了,进一步完善了冯·诺依曼架构,处理速度和数据存储能力有所提升。

我国从 1957 年开始研制通用数字电子计算机。1958 年 103 型(图 1-4(d))计算机研制成功,标志着我国第一台电子计算机诞生。

这些早期计算工具的研发,提升了各领域计算任务完成的效率,为现代计算机技术的迅速发展奠定了理论和技术基础,开创了现代电子计算机时代。

2. 第二代晶体管计算机

第一代计算机问世后,科学家们很快发现其中的局限性。第一代计算机依靠电子管作为核心元件，虽然极大提高了计算速度，但也带来了巨大的体积和极大的功耗。例如，一台计算机需要占据整个房间，且由于电子管发热严重，机器运行不稳定，故障频发。第一代计算机制造和维护成本极高，无法广泛应用于各个领域。科学家们意识到，要让计算机真正成为日常工作和科研的可靠工具，必须在性能、成本、稳定性等方面找到更加合理的解决方案。

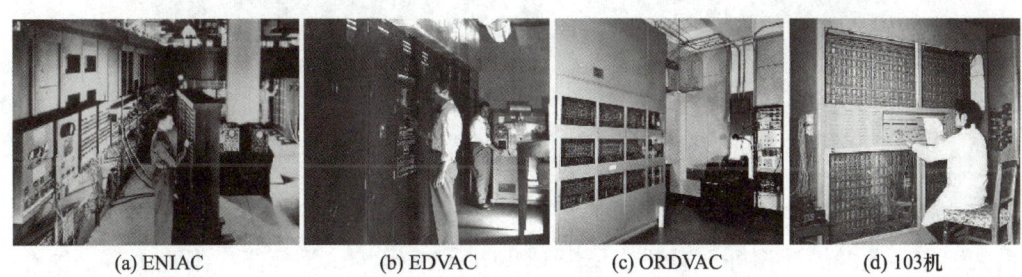

图 1-4　第一代电子管计算机

在这样的背景下，晶体管的发明可以说开启了计算机技术快速发展的时代。晶体管的出现不仅提升了计算机的性能，还大大缩小了计算机的体积，提高了计算机的可靠性，降低了计算机的功耗。晶体管代替了电子管，使得计算机的设计更加紧凑和高效。图 1-5（a）可以明显看出早期计算机的主要元件的变革。

晶体管不仅让计算机体积缩小，运行更为稳定，还将运算速度提升到了每秒几十万次，同时降低了成本，为计算机的普及和商用化创造了条件。

1959 年，IBM 推出当时世界上最畅销的计算机 IBM 1401（图 1-5（b）），将计算机带入了更多企业的日常工作中，为后来的自动化办公系统和数据处理提供了基础，极大地推动了计算机商业化进程。

同年，控制数据公司（Control Data Corporation，CDC）也推出了一款非常成功的晶体管计算机 CDC 1604（图 1-5（c）），广泛应用于科研、工业和军事领域，尤其擅长高精度的科学计算。它也为 CDC 后续的超级计算机系列（如 CDC 6600）奠定了基础，推动了高性能计算机的进步。

(a) 计算机主要元件的变化　　　　(b) IBM 1401　　　　(c) CDC 1604

图 1-5　第二代晶体管计算机

我国在研制第一代电子管计算机的同时，也开始研制晶体管计算机。1965 年，我国成功研制出第一台大型晶体管计算机 109 乙机（图 1-6（a））。两年后，又推出了109丙机（图1-6（b）），它运行了15年，在我国两弹试验中发挥了重要作用，被誉为"功勋计算机"。

(a) 109乙机　　　　　　　　　　(b) 109丙机

图1-6　我国代表性的晶体管计算机

此外，第二代晶体管计算机的革新不仅体现在硬件上，还在软件开发方面带来了重大转变。此时的计算机普遍开始采用 COBOL 和 FORTRAN 等高级编程语言，这让编程不再只是少数技术专家的专属技能，而是逐渐扩展到科研、工程、商业等领域，使更多的人能够借助计算机的力量解决复杂的问题。这一代计算机奠定了将计算机作为"通用工具"的概念，让计算机能够更广泛地服务于数据处理、流程控制等不同场景。

3. 第三代集成电路计算机

进入 20 世纪 60 年代，集成电路（integrated circuit，IC）的问世为计算机技术的飞速进步注入了新的动力。与之前的电子管和晶体管相比，集成电路能够将大量电子元件压缩在一小块芯片上，这不仅显著缩小了计算机的体积，还提升了计算机的性能和可靠性。这一技术革命使计算机从庞大的电子设备转变为更加紧凑、高效的集成系统，开始在研究机构和商业企业中广泛应用。

1964 年，IBM 公司推出了首个采用集成电路的计算机系列 IBM 360（图1-7（a））。这一系列计算机通过模块化设计和标准化接口，大幅简化了设备的复杂性，同时提高了系统的可扩展性和可维护性，且运算速度提升到每秒几百万次。集成电路的引入使计算机操作更加高效、稳定，在日常数据处理、企业管理和自动控制等多个领域开始应用。

1973 年，我国独立自主开发的第一台运算速度达到每秒百万次的大型计算机 150 机样机研制成功（图1-7（b））。后续一共生产了 4 台，分别用于石油、地质、气象领域，成绩斐然。在我国计算机发展历史的长河中，150 机留下的是一页勇于创新、勇于为先的华章。

与此同时，计算机的软件系统也在发展，集成电路的标准化设计为软件开发提供了稳定的平台，使得编程和系统管理更加高效。这种转变不仅推动了计算机科学的进步，还促使各行业重新思考如何利用计算机技术优化业务流程，提升工作效率。

(a) IBM 360

(b) 150机

图 1-7　第三代集成电路计算机

集成电路的普及不仅改变了计算机的技术面貌，还激发了创新思维的涌现。科学家和工程师们意识到，技术的进步并不只是依赖单一元件的革新，更在于如何将这些元件有效整合，形成系统化的解决方案。这一思维方式强调了将复杂问题拆解为更小模块的必要性，从而更有效地应对技术挑战。

4. 第四代超大规模集成电路计算机

1971 年，Intel 公司推出了第一代微处理器 Intel 4004（图 1-8（a）），标志着第四代计算机的到来。这一时期的计算机以超大规模集成电路（very large scale integrated circuit，VLSI）为基础，具备了体积小、重量轻、功耗低和价格便宜的特点，从而开启了个人计算机的历史。

1977 年，苹果公司推出的 Apple Ⅱ 微型计算机（图 1-8（b））成为个人计算机时代的重要里程碑，标志着个人计算机开始进入大众市场。而后，IBM 公司与微软公司的合作进一步推动了微型计算机的普及，特别是 1981 年 IBM PC 的发布（图 1-8（c）），使个人计算机广泛应用于家庭和办公室。微处理器的发明不仅改变了计算机的外观和处理能力，也使得计算机变得更加实用和经济。

(a) Intel 4004

(b) Apple Ⅱ

(c) IBM PC

图 1-8　早期个人计算机

随着苹果公司与微软公司陆续在个人计算机上搭载图形用户界面，个人计算机的操作变得更加直观便捷，进一步促进了个人计算机的普及。这种易用性让计算机技术不再局限于专业人士，而是深入到普通人的日常生活中，提供了前所未有的便利。

尽管个人计算机迅速融入日常生活，但大型计算机仍在企业和科研领域发挥着不可替代的重要作用，尤其是在处理大规模数据和复杂计算任务时。第四代计算机的到来，不仅推动了技术的进步，还促使人们重新思考计算机在生活和工作中的角色与价值，为未来的数字化时代奠定了基础。

5. 超级计算机

随着计算机技术的飞速发展，超级计算机（supercomputer）提供的超级算力已成为科研、军事、工业、气象、生命科学、人工智能与深度学习等多个领域的重要基础资源。超级计算机是指在计算速度和计算能力方面处于全球领先水平的计算机系统，通常具有极高的处理能力，能够进行极为复杂的计算任务，而这些任务个人计算机是无法完成的。

超级计算机通常由大量的计算处理单元（如中央处理器、图形处理器等）、高速网络与存储系统构成。超级计算机的关键在于并行计算，它通过将大任务拆分为多个子任务，由多个处理单元同时处理这些子任务来提高计算效率。每个处理单元只负责执行一部分任务，多个处理单元同时工作，从而大大缩短了计算时间。高速网络连接各个处理单元，并使用超大容量的存储系统来处理巨量的数据，从而保证不同处理单元间的高效通信和数据流动。

1964 年，数据控制公司推出的 CDC 6600 标志着超级计算机的诞生。1975 年，该公司发布的 Cray-1（图 1-9（a））被广泛认为是最著名的早期超级计算机之一。超级计算机的速度以每秒浮点操作数，即 FLOPS（floating-point operations per second）作为量度单位。Cray-1 是第一台将性能提升到上亿次每秒浮点运算的超级计算机。Cray-1 的圆形结构设计也是一大特色，体现了对散热和物理布局的创新思路。Cray-1 应用于气候建模、粒子物理等领域，并为后来的超级计算机体系结构设计奠定了基础。

到了 21 世纪，超级计算机性能飞速提升。我国在超级计算机领域也取得了显著成就，尤其是在自主研发、芯片设计、计算架构优化等方面取得了突破。2009 年 10 月，我国研制的第一台千万亿次超级计算机"天河一号"在湖南长沙亮相，全系统峰值性能为 1.206 PFLOPS（千万亿次每秒浮点操作数），是当时世界上最快的超级计算机。"天河一号"的研制成功使我国成为继美国之后世界上第二个能够研制千万亿次超级计算机的国家。2013 年，"天河二号"（图 1-9（b））以 54.9 PFLOPS 峰值速度登顶 TOP500 超级计算机排行榜，并保持 Top-1 长达 4 年（2013—2016 年），是我国超级计算机的代表作之一。

除了"天河"系列外，"神威"系列也是我国超级计算机的代表。2016 年，由国家超级计算无锡中心研发的神威·太湖之光（图 1-9（c））成为全球最快的超级计算机，其性能达到了 93 PFLOPS，并在 2016 年和 2017 年连续夺得 TOP500 超级计算机榜单的第一名。神威·太湖之光采用了完全自主研发的"神威处理器"，具有多达 260 个核心的多核处理单元。每个核心都可以执行高并行的计算任务，极大提高了系统的并行处理能力。神威·太湖之光的成功标志着我国在超级计算机硬件研发中的重大突破，尤其是在处理器自主研发方面取得了显著进展，展示了我国在高性能计算领域的自主创新能力。它的成功进一步推动了我国在全球超级计算机市场中的竞争力，使我国成为少数几个能够独立设计和制造超级计算机的国家之一。

目前全球最快的超级计算机是 AMD 与美国能源局橡树岭实验室合作打造的超级计算机 Frontier（图 1-9（d）），运算能力是 1.102 EFLOPS（百亿亿次每秒浮点操作数），是首台百亿亿次级别的超级计算机。

(a) Cray-1　　(b) 天河二号　　(c) 神威·太湖之光　　(d) Frontier

图 1-9　超级计算机

需要强调的是，超级计算机是一种通用算力，其设计目标是提供完备、复杂的计算能力，高精度计算能力更强，应用范围更广。一般用于精度要求很高的复杂任务，例如行星模拟、新材料开发、分子药物设计、基因分析等科学计算和大数据处理。

1.2.4　新兴计算技术的探索

随着计算技术的不断演进，计算工具的形式变得愈加多样化。近年来，以硅基为基础的现有信息处理技术，逐渐逼近物理极限。在这样的背景下，量子计算与生物计算作为两个主要研究方向受到广泛关注。

1. 量子计算

2024 年 12 月 10 日，谷歌公司推出全新的量子芯片 Willow，在随机电路采样（RCS）基准测试任务中，Willow 以不到 5 分钟（300 s）的神速完成了一项标准计算。这个速度是什么概念呢？如果用当前最快的超级计算机 Frontier 来完成同样任务，需要 10^{25} 年！我国在量子计算的研究上也取得了显著成果。2024 年 12 月 17 日，中国科学技术大学潘建伟院士团队发表了"祖冲之三号"量子芯片，和谷歌 Willow 一样，都拥有 105 个量子比特，各项性能指标也与 Willow 芯片旗鼓相当。

量子计算为什么速度这么快？主要源于其依赖的量子力学原理。最核心的两个因素是量子叠加以及量子纠缠。

大家最熟悉的经典计算机是通过比特（bit）来表示信息的，每个比特只能是 0 或 1 中的一种状态。就像一个硬币，要么正面，要么反面（第 2 章会详细介绍这些内容）。与之不同，量子计算机将量子比特（quantum bit，记为 qubit）作为量子信息的计量单位。量子比特的状态是不确定的，可以是 0 或者 1，还可以是 0 和 1 的加权组合,这种独特性被称为量子叠加(superposition)。可以将量子比特想象成一个旋转的硬币。用经典比特来表示硬币的状态,就只有两种可能,正面(0)或反面(1)。但是,如果这枚硬币在旋转,它就同时处于正面和反面之间的某种状态。当停止旋转并测量时,才会看到硬币的最终状态是正面(0)还是反面(1)。在旋转的过程中,硬币就相当于量子比特同时存在于正面和反面状态的"叠加"中。

量子力学中还有另一个重要的现象,就是量子纠缠。当两个或多个量子比特相互纠缠时,它们的状态是相互依赖的,必须作为一个整体去理解。不管两个量子相距多远,改变其中一个量子比特的状态,会即时影响到其他量子比特的状态。也就是说,纠缠的量子比特能共享信息,改变量子比特状态会立即影响到其他纠缠的比特,进而高效实现信息的传输和处理。量子纠缠很难去解释。简单来说,如果能够找到这样一对量子比特,能够不断进行扩展,能够在这些量子比特上进行精准的量子门操作,并且能够精准地测量它们的量子态,再设计出好的量子算法,就有可能完成一些不可思议的高效计算。

量子叠加与量子纠缠是量子计算的关键。借助这两个特性,量子计算机可以一次性完成多个计算,快速探索大量可能性,找出最优解,极大地提升了计算效率。量子计算机特别适合处理一些涉及大量可能组合的复杂计算任务,如材料科学、药物研发、化学反应模拟、密码学等。

既然量子计算的运算速度这么快,为什么生活中却仍未看到通用的量子计算机呢?这是因为量子计算机在硬件层面仍然面临诸多挑战。因为量子需要在接近绝对零度(-273.15℃)的环境才能保持稳定状态,而热量会让量子芯片产生误差。平时我们在新闻报道中看到的量子计算机,主体部分其实都是量子芯片的制冷设备(图1-10),目的就是将量子芯片的工作环境快速冷却到接近绝对零度。而且量子很容易受到噪声(振动、电磁信号、磁场等)的影响,一旦受到轻微的干扰,便可能导致量子叠加态坍塌成为经典的"0"或"1"状态,也就变成了确定的值。量子芯片对工作环境的这种高要求也是目前量子计算机无法商用的主要原因之一。

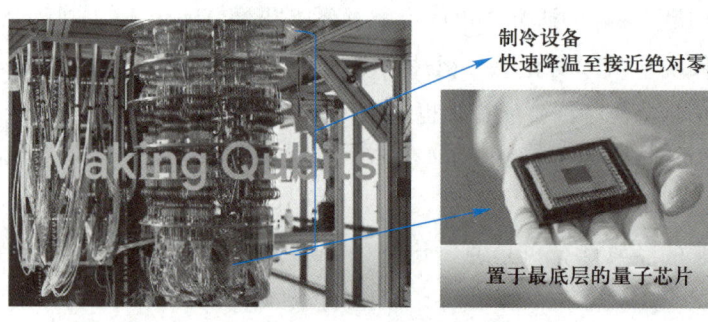

图 1-10　量子计算机(来源于 Google 公司量子实验室)

在可预见的未来,量子计算机不会取代经典计算机。我们还需要更多时间进行量子状态稳定、量子错误纠正以及量子算法的研发。目前,量子计算在执行特定任务时让人震撼的速度,促使我们重新审视计算的本质和未来的科技发展方向。随着这一技术的不断成熟,我们有理由相信,量子计算机将与经典计算机混合搭配,成为解决未来重大科学和工程问题的重要工具之一。

2. 生物计算

生物计算是另外一种形式的计算。它利用生物分子(如 DNA、RNA、蛋白质等)和生物过程,实现大规模信息处理。这种计算方式的灵感源于自然界中生物系统的高效性和复杂性,其核心思想是模仿自然生物过程中的计算方式,使用生物分子而非传统的电子电路来进行数据存储、处理和传递。生物计算的目标是利用生物学中的原理和过程,解决某些计算任务,如并行计算、数据存储等。

生命体是一个以生物大分子为材料构成的人类已知的最智慧的信息处理"机器"。当前生物计算领域的研究主要集中在利用 DNA 分子进行存储信息处理和计算。DNA 就是脱氧核糖核酸,是一种具有双螺旋结构的有机化合物,被视为一种天然的存储介质。1 g 的 DNA 可以存储数亿吉字节的数据量,相当于 300 万张 CD 的容量。DNA 存储因其存储密度高、长期稳定性好、能耗低等优点,成为海量数据存储的潜在解决方案之一。

DNA 数据存取的实现过程有 6 个步骤,即编码、合成、储存、检索、测序、解码。将数字数据(如二进制的 0/1 数字串)编码成 DNA 碱基的序列,常见的编码方法是将二进制数字(0 和 1)映射到 DNA 四种碱基(A、G、C、T),每两个二进制位(00、01、10、11)对应一个碱基(A、G、C、T)。原始的二进制数据序列经过编码后转化为 DNA 分子的碱基序列,随后通过化学合成方法人工合成这些 DNA 片段。在合成完成后,DNA 片段会被储存在适当的介质(如冷冻)中。当需要调用数据时,首先进行检索,定位到存储中对应的 DNA 序列。这通常通过聚合酶链式反应(PCR)技术,利用特定的引物(短 DNA 片段)来精确找到并提取目标 DNA 片段。提取后的 DNA 片段将通过测序技术进行解析,得到其碱基序列。最后,经过测序得到的 A、G、C、T 碱基序列会被映射回原始的二进制数字,完成整个解码过程。这就是一个完整的 DNA 数据存储与提取的过程。

另外,DNA 计算也有着强大的并行处理能力。DNA 的每条单链都可看成是一台计算设备,其内部海量的链条则可看成一个"计算中心"。不同的 DNA 分子可以同时进行不同的计算任务,这就相当于成百上千台计算机在同时进行运算,这种并行性极大地提高了信息处理能力。

当然,生物计算不仅限于 DNA 计算。神经计算和类脑计算等领域也展示了生物计算的广泛潜力。神经计算模拟生物神经元的信号传递机制,创建具有类似神经网络结构的计算模型，被广泛应用于机器学习和深度学习中的神经网络算法。类脑计算则模仿大脑的结构和功能，不仅关注神经元的信号传递，还模拟大脑中更高层次的认知功能，例如情感反应、直觉判断、抽象推理等，以应对更复杂的学习、推理和决策任务。

很明显，生物计算的高并行处理能力、高存储密度、低功耗和可持续等优势，使得它在处理大规模数据、复杂计算任务和优化问题时展现出巨大的潜力。然而，生物计算技术复杂性高、成本高、处理速度相对较慢以及环境稳定性差等劣势，也限制了其在现实中的广泛应用。目前，生物计算的相关研究仍属于前沿基础研究范畴。未来，生物计算可能与经典计算技术相结合，共同推动智能计算和数据处理的进步。

1.3 思维范式

微视频：计算工具推动思维变革

随着计算工具的不断进步和演化，人们解决问题的思维方式也发生了深刻的变化。从早期的符号计算和手工计算，到现代复杂的计算系统，计算工具的变革不仅体现在技术层面，还深刻地影响了人们思考和解决问题的方式。计算机科学家吉姆·格雷（Jim Gray）在 2007 年的演讲"第四范式：数据密集型科学发现"（The Fourth Paradigm：Data-Intensive Scientific Discovery）中详细阐述了现代科学研究方法的 4 个范式。这些范式的演变与计算工具的进步密切相关，同时也反映了人类思维方式的变化。以下将按照吉姆·格雷 4 个科学范式的划分，来探讨计算工具演进对人类的影响。

1.3.1 实验科学范式

1. 以实验与观察为基础的实验范式

在科学研究的早期阶段，研究人员主要依赖实验和观察来收集数据。他们使用显微镜、温度计等基础实验工具，对自然现象进行记录和基本测量。这一时期的科学发现常常是偶然与必然的结合，许多重大成就源自研究人员对日常现象的敏锐观察和直观推理。

实验范式突出了直观推理的重要性，促使研究人员关注可观测的现象。这一阶段催生了众多重大科学成果，然而，由于当时缺乏先进的计算工具和系统的思维框架，研究人员在探究复杂系统时面临诸多挑战，对这些系统的理解往往较为肤浅。

2. 经典案例

伽利略·伽利雷（Galileo Galilei）在 1604 年通过望远镜观察天体，发现了木星有卫星，月球表面有环形山，挑战了当时的宇宙观。在 1638 年出版的《两门新科学》中，伽利略描述了他通过观察斜面上的小球运动，发现物体在无阻力条件下的加速度是恒定的，为后来的经典力学奠定了基础。这一观察不仅是对物理现象的深入理解，也是他对科学方法的创新应用。

艾萨克·牛顿（Isaac Newton）在 1666 年通过对苹果落地现象的观察，结合对天体运动的研究，在 1687 年出版的《自然哲学的数学原理》一书中提出了万有引力定律。这一理论不仅改变了人类对宇宙的理解，也奠定了现代物理学的基础。

亚历山大·弗莱明（Alexander Fleming）在 1928 年的实验室工作中观察到青霉菌（penicillium notatum）能够抑制细菌生长。这一观察促使他认识到青霉素可能具有抗菌特性，进而催生了现代抗生素的诞生。弗莱明的发现不仅是对实验现象的直接观察，也体现了他对实验数据的深刻洞察力和直觉思维。

这些经典的科学家故事都表明，尽管早期研究人员所使用的观察与实验方法相对简单，但他们都能够透过现象看到本质，看到现象背后的原理和价值，最终成为引发科学重大突破的关键，他们的实验方法也深刻影响了后续科学研究方法的系统化与科学理论的发展。

1.3.2 理论科学范式

1. 重视抽象思维和理论推导的理论范式

随着数学和物理学的发展，科学研究进入了理论科学的新阶段。研究不再依赖经验观察或直觉推理，而是转向依靠抽象思维、逻辑推理和数学工具。研究人员通过建立数学模型和推导方程，解释并预测自然现象。

这一转变极大提升了科学研究的严谨性。研究人员的思维方式也发生了根本变化——从依赖直观和经验的推理，转向通过数学模型和方程的推导来解释复杂现象。数学、代数、微积分等工具逐渐成为主导科学探索的核心手段。通过这些数学化的理论推导，研究人员构建了能够普遍适用的自然法则，并利用这些模型做出可靠的预测。经典力学、热力学和电磁学等领域的定律，都是通过数学推导精准表述的，并为后续的科学发现奠定了坚实基础。

2. 经典案例

艾萨克·牛顿在《自然哲学的数学原理》中通过数学公式精确描述了万有引力定律和运动三大定律。牛顿就是利用数学推导，揭示了物体运动的基本规律，这些理论成为经典力学的基础，并且能够解释从苹果落地到行星运行等众多自然现象。这一理论不仅通过精确的数学模型做出预测，还奠定了物理学在科学中的核心地位。

詹姆斯·克拉克·麦克斯韦（James Clerk Maxwell）在 19 世纪 60 年代通过数学

推导，统一了电和磁两种现象，提出了电磁场理论。麦克斯韦的方程不仅解释了电磁现象，还预言了光的本质是电磁波，这一理论为后来的现代物理学铺平了道路。

阿尔伯特·爱因斯坦（Albert Einstein）在1905年提出了狭义相对论。通过数学推导，他突破了经典力学的局限性，提出了时间和空间是相对的概念，而非绝对不变。1915年，他进一步提出了广义相对论，利用更复杂的数学模型描述了引力如何影响时空的弯曲。

这些耳熟能详的故事，代表着理论范式的兴起，也标志着科学家们从经验观察和直觉推理逐步走向抽象思维和数学推导，推动科学探索进入更为精确和普遍化的层面。通过构建严密的理论模型和数学公式，这种研究方法不仅揭示了自然界更为深层的规律，还为科学发现提供了可预测性和普适性。与以往依赖经验总结的科学方法相比，理论科学范式使科学研究进入了一个更加依赖逻辑推理和数学体系的时代，奠定了现代科学研究的坚实理论基础，并极大地推动了物理学、天文学等学科的进步。

1.3.3 计算科学范式

1. 融合计算、模拟与虚拟仿真的计算范式

随着计算机技术的快速发展，科学研究进入了一个崭新的阶段，即计算科学范式。在这一阶段中，研究人员不仅依赖传统实验和理论推导，还利用强大的计算能力进行复杂系统的模拟和虚拟仿真。这种转变使得科学研究能够探索现实中难以实现的现象，为解决复杂问题提供了新的方法。虚拟环境的构建使研究人员能够在没有实际实验条件的情况下，测试不同情景和参数的影响。通过这些虚拟实验，研究人员能够灵活地调整变量，观察其对系统的影响，从而获得深入的理解。这一过程生成了大量虚拟实验数据，这些数据可以帮助研究人员检验理论和模型是否准确，进而进行调整和优化。

计算科学范式带来了思维方式的深刻变化。其中，最有影响力的应该是2006年周以真教授在其论文"Computational Thinking"中首次提出计算思维（computational thinking）的概念，并强调这种思维方式在解决复杂问题中的重要性。**计算思维不仅是编程技能的体现，它是理解和运用计算机科学理论的一种思考方式，包括抽象、分解问题、算法设计以及结果验证等环节。**计算思维促使研究人员在面对复杂数据时，能够有效地利用计算工具和技术进行分析。这种思维方式强调通过计算来获取知识的潜力，推动了科学研究的创新和效率。计算思维使得科研工作者能够以更系统和逻辑化的方式处理问题，从而提高研究质量和成果的可靠性。

2. 经典案例

早在1988年，气候科学家詹姆斯·汉森（James Hansen）首次利用计算机模型

模拟气候变化，评估温室气体排放对全球变暖的影响。这些模型通过输入各种气候数据，如温度、湿度和风速等，预测未来的气候趋势。通过虚拟仿真，研究人员能够测试不同政策和行为对气候的影响，从而为制定应对气候变化的战略提供科学依据。

2009年，吉尔·哈特（Jill Hart）利用计算机模拟技术，成功预测了分子与生物靶点之间的相互作用，以筛选潜在的药物候选分子。通过这种方法，研究人员能够在实验室实验之前，识别出具有高潜力的分子，大幅缩短了药物发现的时间。这种计算机模拟的方法不仅加快了药物开发的速度，还有效降低了实验成本，使得研发过程更加高效且经济，从而为新药研发提供了更为灵活和可行的解决方案。

计算科学范式的出现标志着科学研究方法的重大转变。通过融合计算、模拟与虚拟仿真，研究人员能够在复杂的科学问题上取得突破，为各个领域的研究提供了新的视角和工具。这一范式的演进不仅发挥了计算机技术的巨大优势和潜力，也为未来科学探索开辟了新的途径。

1.3.4 数据科学范式

1. 以数据为驱动的科学范式

随着大数据技术的蓬勃发展，科学研究进入了依靠海量数据集和先进的数据分析技术进行科学研究的新阶段。研究人员通过处理和分析前所未有的海量数据，揭示其中潜在的规律与知识。这一范式的核心在于从大数据中提取有价值的信息，并利用机器学习等先进技术不断推动数据分析方法的革新与突破。

在这种背景下，人们在决策过程中开始寻求数据支持，并利用数据分析来辅助判断。许多智能分析工具的友好交互界面和便捷性显著降低了非专业人士进行数据分析的门槛，使得数据驱动的决策模式逐渐融入日常生活和工作。同时，各类生成式人工智能工具能够自动生成文本、图像、代码等内容，帮助人们在创作、工作和学习中节省大量时间和精力。通过简单的输入，用户可以快速获取高质量的输出。这些工具的赋能大大减少了普通人对专业技能的依赖，提高了人们解决复杂任务的能力。

2. 经典示例

（1）抖音个性化推荐算法

抖音的个性化推荐算法利用大数据和机器学习技术来提升用户体验和内容传播效率。通过分析用户的观看行为、点赞、评论和分享等数据，构建出用户的兴趣模型。算法能够实时调整和优化推荐内容，从而精准推送符合用户偏好的短视频。例如，当用户观看某类型的短视频时，系统会记录这一行为，并结合其他用户的行为数据，迅速识别出相似内容进行推荐。这种个性化体验不仅提高了用户的黏性，也使得创作者的内容能够更快速地传播，形成良性的内容生态。

抖音的成功在于其快速迭代和优化推荐算法，使得用户在每次打开应用时都能获得高度相关且新鲜的内容。这种数据驱动的决策模式，不仅改变了社交媒体的使用方式，也为其他平台的个性化推荐提供了重要借鉴。通过有效利用数据，抖音在短时间内吸引了大量用户，成为全球最受欢迎的短视频平台之一。

（2）AlphaFold 预测蛋白质结构

AlphaFold 是由 DeepMind 公司开发的一系列蛋白质结构预测工具，旨在解决长期困扰生物学和生物化学领域的蛋白质折叠问题。

2018 年，DeepMind 公司首次推出 AlphaFold，并参加了由"蛋白质结构预测竞赛"举办的 CASP（critical assessment of protein structure prediction）比赛。在这一比赛中，AlphaFold 凭借卓越的预测能力，成功预测了多种蛋白质的三维结构。该工具利用了深度学习算法，特别是卷积神经网络（CNN），能够快速处理和分析大规模的蛋白质序列数据。这一技术突破不仅为生物学家提供了新的工具，还为药物设计和疾病机制研究奠定了基础，使科学家能够在更短的时间内揭示蛋白质与其功能之间的复杂关系。

2020 年，DeepMind 公司推出 AlphaFold2，显著提高了预测的准确性和效率。在第二届 CASP 比赛中，AlphaFold2 以压倒性优势获胜，展现了超越传统实验方法的能力。其创新性的"端到端"深度学习架构能够深入理解蛋白质序列中氨基酸之间的复杂关系，充分利用数据密集型分析的优势，使研究人员在面对海量数据时迅速获得有价值的信息。这一进展极大地推动了药物发现和蛋白质功能研究，尤其在新药和疫苗设计中展现出巨大潜力。

2024 年，DeepMind 公司发布了 AlphaFold3，进一步提升了预测的准确性和对复杂结构的处理能力。该版本不仅加快了计算速度，还扩展了对多肽复合物和膜蛋白的预测能力，使科学家能够在更广泛的生物学应用中灵活运用这一工具。AlphaFold 3 的成功使研究人员能够更快地识别药物靶点，并在个性化医疗和疾病研究中发挥更大作用，这一进展标志着数据密集型分析范式在推动生命科学研究中的核心地位。

AlphaFold 的不断演进让人们感受到人工智能的强大能力，更让人们看到通过数据分析获取对生命科学深刻见解的巨大潜力。在未来，AlphaFold 及其背后的技术将继续推动人们对生物学的理解与应用，开启科学发现的全新模式。在这一范式下，数据分析已不再是辅助工具，而成为科学研究的核心驱动力，为解决复杂问题和推动技术创新提供了强有力支持。

本章回顾了计算工具的演进及其对科研范式和思维方式的深远影响。随着计算技术的不断发展，我们不仅发现高效的计算工具使问题解决更加高效便捷，也凸显了有效思维方式在解决问题中的重要性。如今，人工智能已经对许多学科和行业带来深刻冲击，展现出强大的应用潜力。然而，人工智能的本质仍然依赖电子计算机系统中的算法，这些算法通过对数据的处理与分析实现"智能"。为了深入理解人工智能的原理与应用，我们需要首先掌握计算、数据及人工智能背后的基本概念，并逐步培养利用先进计算工具解决问题的思维方式。这将为后续深入探讨人工智能的应用与实践奠定坚实的基础。

思考与拓展

1. 随着研究人员对量子计算、光子计算和生物计算的不断探索，当代学生应如何调整自己的学习方式来适应这些先进计算工具。

2. 平时生活中遇到一些问题时，一般习惯怎样解决呢？请结合具体实例来说明解决问题的方式属于哪一种思维方式。

3. 现在有越来越多的大模型可以使用，这些人工智能工具的普及，对我们的学习、生活方式是否产生了影响？说明自己是如何应对人工智能带来的冲击的。

第 2 章

数据表示与编码

计算机的运行依赖数字信号,因此它们只能处理以数字形式存储和表示的信息。信息的数字化不仅是连接现实世界与计算机世界的桥梁,也是计算机高效进行处理、分析和决策的基础。本章重点介绍如何将现实世界中的各种信息转换为计算机能够处理的数字形式,为后续讲解数据分析和处理打下坚实的基础。

电子教案

本章要点:
① 进制系统与进制转换。
② 数值数据的编码。
③ 字符与文本数据的编码。
④ 媒体数据的编码。

2.1 进制系统及转换

2.1.1 计算机与二进制

微视频:为什么计算机不用十进制

在物理电路中,电路的导通或截止能够表示"是/否""对/错"等逻辑状态,而数据本质上也是一种符号或者一种状态,因此电流的通断、电压的高低逻辑上可以被理解为数字"1"和"0"。这就如同电灯的关闭与开启一样,关闭状态对应数字"0",开启状态对应数字"1"(如图 2-1 所示)。在计算机的 CPU 中,晶体管的截止和导通状态,内存芯片中电容器的充电和放电状态,以及硬盘中磁盘表面不同的磁化方向,都对应着"0"和"1"。在计算机系统中,电流和电压的变化用于在电路中传输数字"0"和"1",而电子元件的不同状态则用于实现数字"0"和

"1"的存储。

图 2-1　灯泡的灭亮状态表示 0 和 1

在计算机科学中，一位数字即"0"或"1"被定义为 1 比特（bit）或 1 位（b），它是信息处理的最小单元。"0"和"1"的组合能够表示更多的信息。具体而言，8 比特的组合可以涵盖从 00000000 到 11111111 的所有可能状态。如此一来，借助更多的存储元件，如晶体管或磁存储单元等，能够存储大量的数据；通过更多的传输线路，就能传输更多位的数据。

仅使用数字符号"0"和"1"的数制系统被称为二进制系统。人类拥有 10 个手指，因而在漫长的发展历程中，逐渐习惯了用十进制来计数和运算。同样，由于计算机的电气特性，计算机适合采用二进制。由前文可知，二进制的"0"和"1"，正好与物理部件的两种稳定状态相对应，从而在电子设备中易于实现。如果采用十进制，就需要寻找有 10 种稳定状态的物理部件来对应表示 10 个数字，或者采用其他方法描述 10 种状态，这必然会使电路结构变得复杂。这是计算机采用二进制的主要原因之一。

除此之外，计算机使用二进制还有两个主要原因。

其一，二进制的"0"和"1"可以与逻辑代数中的"假"和"真"对应，为计算机实现逻辑判断和程序中的逻辑运算提供了极大的便利。在计算机编程中，经常需要进行条件判断和逻辑运算，而这种对应关系使得计算机能够快速准确地处理这些任务。例如，当判断一个条件是否成立时，可以用二进制的"1"表示"真"，即条件成立；用"0"表示"假"，即条件不成立。这样的对应关系使得计算机在进行逻辑运算时更加高效和准确。

微视频：二进制

其二，二进制的运算规则简单。例如，二进制的加法运算规则仅有 4 条，即 0+0＝0、1+0＝1、0+1＝1、1+1＝10（逢二进一）。这种简单的运算规则使得计算机能更高效地进行运算。相比于十进制等其他进制，二进制的运算过程更加直接明了，减少了运算的复杂性和出错的可能性。在计算机硬件设计中，简单的运算规则也使得电路的实现更加容易和可靠。

现代计算机极为复杂，然而其所有操作的基础皆为对这些"0"和"1"的操作。在计算机中，一篇文章、一幅图画、一段旋律，乃至更为复杂的多媒体、3D 效果、虚拟现实，无一不是"0"和"1"组合的呈现。反过来说，所有这些信息都必须事先用二进制形式表示，方能在计算机中进行存储、传送和加工等处理。

或许初学者会心存疑虑，仅"0"和"1"两个符号真能表示现实中如此庞大的信息量吗？画面精美的 3D 游戏当真也是由"0"和"1"组成？《道德经》中有言："道生一，一生二，二生三，三生万物。"理论物理学家约翰·惠勒（John Wheeler）亦说："万物皆比特。""0"和"1"的组合，看似简单，却能够表示万事万物。下面就让我们一起看看，"0"和"1"究竟是如何构建起这个有趣的世界的。

2.1.2 进制系统与进制转换

1. 进制系统

我们从小就习惯了十进制数，比如数数、计算价格等。但你真的理解十进制吗？在探讨"1"和"0"如何表示这个世界之前，让我们先来剖析进制的基本概念，然后从十进制出发，进一步探讨二进制、十六进制以及各进制之间的转换。

微视频：进制系统与进制转换

用一组固定的符号和统一的规则来表示数值的方法被称为数制，也称记数制。按进位的方法进行记数的，称为进位记数制，简称进制。在现实生活中，常见的进制有十进制、十二进制、六十进制等。进制中有数码、基数和位权 3 个要素。数码是构成数字系统的基本符号或数字字符；基数是进制中使用的数码的个数；位权简称权，指在某种进位记数制中，每个固定数位上的单位值，即处在某一位上的"1"所表示的数值大小。由于数码所处的位置不同，其代表的数的大小也不同。

例如，十进制的基数是 10，有 0 到 9 这 10 个数码，整数部分从低位到高位数字的权分别为 10^0、10^1、10^2 等；小数部分从高位到低位数字的权值依次为 10^{-1}、10^{-2}、10^{-3} 等。十进制数 938.25 可以表示为 $(938.25)_{10} = 9 \times 10^2 + 3 \times 10^1 + 8 \times 10^0 + 2 \times 10^{-1} + 5 \times 10^{-2}$。

对于任何一种进制表示的数都可以写出按权展开的多项式之和。任意一个 r 进制数 N 可表示为

$$N = (d_{m-1} d_{m-2} \cdots d_1 d_0 . d_{-1} d_{-2} \cdots d_{-k})_r$$
$$= d_{m-1} \times r^{m-1} + d_{m-2} \times r^{m-2} + \cdots + d_1 \times r^1 + d_0 \times r^0 + d_{-1} \times r^{-1} + d_{-2} \times r^{-2} + \cdots + d_{-k} \times r^{-k}$$

其中，d 为该数制采用的数字标记符号，r 是基数，m 为整数部分的位数，k 为小数部分的位数。

根据进制公式，当基数 r 为 2 时，对应的就是二进制。二进制用"0"和"1"两个数字符号表示。二进制整数部分从低位到高位数字的权值分别为 2^0、2^1、2^2 等，小数部分从高位到低位数字的权值依次为 2^{-1}、2^{-2}、2^{-3} 等。将二进制数 1101001.101 按权值展开的表示形式为 $(1101001.101)_2 = 1 \times 2^6 + 1 \times 2^5 + 0 \times 2^4 + 1 \times 2^3 + 0 \times 2^2 + 0 \times 2^1 + 1 \times 2^0 + 1 \times 2^{-1} + 0 \times 2^{-2} + 1 \times 2^{-3}$。

二进制由于符号较少，非常适合计算机的物理要求。然而，用二进制表示数据时，由于数位过多，书写冗长且不直观，容易出错。因此，在沟通交流或书写时，人们通常不直接使用二进制，而是引入八进制或十六进制，因为这两种进制与二进制之间的转换非常直观。例如：在图形设计和网页开发中，常常使用十六进制表示颜色（如图 2-2 所示）；在一些硬件设备的配置文件中，常使用十六进制来表示参数值；在加密算法中，通常以十六进制的形式表示密钥等。

```
<html>
    <head>
        <style>
            body {
                background-color: #f0f0f0; /* 设置背景色为浅灰色 */
                color: #333333; /* 设置前景色（文本颜色）为深灰色 */
            }
        </style></head>
    ......
</html>
```

图 2-2　网页代码中用十六进制表示颜色

根据进制公式，当基数 r 为 8 时，对应的是八进制，使用 0 到 7 这 8 个数字符号。例如：

$$(114)_8 = 1 \times 8^2 + 1 \times 8^1 + 4 \times 8^0$$

根据进制公式，当基数 r 为 16 时，对应的是十六进制，采用 0 到 9 这 10 个数字符号再加上 6 个英文字母符号"A""B""C""D""E""F"来表示 10~15。例如：

$$(4C)_{16} = 4 \times 16^1 + 12 \times 16^0$$

在多种进制同时出现时，需要清楚地标识各数的进制。标识方法有两种：一种是直接在数字下方标注进制，如 $(114)_8$、$(4C)_{16}$；另一种是使用标准符号表示。其中，二进制数的符号是"B"，八进制数的符号是"O"（注意不是数字 0，也可以用 Q 表示），十进制数的符号是"D"，十六进制数的符号是"H"。例如，$(AB5)H$、$(37)O$ 等。

2. 进制转换

日常生活中人们通常使用十进制，计算机中采用二进制，而在计算机领域的书写和编程时，八进制和十六进制也被广泛使用。因此，我们需要了解这几种进制之间的转换。

（1）十进制整数转换为二进制整数

转换方法为"除 2 取余"法。"除 2 取余"法是将十进制整数不断除以 2，取每次相除的余数，商继续除以 2，除到商为 0 为止，再从下往上排列这些余数，就得到对应的二进制数。

例如，$(41)_{10}=(?)_2$，转换过程如下：

```
    2 | 41  ············ 1     ↑ 低位
    2 | 20  ············ 0     |
    2 | 10  ············ 0     |
    2 |  5  ············ 1     |
    2 |  2  ············ 0     |
    2 |  1  ············ 1     |
        0                       高位
```

所以，$(41)_{10}=(101001)_2$。

(2) 十进制小数转换为二进制小数

转换方法为"乘 2 取整"法。"乘 2 取整"法是将十进制小数不断乘以 2，取每次相乘结果的整数部分，小数部分继续乘以 2，乘到小数部分为 0 为止，再从上往下排列这些整数部分，就得到对应的二进制小数。

例如，$(0.625)_{10}=(?)_2$，转换过程如下：

```
      0.625                              高位
    ×     2                               ↑
      1.250   得小数点后第1位  1          |
    ×     2                               |
      0.50    得小数点后第2位  0          |
    ×     2                               ↓
      1.0     得小数点后第3位  1          低位
```

所以，$(0.625)_{10}=(0.101)_2$。

既有整数又有小数的转换，则整数和小数分别进行转换再合并，例如：

$$(41.625)_{10}=(101001.101)_2$$

这里要说明的一点是，十进制小数转换二进制小数，有时是转换不尽的。例如，将(0.63)D 转换为二进制，小数部分无限循环乘不尽。这种情况视精度要求保留有效位数即可。由于这种限制，在 C 语言、Python 语言等高级程序设计语言中，会出现类似"0.1 和 0.2 相加的结果接近但不精确等于 0.3"的情况（如图 2-3 所示）。这种微小的差异在大多数情况下不会造成问题，但在需要高精度计算的场景下，就需要特别注意和处理这种精度丢失的问题。

将十进制数转换为八进制或十六进制数时，其转换方法与转换为二进制数的过程类似。总的来说，十进制数转换为任意基数为 R 进制的数的通用方法是：整数部分的转换是通过"除以 R 取余数"的方式，余数从低到高排列；而小数部分的转换则是通过"乘以 R 取整数"的方式，整数部分从高到低排列。

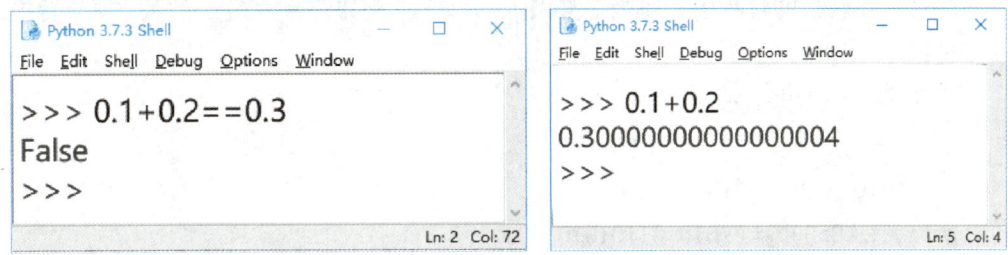

图 2-3　Python 语言中精度损失引起的问题

（3）二进制、八进制、十六进制数之间的转换

八进制、十六进制与二进制之间有着直观的转换规律，这为人与计算机之间交流信息提供了方便。这个规律就是 $2^2=4$，$2^3=8$，$2^4=16$……基于这个简单规律，一位八进制数字可用 3 位二进制数字表示，对应关系如表 2-1 所示；一位十六进制数字可用 4 位二进制数字表示，对应关系如表 2-2 所示。

表 2-1　八进制-二进制对应关系

八进制（O）	0	1	2	3	4	5	6	7
二进制（B）	000	001	010	011	100	101	110	111

表 2-2　十六进制-二进制对应关系

十六进制（H）	0	1	2	3	4	5	6	7
二进制（B）	0000	0001	0010	0011	0100	0101	0110	0111
十六进制（H）	8	9	A	B	C	D	E	F
二进制（B）	1000	1001	1010	1011	1100	1101	1110	1111

依据上述对应关系可快速进行二进制数与八进制数和十六进制数的互相转换。

八进制数转换成二进制数时，将八进制数的每一位数字直接转换成对应的 3 位二进制数。

注意：在转换的过程中，不要省略任何一个 0。比如，八进制的数据"0"转换成二进制是"000"。

例 2-1：$(630)_8 = (?)_2$

　　　　6　3　0
　　　110　011　000

所以，$(630)_8 = (110011000)_2$

十六进制数转换成二进制数时,可以将十六进制数的每一位数字直接转换成对应的 4 位二进制数。

注意:在转换的过程中,不要省略任何一个 0。例如,十六进制的数"0"转换成二进制是"0000"。

例 2-2:$(AB50)_{16} = (?)_2$

   A B 5 0

  1010 1011 0101 0000

所以,$(AB50)_{16} = (1010101101010000)_2$

二进制数转换为八进制数时,以小数点为界,分别向左、向右每 3 位一组分组,不足 3 位的则在最左或最右侧补 0。

例 2-3:$(11011100110.0101)_2 = (?)_8$

本例分组对应为

  (补 0) 011 011 100 110 . 010 100 (补 0)

      3 3 4 6 . 2 4

所以,$(11011100110.0101)_2 = (3346.24)_8$

二进制数转换为十六进制数时,以小数点为界,分别向左、向右 4 位一组分组,不足 4 位的则在最左或最右侧补 0,然后将每一组转换为对应的十六进制数。

例 2-4:$(111000101001.011011)_2 = (?)_{16}$

   1110 0010 1001 . 0110 1100 (补 0)

    E 2 9 . 6 C

所以,$(111000101001.011011)_2 = (E29.6C)_{16}$

2.2 数值数据的编码

  数据是所有能够输入计算机中并被识别、存储和加工处理的符号的总称。在计算机系统中,数据主要分为数值型和非数值型两大类。数值型数据,如数字 234 和 -3.2,具有量的意义,并能进行加、减等算术运算。非数值型数据,例如,字母 A、符号+、%、?,汉字以及图形图像、声音和视频等,无法进行算术运算,且不具有量的含义。为了在计算机中存储、传输和运算,所有数据必须转换为二进制形式。那么,数值数据在计算机中如何用 0 和 1 表示呢?

  数值数据可以通过上一节所述的进制转换方法转换为二进制。然而,在计算机处理这些数据时,还需要考虑如何表示负数、确定小数点的位置以及简化加、减法操作等问题。因此,计算机系统通常会对直接转换得到的二进制数进行编码,形成机器数。

2.2.1 整数的编码

在计算机中，整数分为有符号整数和无符号整数，它们有着不同的表示方式。

无符号整数是在给定的二进制位数下，所有的位都用来表示数值大小。例如，对于 8 位的无符号整数，二进制表示从 00000000 到 11111111，所有的组合都对应着一个非负整数，能表示的范围是 0 到 2^8-1（即 0 到 255）。无符号整数常用于表示一些只涉及非负数值的量，比如内存地址、计数等。

有符号整数在计算机内部表示相对复杂，使用 3 种不同的表示方法：原码、反码和补码。为了简化算术运算、扩展数值的表示范围，增强与无符号整数的兼容性，计算机系统普遍采用补码作为有符号整数的标准编码方式。例如，在 C 语言中，数据类型如 char、short 和 int 等，都是使用补码形式进行编码的。

1. 原码

为了在计算机中表示数据是正数还是负数，人们想出来一种办法，即在二进制数值前面增加 1 位符号位，正数的符号位为"0"，负数的符号位为"1"，其余位表示数值的大小。这种编码方式称为原码。

微视频：
原码、反码、补码

例如，十进制数-35，先将数值 35 转换成二进制数 100011，然后用"1"来表示负号"-"。假定用 1 字节（8 位）来表示，最高位表示符号位，其余 7 位为数值位，则它在计算机中表示为 10100011，即-35 的原码是 10100011。

通常，整数的编码是按字节的倍数存放的。例如，十进制数+13 和-269 的原码分别表示为 00001101 和 1000000100001101，它们分别占用 1 字节和 2 字节的存储空间。

2. 补码

原码的优点是简单直观，容易理解。然而，原码在涉及负数、处理减法运算时变得复杂。直接用数据的原码进行减法运算，结果会不正确。例如，十进制数-7 与+3 求和的结果为-10。

```
  10000111            -7 的原码
+ 00000011            +3 的原码
  10001010            运算结果为-10
```

使用补码，可以将符号位和数值域统一处理，加法和减法也可以统一处理，从而简化运算过程，降低硬件实现的复杂性。

（1）变减法为加法

为了深入理解补码的优越性，我们使用生活中的钟表说明，如图 2-4 所示。

表盘上时针指向 10 点，要把时针拨到 5 点有两种方法：第一种方法是将时针往回拨 5 个小时；第二种方法是将时针往前拨 7 个小时。用数学式表示出来，第一种方法为 10-5=5；第二种方法为 10+7=12+5=5，由于表盘上最大的数是 12，当时间超过 12 点以后，12 自动丢失，只保留 17 除以 12 后的余数 5。从效果上来看，往前拨与往回拨是等价的，都使时针指向了 5 点。这里的 12 称为模，"模"是指一个计数系统的进位基数。7 是-5 对模 12 的补数。该实例说明了对模 12 而言，减法运算可以通过加法运算来实现。这意味着，模确定以后，在舍弃进位的条件下，减去一个数可以通过加上该数的补数来实现。

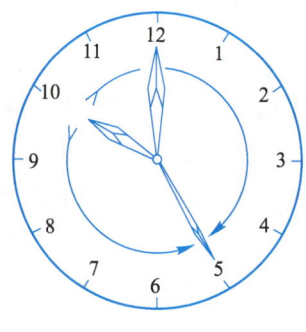

图 2-4　钟表

计算机中二进制补码的概念和用法与此类似。8 位二进制所能表示的最大数是 11111111，若再加 1 成为 100000000（9 位），但因只有 8 位，最高位 1 自然丢失，又回到了 00000000（8 位），所以 8 位二进制系统的模为 2^8。在这样的系统中，减法问题也可以转化成加法问题。把补数用到计算机对数的处理上，就是补码，这时做减法，只需把减数用相应的补码表示就可以转化为加法了。基于此，在电路中，减法运算可以通过加法电路来实现，从而简化了电路设计。

（2）补码转换

正数的补码与原码相同，负数的补码是在原码的基础上除符号位以外各位取反（即反码）后，再在最后位加 1。例如：

[+54]原 = [+54]补 = 00110110

[-11]原 = 10001011　　　[-11]反 = 11110100　　　[-11]补 = 11110101

在补码表示法中，0 有唯一的表示方法：[+0]原 = [-0]补 = 00000000。

（3）补码运算

引入补码概念后，加法、减法可统一为加法运算。例如，在 8 位的计算机中计算 54-11：

```
    00110110      54的补码
  + 11110101      -11的补码
  ──────────
丢弃 1 00101011    结果：43
```

如此，利用补码，减法运算转化为加法从而简化了运算组合，且符号位如同数值一样参加运算也简化了运算过程。

在计算机中，存储数据所用的二进制位数与数据的表示范围密切相关。如果用 n 位表示数据，则有符号整数的表示范围是 $-2^{(n-1)} \sim +2^{(n-1)}-1$。例如，8 位有符号整数的表示范围是 $-2^7 \sim +2^7-1$，即 $-128 \sim +127$。当运算的结果超出该表示范围时，会产生不正确的结果，即产生"溢出"错误。

例如，计算 71+65 的结果，假定机器字长为 8 位（用 8 位表示一个数据）：

```
  01000111    ……71 的补码
+ 01000001    ……65 的补码
  ─────────
  10001000    ……-120 的补码
```

补码 10001000 的原码为 11111000，代表的数为 -120，两个正数相加，补码运算结果却为负数，其原因是正确的结果（+136）超出了 8 位有符号数的表示范围（最大为+127），从而产生了溢出错误。当然，现在计算机的字长远大于 8 位（诸如 32 位或 64 位），但终究都有一个范围。

由此可以体会到，计算机中数据的表示会受制于数据存储空间的限制。在用计算机解题时，要从计算机解题的原理和规律出发去思考问题，这也是计算思维的体现，它不同于数学中的思维。

2.2.2 浮点数的编码

实数是一个数学概念，可以简单理解为带小数点的数。在计算机内部，整数以二进制补码的形式存储。那么，对于像 123.5 这样的实数，计算机是如何存储呢？由于受到硬件部件的限制，计算机无法灵活地表示机器数中小数的小数点（"."）。所以，二进制小数在计算机中的表示形式与日常书写的十进制数有所不同，需要对小数点进行特殊处理。

实际上，实数在计算机中也有特定的表示方法，其中最常用的是浮点数表示法。浮点数表示法能够有效地利用存储空间，并且允许计算机表示更广的数据范围以及更高的小数精度。

浮点数将二进制数表示为 $(-1)^s \times M \times 2^E$ 的形式，这实际上是一种二进制的科学记数法。其中：$(-1)^s$ 表示符号位，当 s 为 0 时表示正数，s 为 1 时表示负数；M 代表有效数字，称为尾数；而 E 则是指数、幂，称为阶码。例如，二进制 -1100.011 可以表示为类似二进制科学记数法 $(-1)^1 \times 1.100011 \times 2^3$，也可以表示为 $(-1)^1 \times 11.00011 \times 2^2$ 等形式。由于小数点的位置可以根据需要移动，这种表示方法因此被称为浮点数。在计算机中，浮点数通常分为两种格式：4 字节的单精度浮点数和 8 字节的双精度浮点数。在 C 语言或 Python 语言中，这两种格式分别对应于 float 类型和 double 类型。

IEEE 二进制浮点数算术标准（IEEE 754）是一种用于浮点数表示和计算的国际标准。它约定 M 的整数位必须是 1，即 M 必须大于或等于 1 且小于 2。这样 -1100.011 就只能表示为 $(-1)^1 \times 1.100011 \times 2^3$，对应的 s 为 1，M 为 1.100011，E 为 3。那么，如何将二进制的浮点数表示存储在计算机中呢？

根据规定，对于 4 字节单精度浮点数，最高位存储 s，中间 8 位存储指数 E，叫作指数域，最后 23 位存储有效数字（尾数），叫作有效数字域。对于 8 字节的双精度浮点数，最高位存储 s，中间 11 位存储指数 E，最后 52 位存储有效数字 M，如图 2-5 所示。因为规定 M 的整数位总是为 1，所以，在实际存储 M 时，不用存储整数位 1，只存储小数位即可，例如，二进制数 -1100.011 对应 32 位单精度浮点存储为 10000001 10000000 00000000 00100011。

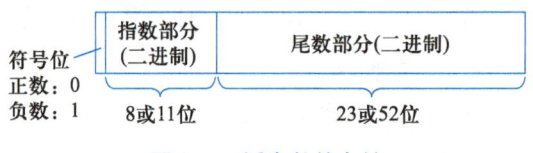

图 2-5　浮点数的存储

2.3 字符与文本数据的编码

在人工智能领域，通过大量的文本数据使得模型能够学习人类语言的语法、词汇和语义知识，从而使模型能更有效地理解和处理自然语言文本。这一过程的基础是各类文本字符在计算机中的有效编码。计算机使用特定的编码方式将字符转换为二进制形式进行存储和处理。

2.3.1　英文字符的编码

微视频：字符数据的表示

编码本质上是一种约定，它是将信息从一种格式转换成另一种格式的一类符号系统。就像摩斯电码，其中"·—"代表字母 A，"—··"代表字母 B……用以传递信息。类似地，我们可以约定使用"01000001"来表示字母 A，用"01000010"来表示字母 B（如图 2-6 所示）等。为每个字符分配一个唯一的二进制序列来进行表示，这就是我们所说的编码表。

2.3 字符与文本数据的编码

图 2-6 编码

在处理英文字符时，主要采用的编码是 ASCII 码，即美国信息交换标准代码。ASCII 码通过特定的 7 位（标准 ASCII 码）或 8 位（扩展 ASCII 码）二进制数组合，能够表示 128 或 256 种不同的字符。标准 ASCII 码又称为基础 ASCII 码，它使用 7 位二进制数来进行编码，在计算机中用 1 字节表示，其中最高位为 0。标准 ASCII 码可以表示所有的大写和小写字母、数字 0 到 9、标点符号以及在美式英语中使用的特殊字符，如表 2-3 所示。

表 2-3 标准 ASCII 码表

$b_3b_2b_1b_0$	$b_6b_5b_4$	0 **000**	1 **001**	2 **010**	3 **011**	4 **100**	5 **101**	6 **110**	7 **111**
0	**0000**	NUL	DLE	SP	0	@	P	`	p
1	**0001**	SOH	DC1	!	1	A	Q	a	q
2	**0010**	STX	DC2	"	2	B	R	b	r
3	**0011**	ETX	DC3	#	3	C	S	c	s
4	**0100**	EOT	DC4	$	4	D	T	d	t
5	**0101**	ENQ	NAK	%	5	E	U	e	u
6	**0110**	ACK	SYN	&	6	F	V	f	v
7	**0111**	BEL	ETB	'	7	G	W	g	w
8	**1000**	BS	CAN	(	8	H	X	h	x
9	**1001**	HT	EM	)	9	I	Y	i	y
A	**1010**	LF	SUB	*	:	J	Z	j	z
B	**1011**	VT	ESC	+	;	K	[	k	{
C	**1100**	FF	FS	,	<	L	\	l	|
D	**1101**	CR	GS	-	=	M	]	m	}
E	**1110**	SO	RS	.	>	N	^	n	~
F	**1111**	SI	US	/	?	O	_	o	DEL

2.3.2 汉字的编码

要使计算机能处理汉字，也需要对汉字进行编码，即将汉字数字化。英文是表音文字，是用 26 个字母的不同组合表示文字，其结构相对简单，所以编码也较为简单。而中文是象形文字，是从图像中演化出来的文字，其形态结构复杂，并且中文常用汉字就有 6 000 多个，需要更多的编码空间。我们曾一度担忧汉字无法进入信息化时代。最终，在专家、学者们的潜心研究与努力拼搏之下，汉字的输入方法、汉字编码、汉字显示等难题被一一攻克。

汉字的编码体系涵盖了输入码、国标码、机内码以及输出码，它们在汉字信息处理流程中各司其职。输入码是用户向计算机输入汉字的代码，例如全拼、双拼、五笔字型等。国标码又称汉字交换码，即国家标准汉字信息交换用编码，是一种统一规范的编码标准，主要用于汉字信息在不同计算机系统之间或计算机与外部设备之间的交换。机内码是计算机内部存储和处理汉字的二进制代码。同一个汉字，输入码可以不同，但机内码相同。输出码也称字形码，主要描述汉字的字形结构，一般以点阵形式或矢量形式存在，负责将计算机内部处理后的汉字信息以直观、美观的形式展现给用户。

1. 国标码

GB2312-1980 即《信息交换用汉字编码字符集 基本集》，简称为国标码（GB），是我国第一个汉字编码国家标准，由国家标准总局在 1980 年发布，并于 1981 年 5 月 1 日开始使用。GB2312-1980 标准共收录 6 763 个汉字，其中一级汉字 3 755 个，二级汉字 3 008 个；同时，GB2312-1980 收录了包括拉丁字母、希腊字母、日文平假名和片假名、西里尔字母（俄语等）在内的 682 个全形字符。

GB2312-1980 编码对所收录字符进行了"分区"处理，共 94 个区，每区含有 94 个位。GB2312-1980 规定对收录的每个字符采用两个字节表示，第一个字节为"高字节"，对应 94 个区码；第二个字节为"低字节"，对应 94 个位码。GB2312-1980 编码对 ASCII 码表中已有的数字、标点和字母进行了重新编码，使用两个字节表示，形成了我们常说的"全角"字符，而原有的 ASCII 编码字符则被称为"半角"字符。

GB2312-1980 编码的出现，基本满足了当时计算机处理汉字的需要。但随着汉字应用需求的持续增长，GB2312-1980 编码逐渐显现出局限性。为此，GBK 和 GB18030 这两种扩展字符集应运而生。GBK 编码方案于 1995 年发布，继续采用双字节编码方式，兼容 GB2312-1980 编码。GBK 编码扩展了汉字的收录范围，共收录汉字 21 003 个（包括繁体字、部首和构件）以及图形符号 883 个。继 GBK 之后，GB18030 编码进一步扩展，其收录的汉字数量已超过 7 万个，包括了少数民族文字。

GB18030 编码采用了更为灵活的编码方式，包括单字节、双字节和四字节分段编码。GB18030 编码完全兼容 GB2312-1980 编码和 GBK 编码。

2. Unicode、UTF-8 编码

随着计算机技术的广泛应用，不同国家和地区纷纷制定了各自的字符编码标准。但这些标准之间互不兼容，而且未能涵盖所有语言的字符，特别是对于非拉丁字母语言体系，缺乏一个统一的编码方案。1987 年，Joe Becker、Lee Collins 和 Mark Davis 共同提出了 Unicode 编码概念。1991 年，Unicode 联盟成立，致力于 Unicode 标准的开发、维护和推广。1994 年，Unicode 标准正式对外发布。Unicode 的创建，提供了一个跨语言的统一字符编码系统，确保不同语言和平台间的文本可以无缝转换和处理。在任意平台上，相同的 Unicode 编码均能准确表示同一字符，有效解决了乱码问题。Unicode 的编码范围极为广泛，能够表示包括汉字、拉丁字母、希腊字母、阿拉伯字母以及众多符号和标点在内的超过 100 万个字符。

UTF-8 是针对 Unicode 的一种具体实现方案，是一种变长字符编码方案。UTF-8 使用 1~4 字节来表示一个字符，根据字符的不同，使用的字节数也不同。例如，对于 ASCII 码表中的字符，UTF-8 编码用 1 字节来表示，和 ASCII 码的表示相同；对于汉字等复杂字符，一般使用 3 字节来编码。这种设计使得 UTF-8 能够高效地表示世界上几乎所有的文字。当前，几乎所有的网页、操作系统和现代文本处理软件都支持 UTF-8 编码。

3. GBK 和 UTF-8 编码

GBK 编码在中文信息处理的环境中应用广泛。由于它主要侧重中文相关的字符，在中文操作系统、中文软件以及中文网站等场景下表现出色。UTF-8 编码能够表示全球各种语言的字符，具有很强的通用性。使用 UTF-8 处理中文字符，极大地提高了中文信息的兼容性和可移植性，使得全球的用户都能无障碍地处理和分享中文内容。但由于两种编码的编码方式不同，在实际应用中，有时需要将两种编码进行转换，或者在处理文件时，需要正确地识别文本编码，避免解码错误。

例如，在 Windows 系统中使用"记事本"程序创建一个名为"test.txt"的中文文本文件，保存时应选择编码为 ANSI（如图 2-7 所示）。这里需注意的是，ANSI 并非特指某一种编码方式，而是代表使用操作系统的默认编码标准。在 Windows 系统中，默认的标准编码是，中文使用 GBK 编码，英文使用 ASCII 编码。在使用 Python 处理文件时，中文的默认编码同样是 GBK。因此，在 Python 语言中，若要以读取模式打开所创建的"test.txt"文件，可以直接使用 f=open("test.txt")的方式，无须显式指定文件编码格式。

如果创建的 test.txt 中文文本文件保存的编码格式是 UTF-8（默认为 UTF-8 格式），则在 Python 中以读的方式打开文件时，需要指出文件的编码格式：

f=open("test.txt",encoding='utf-8')

当不知道文件的编码格式时，可能需要使用专门的工具或库来检测文件的实际编码，并据此进行正确的解码。例如，可以使用 Python 的 chardet 库检测文本的编码，然后使用 codecs 库的 encode 和 decode 函数进行编码转换。

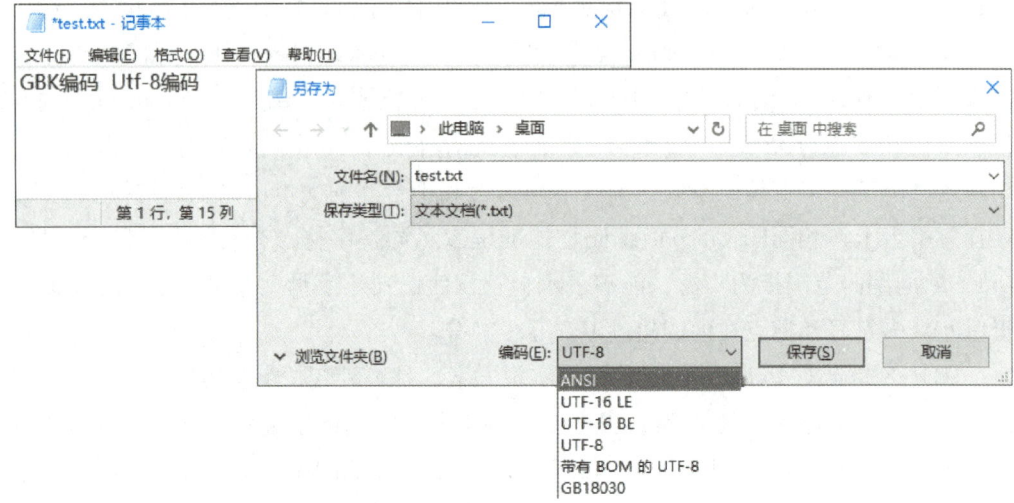

图 2-7 创建 ANSI 编码的文件

2.4 媒体数据的编码

2.4.1 图像的编码

微视频：图像的数字化

哩布哩布、一键 AI 绘画、触手 AI 绘画等智能绘画工具，它们有的能够根据人们输入的关键词生成具有特定风格和主题的图像，有的具有多种 AI 图像处理功能和生成功能，有的能够识别输入的复杂指令，并生成具有高度细节和创意的图像。

在计算机中处理的图像都是经过"数字化"处理后的视觉图像，称为数字图像。数字图像的表示方式主要有两种：矢量图和位图。矢量图是通过绘图软件的指令来描述图像，其核心是基于数学公式进行绘制。而位图则是通过像素来展现图像，每个像素都具备颜色和位置信息。位图是数字图像处理中常见的一种表示方式。以下内容将重点介绍位图的相关知识。

1. RGB 模型

在位图图像的色彩表示方法中，常见的有 RGB 模型和 CMYK 模型。CMYK 模型通过青色、品红色、黄色和黑色 4 种颜料的浓度来表示颜色，适用于印刷行业。RGB 模型通过红（R）、绿（G）、蓝（B）3 种颜色的不同组合来表示颜色。

在 RGB 模型中，通过调整红（R）、绿（G）、蓝（B）三个颜色通道的强度值，可以呈现各种颜色。最常见的 RGB 色彩空间实现方式是 24 位色，即每个颜色通道划分为 256 级，取值范围为 0~255，用 1 字节（8 位）来表示。数值 0 代表该颜色通道的最小强度，而 255 则代表最大强度。例如，要生成纯红色，可以将红色通道的强度设为 255，而绿色和蓝色通道的强度设为 0（如图 2-8 所示）。同理，黄色可以通过将红色和绿色通道的强度都设为 255，蓝色通道的强度设为 0 来生成。RGB 模型理论上能够表示 16 777 216（2^{24}）种颜色，自然界中肉眼所能看到的任何色彩都可以由这 3 种色彩混合叠加而成。

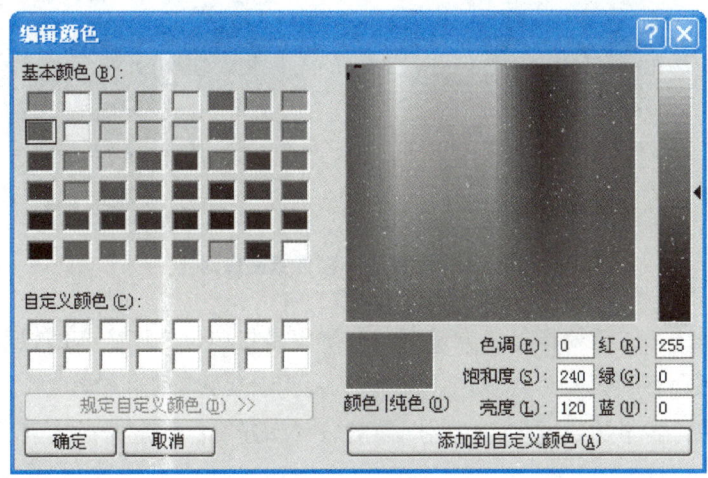

图 2-8　RGB 色彩模式

对于黑白图像，在 RGB 模型中，3 个颜色通道表示相同的颜色强度值，即红色通道、绿色通道和蓝色通道的强度值相等。这样图像看起来是灰色的。例如，当红色通道、绿色通道和蓝色通道的强度值都为 0 时，图像呈现黑色；当 3 个通道的强度值都为 255 时，图像呈现白色；当 3 个通道的强度值都为 128 时，图像呈现中灰色。

2. 图像的编码

图像的数字化通常是指将模拟图像转换为位图的过程。模拟图像通过扫描或拍摄可以转换成数字形式，转换过程主要包括采样、量化和编码 3 个步骤。

（1）采样

采样是将连续的图像信号转换为离散信号的过程。该过程将连续的图像在水平和垂直方向上等间距划分成若干网格，确定描述图像的像素（单元格）。例如图 2-9 所示的图像，图 2-9（a）经过采样将它分成 8×6 网格，48 个像素；图 2-9（b）分成了 16×12 网格，192 个像素。

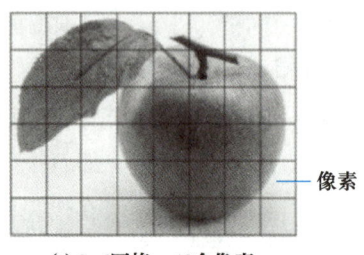
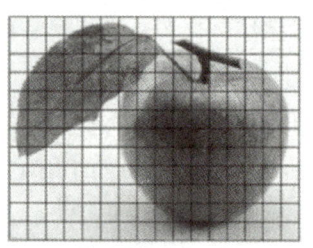

(a) 8×6网格，48个像素　　　　　(b) 16×12网格，192个像素

图 2-9　采样

下面将像素替换成最接近的单一颜色，可以看出单位面积内的像素越多，图像越精细，结果越接近原始图像（如图 2-10 所示）。

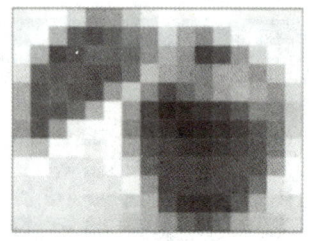

图 2-10　图像的不同像素密度对比

衡量图像质量的重要指标是分辨率。分辨率是指单位长度含有的像素数量。分辨率也常用图像含有的像素总数表示，即为"水平像素数×垂直像素数"。对于同一尺寸的一幅图像，像素数目越多，说明图像的分辨率越高，看起来越逼真，但存储量也越大。

（2）量化

量化是将连续的颜色值转换为有限数量的离散值的过程。该过程将连续的亮度值划分成有限个级别，然后将每个像素的亮度值映射到与其最接近的量化级别上。用于表示图像中每个像素亮度值的二进制位数被称为量化位数。量化等级越多，需要的量化位数就越多，此时可表示的图像颜色更为丰富，效果也更加细腻，但会占用更大的存储空间。例如：若量化位数为 4，则量化等级为 16 级，图像具有 16 种颜色层次；若量化位数为 8，则量化等级为 256 级，图像具有 256 种颜色层次。反之，量化位数越少，所能表示的颜色层次就越不丰富，图像质量会变差，并且可能出现假轮廓现象，不过此时存储的数据量相对较小。

在 RGB 模型中，如果每个颜色通道的亮度被划分为 256 级，都用 1 字节（8 位）来表示，那么 RGB 模型的量化位数是 $8 \times 3 = 24$ 位。将所有像素的红色、绿色和蓝色通道的值按照行和列的顺序排列起来，就形成了 3 个像素矩阵。也就是说，一张图片可以用 3 个二维矩阵来表示。矩阵中的每个元素都代表该颜色通道在对应像素上的强度值。例如,一幅3×3分辨率的彩色图像,实际上是由3个3×3的矩阵组成。第一个矩阵记录红色通道的强度值,第二个矩阵记录绿色通道的强度值,第三个矩阵记录蓝色通道的强度值(如图2-11所示)。

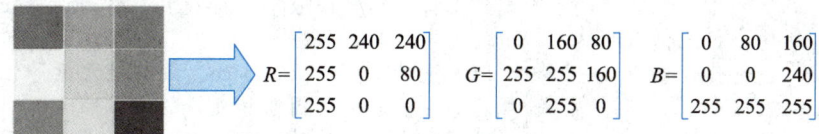

图2-11 彩色图像的表示

图像数据以矩阵形式表示,不仅极大地方便了图像数据的存储与传输,同时也为图像的分析和处理提供了便利。例如:通过改变像素矩阵中的值,可以实现各种滤镜效果,可将图像转换为黑白,可增加亮度或对比度等;利用像素矩阵表示法,通过比较不同图像的像素矩阵,可以进行图像识别和匹配,从而实现人脸识别目标检测等功能;在医学领域图像矩阵可以帮助医生分析X光片或MI图像,辅助诊断疾病;在训练图像分类或目标检测模型时,常常使用大量标注好的图像矩阵数据来训练计算机识别各种物体和场景。

(3)编码

由于图像经数字化处理后得到的数据量通常十分庞大,因此需要对图像进行编码处理,利用压缩技术来降低图像文件的存储需求。采用不同的编码策略,可以生成多种不同的图像文件格式。

3. 常见图像文件类型

常见图像文件类型如表2-4所示。

表2-4 常见图像文件类型

文件格式	特 点	应 用 场 景
BMP	未经压缩的图像文件格式,它保留了原始图像的所有信息,所占的存储容量也相对较大	对图像质量要求极高且不考虑文件大小的专业绘图和设计领域,如印刷行业在制作高精度的海报、画册等时 在图像编辑软件中,作为中间格式进行过渡,以便在不同软件之间交换图像数据时,不会损失太多质量
JPEG/JPG	有损压缩的格式,它去除了我们肉眼不可分辨的内容,从而提高压缩比,降低存储容量	数码照片:大多数数码相机默认使用JPEG格式存储照片,因为在保持较高图像质量的同时,大大压缩文件大小,方便存储和传输大量照片 网络图片:由于文件大小相对较小,适合在网页上展示,加载速度较快,不会占用过多的网络带宽 广告宣传:在广告海报、宣传册等需要大量图片且对图像质量要求不是特别苛刻的场景中

文件格式	特点	应用场景
PNG	一种无损压缩格式，通过优化数据排列算法提高压缩比，生成的文件也较小，支持透明背景	图标设计：PNG格式的透明背景特性使其非常适合制作图标，可轻松地将图标放置在各种背景上而不会出现白色或其他边框 网页设计：如网页的logo、装饰性元素等，PNG格式能够提供清晰的图像和良好的兼容性 数字艺术作品：对于需要保留高质量细节且可能需要在不同平台上展示的数字绘画、插画等艺术作品，PNG格式可以确保图像在不损失质量的情况下进行展示和传播
GIF	一种比较常用的动态图像格式，最多支持256色，网络上的动态表情包一般都是gif格式	简单动画：常用于制作表情包、动态图标、网页上的小动画等，文件大小相对较小，加载速度快 社交平台：在社交媒体上分享的有趣动画、搞笑表情等很多都是GIF格式，能够快速吸引用户的注意力并传达情感 广告和营销：一些简单的动态广告可以使用GIF格式制作，增加广告的吸引力和趣味性

2.4.2 声音的编码

人工智能在声音处理领域的应用已经非常广泛，涵盖了从音频编辑、音乐生成到语音识别、语音合成等多个方面。自然界中的声音是通过空气等媒介传播的一种波，是随时间连续变化的模拟信号，振幅反映声音的音量，频率反映声音的音调。要在计算机上表示声音信息，必须对声波进行数字化处理，即把模拟的声波转换成离散的数字信号。

1. 编码过程

声音编码通常使用脉冲编码调制（PCM）技术，该技术主要包括以下3个步骤：采样、量化和编码。

（1）采样

微视频：声音的数字化

采样是将连续的声音信号在时间轴上进行离散化处理。做法是在特定的时间间隔点对模拟声音信号的幅度进行测量，从而获得一系列在离散时间点上的采样值。例如，如果以每秒1次的频率进行采样，那么在5s内将获得5个采样点（如图2-12所示）。将这5个采样点连接起来，就可以近似表示原来连续的模拟信号。

采样频率是决定数字音频质量好坏的因素之一。采样频率指每秒采样声音的次数，单位为赫兹（Hz）。采样频率越高，声音还原度越好，同时记录的数据越多，需要的存储容量越大（如图2-13所示）。一般来说，CD的采样频率为44.1 kHz，即每秒采样 44 100 次。

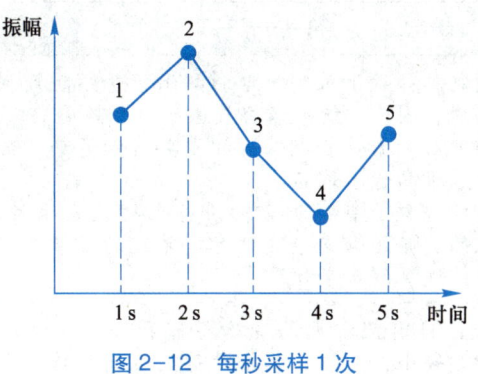

图 2-12　每秒采样 1 次

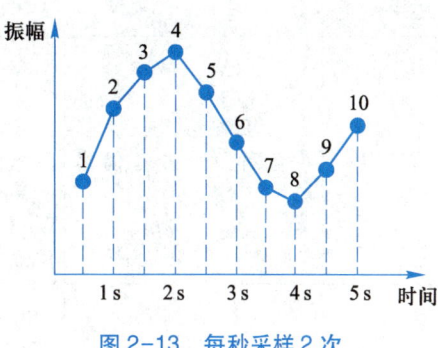

图 2-13　每秒采样 2 次

（2）量化

量化是将采样得到的幅度值用有限数量的离散值来近似表示。需要确定将幅度值划分为多少个不同的级别，然后将每个采样点的幅度值映射到最接近的级别上。级别划分得越多，对原始声音振幅变化的表示就越精细，如图 2-14 所示。用来表示这些级别的二进制数的位数被称为量化位数。例如：如果采样点的幅度值被划分为 256 个不同的级别，那么所需的量化位数就是 8 位。量化过程不可避免地会引入一些误差，但可以通过适当选择量化位数来控制这种误差的大小。量化位数越多，声音的精度越高，还原效果也越好。不过，量化位数越高，所需的存储空间也就越大。

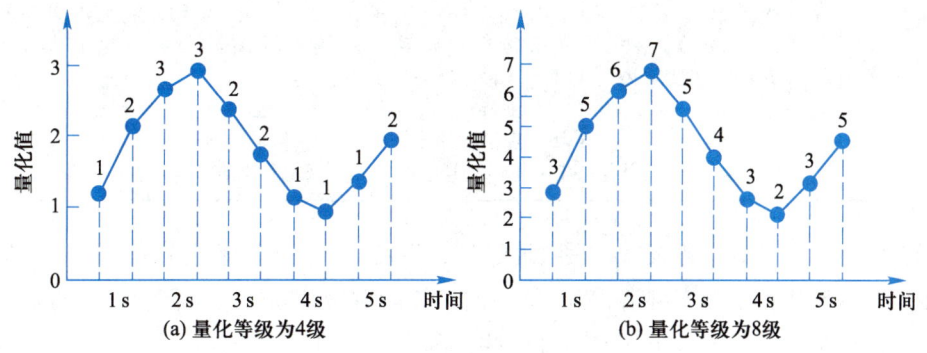

图 2-14　量化等级对比

（3）编码

在编码阶段，量化后的声音幅度值被转换成特定的二进制格式，以便数据的存储和传输。在此过程中，可以运用多种压缩技术来降低数据量，进而提高存储和传输的效率。根据不同的编码技术，会形成各种不同格式的音频文件。

2. 常见的音频文件类型

常见的音频文件类型如表 2-5 所示。

表 2-5 常见音频文件类型

文件格式	特点	应用场景
WAVE	未压缩格式，声音质量高，所占存储容量大	专业音频制作：音乐录制、电影配乐、音频后期制作等专业领域，因为它能够保留最原始的音频质量 音频存档：对于需要长期保存的重要音频资料，如历史录音、珍贵的音乐作品等 高保真音响系统：在高端音响设备上播放音乐时，WAVE 格式的音频能够充分发挥音响系统的性能，提供最纯净、最逼真的声音效果
MP3	最常见的有损压缩格式，可压缩到原来的 1/10 左右，仍具有较高的保真度	音乐播放：目前最常见的音乐存储和播放格式之一。文件相对较小，方便在各种设备上存储和传输大量的音乐文件，如手机、MP3 播放器、车载音响等 网络音乐平台：在线音乐平台通常使用 MP3 格式来提供音乐播放服务，以满足用户在不同网络环境下快速加载和播放音乐的需求 个人音频设备：对于存储空间有限的设备，MP3 格式的音频文件可以在不占用过多空间的情况下提供较好的音频质量
WMA	微软公司推出的与 MP3 格式齐名的一种新的音频格式。保持音质的情况下压缩率更高，生成的文件大小只有相应 MP3 文件的一半	微软平台：在 Windows 操作系统和相关软件中，WMA 格式得到较好的支持。例如，在 Windows Media Player 中播放音频文件时，WMA 格式可以提供流畅的播放体验和一些特殊的功能，如数字版权管理（DRM） 在线广播：一些在线广播电台可能会使用 WMA 格式来传输音频流，以提供较高质量的音频广播服务，同时减少网络带宽的占用 企业和教育领域：在企业培训、教育课件等场景中，WMA 格式的音频文件可以方便地与其他 Windows 平台的软件集成，满足特定的教学和培训需求

在将声音信号数字化之后，后续通过进一步处理，将声音数据分割成一系列短小的帧，然后利用梅尔频率倒谱系数（MFCC）算法对这些帧进行特征提取，将声音的频谱信息转换为一个数学矩阵。通过这些矩阵，我们可以量化声音信号的多项特性，进而应用于语音识别、音乐分析、环境声音监测等领域。

无论是文字、图像、声音还是视频，它们都被转换成人工智能能够理解和处理的数据格式。这些数据格式相互交织、相互关联，共同构建了五彩缤纷的数字世界。这正是数据表示的魅力所在：它能够将现实世界的信息转化为数字信号，让人工智能能够感知并理解这些信息。通过运用诸如矩阵乘法等变换技术，协助人工智能捕捉数据的深层次特征和规律，从中提取出有价值的信息，进而推动人工智能在各个领域的应用实现。

思考与拓展

1. 早期的计算机只能处理英文,处理不了中文,也处理不了图片。查找资料,解释一下原因。

2. 思考视频在计算机中是怎样表示的。可以查阅相关资料,用自己的理解表述出来。

3. 计算机内部的二进制编码,是如何转换为人们看到的字符、汉字或图形的?可以查阅相关资料,用自己的理解表述出来。

第 3 章

计 算 系 统

各类信息在经过数字化表示和存储后,必须通过计算系统进行有效处理与分析,才能得到我们期望的结果。计算系统不仅负责信息存储和指令执行,更直接决定了信息处理的效率和能力。本章将深入探讨计算系统的基本原理,具体包括计算机硬件的构成、指令的表示与执行以及操作系统如何管理计算机资源等内容。这些基础知识为后续理解如何高效解决复杂问题,特别是在人工智能领域中应用计算系统奠定了重要基础。

本章要点:
① 冯·诺依曼结构与计算机硬件。
② 计算机语言与程序执行。
③ 操作系统与计算机资源的管理。
④ 并行计算与分布式计算。

3.1 计算机硬件组成

3.1.1 冯·诺依曼结构计算机

冯·诺依曼结构是一种经典的计算机体系结构,由美国计算机科学家冯·诺依曼(John von Neumann)于 1945 年提出。早期的计算机程序是硬件化的,一旦需要修改程序功能,就需要重新组装电路板。冯·诺依曼结构改变了原始计算机体系中只能依靠硬件控制程序的状况。它的主要特点是数据和指令都存储在内存中,由程序控制计算机自动执行指令。

冯·诺依曼结构提出了计算机设计的三大基本原则：首先，计算机应采用二进制进行数据处理；其次，程序应存储在计算机内存中并由计算机自动执行；最后，计算机由 5 个基本部件组成，即运算器、控制器、存储器、输入设备和输出设备（如图 3-1 所示）。在这一架构下，中央处理器（central processing unit，CPU）按照程序预定的顺序自动提取指令和数据，并执行指令。每执行完一条指令，CPU 会从存储器中提取下一条指令，直到整个程序执行完毕。整个过程中，计算机各部件之间的信息传递是通过总线来实现的，总线负责将指令、数据和控制信号在各部件之间进行传输。

微视频：冯·诺依曼设计思想

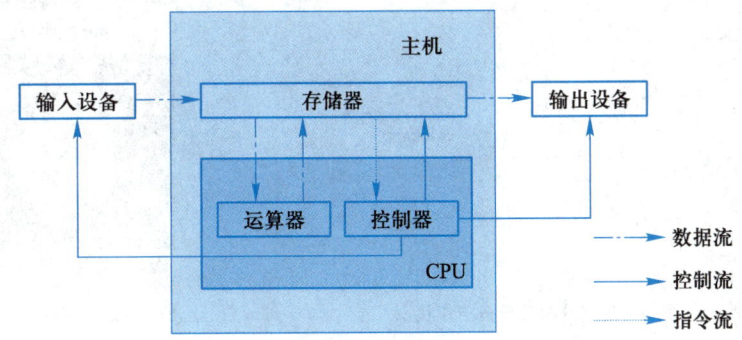

图 3-1　冯·诺依曼计算机五大部件及三大总线

1. 中央处理器

中央处理器由运算器和控制器构成，是计算机的核心组件，主要负责依据指令指挥和控制各部件的运行以及执行数据处理任务。运算器的核心功能是实现对数据的处理，包括算术运算和逻辑运算等。控制器担当着指挥全局的关键角色，负责从内存中取指令，对指令进行解码，并依据解码结果生成相应的控制信号，以协调计算机内部各个组件的运行。此外，为了弥补 CPU 与内存两者之间的性能差异，CPU 内部还引入了高速缓存、寄存器，可以快速地为运算器提供输入数据，并接收运算器的输出结果。

微视频：中央处理器

CPU 擅长快速执行少量复杂计算，但每次只能执行一个"获取指令—指令解码—执行指令"的完整指令周期，并在完成后重新开始循环。因此，CPU 的这种工作方式特别适合串行任务，即一次只处理一个任务。早期的中央处理器只有一个核心计算单元，因此它只能顺序地执行单一任务。随着技术的发展，现代 CPU 通常采用多核设计（图 3-2（a）），即集成多个核心计算单元，也称多核处理器。每个核心仍然拥有独立的缓存和控制单元，这使得处理器能够同时并行执行多个任务，大大提高了计算效率，尤其是在多任务和复杂应用场景下。

Intel 和 AMD 是目前主流的 CPU 制造商（图 3-2（b）），它们都采用了相似的命名方式，通过 i3、i5、i7、i9 来区分处理器的性能等级。i3 处理器通常适合轻量级任务，如日常办公和上网，性能较为基础；i5 处理器提供更强的计算能力，适合中高端的多任务处理和游戏；i7 处理器则更为强大，适合处理高清视频编辑、3D 建模等高负载应用；i9 处理器则是旗舰级产品，专为需要极高性能的任务设计，如大规模数据处理和高端游戏。

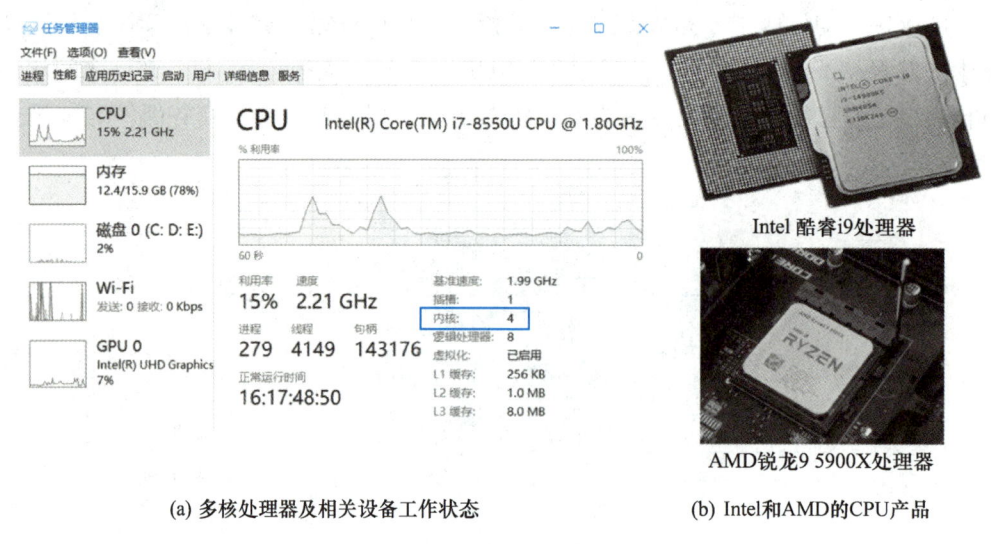

(a) 多核处理器及相关设备工作状态　　　　(b) Intel和AMD的CPU产品

图 3-2　中央处理器

另外，我们也常听到"7 纳米""5 纳米"这样的术语，它们指的是 CPU 制造的"工艺制程"，即芯片制造中使用的最小特征尺寸。简单来说，工艺制程越小，意味着制造过程中能实现的最小结构尺寸越小，从而能够在相同面积内放置更多的晶体管，提升处理器的性能和能效。例如，7 纳米工艺意味着制造过程中最小的特征尺寸为 7 nm（1 nm 为 10 亿分之一米，即 10^{-9} m），而 5 纳米工艺则表示最小特征尺寸为 5 nm。值得注意的是，这些数字并不直接等同于单个晶体管的尺寸，而是指芯片上可以实现的最小结构尺寸，比如导线的间距。随着这些数字的减小，处理器通常能提供更高的计算性能，并且功耗也能有效降低，因为更小的晶体管可以更快地传输电流，减少热量的产生。随着技术的不断进步，制造商不断推动制程工艺向更小的尺度发展，5 nm、3 nm 甚至 2 nm 工艺逐渐成为现实。虽然更小的工艺制程带来了更高的性能，但它们也伴随着更高的技术挑战和生产成本。

2. 存储器

存储器是计算机系统中的重要组成部分，它负责存储程序和数据，供计算机在运行过程中随时调用。计算机系统中的存储器通常分为内存和外存两大类。

最初在冯·诺依曼结构中，计算机仅使用内存（也称为主存）。内存通常指的是随机存取存储器（random access memory，RAM），用于暂时存储正在执行的程序和数据。RAM（图 3-3（a））的读写速度非常快，能够满足处理器对数据的高速需求，

3.1 计算机硬件组成

是计算机运行中的核心部件之一。然而，RAM 有一个显著的特点：当计算机断电或关闭时，存储在 RAM 中的数据会丢失，因此它属于易失性存储器。

与内存不同，外存用于长期、持久地保存程序和数据，即使计算机关闭或断电，信息也不会改变。外存包括硬盘（HDD）、固态硬盘（SSD）以及其他可移动存储设备（如 U 盘、SD 卡等），如图 3-3（b）（c）（d）。外存的存储容量通常远大于内存，但其读写速度相对较慢。尽管如此，随着 SSD 技术的发展，固态硬盘的读写速度已经接近 RAM，极大提升了计算机的数据访问性能。

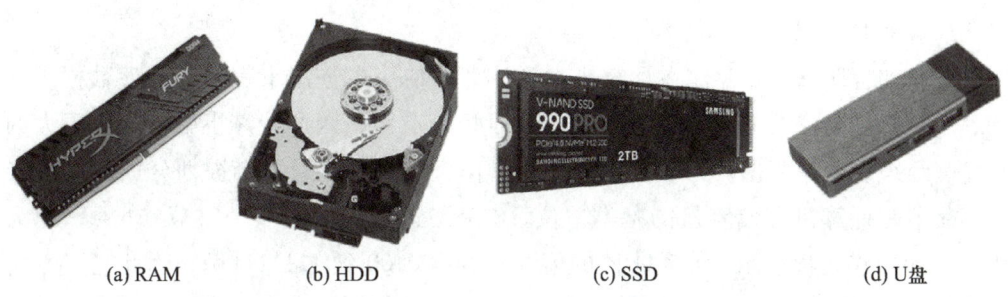

(a) RAM　　　(b) HDD　　　(c) SSD　　　(d) U盘

图 3-3　内存和外存实物图

微视频：存储设备

内存和外存之间存在着紧密的配合与交互。当用户打开一个文件或启动一个程序时，操作系统会首先将文件或程序从外存读取到 RAM 中，以便快速处理。计算机处理完毕后，结果或更改会被写回外存。这种设计使得计算机能够在处理大量数据时保持较高的运行效率，同时又能确保数据的稳定存储，避免因断电而丢失重要信息。

内存与外存的对比如表 3-1 所示。

表 3-1　内存与外存的对比

特性	内存（RAM）	外存（如 HDD、SSD）
存储方式	易失性存储器（数据断电后丢失）	非易失性存储器（数据断电后保持）
读写速度	非常快，几乎与处理器速度匹配	相对内存较慢，SSD 比传统硬盘快
容量	较小，通常为几吉字节到几十吉字节	较大，通常为数百吉字节到几太字节
成本	成本较高，价格较贵	成本较低，价格较便宜
用途	临时存储正在执行的程序和数据	长期存储软件系统、应用程序和用户数据
示例	RAM、DRAM、SRAM	硬盘、固态硬盘、U 盘、SD 卡
功耗	较高（特别是在高速模式下）	较低（SSD 比传统硬盘更节能）

随着技术的不断进步，存储器的性能和功能也在不断提升。例如，固态硬盘（SSD）的出现大幅提高了外存的读写速度，减少了传统硬盘（HDD）带来的机械延迟，极大提升了计算机的启动速度和数据访问效率。同时，新型的内存技术，如非易失性

RAM（NVRAM），在保持高速读写的同时，还具备了数据持久性的优点，这使得内存和外存的界限变得更加模糊，提升了系统的整体性能。此外，现代计算机系统不仅依赖本地的内存和外存，还借助云存储和分布式存储来处理和存储海量数据。这些创新不仅提升了计算机的存储性能，还为数据分析、机器学习等领域的发展提供了强大的支持。

为便于后续学习程序设计语言，更好地理解数据在内存中的存储，下面介绍几个关键概念。

（1）存储容量

数据和程序都需要存储在计算机中。计算机使用二进制来表示和处理数据。然而，单个二进制位（bit 或 b）表示的信息量极其有限，因此计算机中通常以更大的单位来组织和存储数据。为了便于管理和操作，存储单位通常会被划分成不同的级别。字节是计算机存储容量的基本单位。8 个二进制位组成一个字节（byte，记为 B）。一个字节可以表示 256 种不同的值（从 00000000 到 11111111），因此它可以用来存储如字符、数字等基本数据。例如，在 ASCII 编码中，每个字符的编码占用一个字节存储，常用的汉字编码需要两个字节存储。

为了更高效地描述计算机中的存储容量，通常还会使用更大的单位。常见存储单位如下：

1 B（字节）= 8 b（位）

1 KB（kilobyte，千字节）= 1 024 B

1 MB（megabyte，兆字节）= 1 024 KB

1 GB（gigabyte，吉字节）= 1 024 MB

1 TB（trillionbyte，太字节）= 1 024 GB

1 PB（petabyte，拍字节）= 1 024 TB

1 EB（exabyte，艾字节）= 1 024 PB

1 ZB（zettabyte，泽字节）= 1 024 EB

1 YB（yottabyte，尧字节）= 1 024 ZB

（2）内存地址

程序运行时，相关的指令和数据会被加载到内存中，供 CPU 读取和执行。为了能够有效地提取和操作数据，CPU 必须知道数据存放在内存的哪个位置。内存由一个个独立的存储单元组成，内存地址就像是每个数据存储单元的"门牌号"，是存储单元唯一的地址编号。通过这个地址，CPU 能够访问、修改或者读取数据。

每个内存单元通常存储一个字节的数据，而内存地址则是用于标识这些字节存储单元的位置。对于计算机来说，地址就像是一个索引，指示着数据的存储位置。例如，在内存地址为 0x1000（表示十六进制 1000）的单元存放的是一个字节的数据，而在内存地址为 0x1001 的单元则存放着另一个字节的数据。在程序运行时，CPU 常常需要从内存中读取某个变量的值，此时它通过变量所指示的内存地址来定位该数据的位置，然后从这个位置提取数据进行处理。

图 3-1 中所示的存储器是对内存的抽象表达，假设该存储器的容量较小，只有 1 024 个存储单元，最多存放 1 024 个字节的数据，这些存储单元的地址编号从 0 到 1 023。当计算机需要访问某个存储单元的信息时，它只需要根据相应的地址进行访问即可。例如，程序运行时，CPU 需要从内存地址编号为 1 022 的存储单元中读取数据，就要通过内存地址来定位该数据的位置，然后从这个位置提取数据进行处理。当然，由于计算机只能识别 0 和 1 两种状态，因此，存储单元的地址信息实际也是以二进制的形式表示的。

内存地址不仅是 CPU 访问数据的基础，也是程序设计中理解变量、指针等概念的关键。对于大多数高级编程语言来说，虽然开发者并不直接操作内存地址，但仍然通过变量、数组等间接与内存地址打交道。而在 C、C++程序语言中，指针则是用来直接操作内存地址的工具，通过指针可以访问和修改内存中的数据。对于 Python 语言来说，可以使用函数 id( ) 来观察某个数据对象在内存中的存储位置。例如，在 Python 3.12.1 IDLE Shell 编程环境中使用 id( )查看数据存储在内存中的位置（图3-4）。

```
>>> num1 = 9  # 定义变量num1，并赋值为9
>>> num2 = 9  # 定义变量num2，并赋值为9
>>> id(num1)  # 使用id()函数获取变量num1的内存地址
140707864853176
>>> id(num2)  # 使用id()函数获取变量num2的内存地址
140707864853176
```

图 3-4　使用 Python id( )函数查看数据在内存中存储地址的示例

图 3-4 中：

① num1 和 num2 的内存地址相同，因为 Python 对小整数进行了缓存重用。

② 每一行代码后，"#"引出 Python 语言的注释，不参与执行。

3. 输入输出设备

计算机的输入输出设备（I/O 设备）是计算机与外界进行信息交换的桥梁，负责将外部数据输入到计算机系统中，并将计算结果和信息输出给用户或其他设备。

输入设备负责将外部物理信息或数据转换为计算机能够处理的数字信号，并传递给中央处理单元（CPU）或其他处理组件。输入设备与计算机系统相连，使得用户或其他系统能够向计算机系统提供指令、数据或控制信号，以便进行后续的存储、处理或输出。例如，键盘和鼠标是常见的输入设备，它们允许用户通过按键、移动和点击来对计算机进行操作。扫描仪、话筒和摄像头也属于输入设备，它们分别将图像、声音和视频转换成数字格式，以便计算机处理。

输出设备负责将计算机内部处理后的信息反馈给用户或其他设备，并将数字信号转换为人类或其他系统可以感知或理解的形式。这些设备与计算机系统相连，用于展示、打印、播放或传输计算机处理结果。常见的输出设备包括显示器和打印机。显示器将计算机内部处理的数据转化为可视化的信息，展示给用户。打印机则将计算机中的数据转化为纸质的文件，供用户查看和保存。除了这些传统设备，还有扬声器、耳机等设备，可以将计算机的声音输出给用户。

在现代计算系统中，输入输出设备的应用不仅体现在人与计算机之间的交互，它们在自动控制、数据采集和多媒体应用等领域中也扮演着重要角色。想象一下，在自动驾驶系统中，摄像头、雷达和传感器作为输入设备实时采集周围环境的信息，发送给计算系统进行判断、处理、分析、决策；车轮和动力系统作为自动驾驶系统的执行输出设备，车轮根据计算系统的指令调整行驶方向，动力系统则根据速度需求调节加速或制动，从而完成车辆的自动驾驶。又如，在医疗系统中，输入设备（如CT扫描仪和心电图仪）获取患者的身体数据，计算机通过处理这些数据生成诊断报告，输出设备（如显示器或打印机）将结果展示给医生。

4. 系统总线

在计算机系统中，传输的信息主要可分为三类：数据信息、地址信息和控制信息。这些信息的传输通常是通过计算机的系统总线（system bus）来实现的。系统总线连接计算机的各个关键部件，如中央处理器、内存、输入输出设备等，它们是计算机内部各组件之间进行数据交换的通道。系统总线由3组主要的总线组成：数据总线（data bus）、地址总线（address bus）和控制总线（control bus）。

数据总线负责在计算机的各个部件之间传输数据信息。这些数据信息主要包括指令本身的内容（即程序指令的编码），以及处理过程中需要的数据，同时也包括进行输入输出操作所需的数据。无论数字、字符，还是图像、声音等，都是以二进制的方式表示和传输的。数据总线是双向的，这意味着它既可以从CPU传输数据到内存或I/O设备，也可以从内存或I/O设备传输数据到CPU。数据总线的宽度（即总线的位数）决定了数据传输的带宽。例如，一组32位的数据总线可以一次性传输32位的数据，而64位总线则可以传输更多的数据。数据总线的带宽对计算机的整体性能有重要影响，因此，现代计算机通常采用更宽的数据总线以提高数据传输速率，从而提升系统整体效率。

地址总线的主要功能是传输地址信息。具体来说，地址总线确定了数据在内存中的存储位置。当CPU需要对内存读写数据时，它会首先通过地址总线向内存发送目标地址。这些地址信息帮助CPU确定数据传输的目标位置。地址总线是单向的，意味着它只负责从CPU传输地址信息到内存。地址总线的宽度决定了计算机可以寻址的内存范围。例如，若地址总线为32位，则系统最多可以寻址2^{32}个，对应4GB的内存大小；若为64位，则可以寻址2^{64}个，对应16EB的存储空间，这远远超过目前内存的实际需求。

控制总线负责传输控制信息,这些信息包括各种控制信号,例如,读/写信号、时钟信号、中断请求、复位信号、设备状态信号、I/O 端口控制信号等。控制总线的作用是确保计算机内部操作的有序性与协调性,确保系统各部件的精确配合与高效运行。控制总线的信号通常由 CPU 或总线控制器发出,指示其他部件在数据传输过程中应执行的具体操作。例如,控制信号可以告诉存储器是否需要进行数据读取或写入,或通知外设何时开始接收数据。控制总线的作用非常关键,它确保了计算机系统中各部件的同步和协同工作。

计算机五大部件以一种挂载在三总线结构上的方式运行,利用三总线实现彼此间的通信。例如:当 CPU 需要获取地址为 1 022 的数据时,首先,控制器会发出相应的控制指令,指示读取该特定地址的数据。然后,它将地址值 11111110 传输到地址总线上;存储器接收到地址总线上传输的地址信息后,会选择并锁定地址为 11111110 的存储单元。最后,该存储单元中的数据 10111000 会被发送到数据总线上;此时,CPU 通过数据总线接收该数据,并将其存储到预设的数据寄存器中。通过这种方式,计算机内各部件通过系统总线进行数据的交换与处理,实现了基本操作。

随着技术的不断进步,许多传统的总线架构已被更先进的总线设计所取代。例如,PCI(peripheral component interconnect)、AGP(accelerated graphics port)和 PCI Express 等现代总线技术提供了更高的带宽、更快的传输速率和更强的灵活性。这些新的总线架构支持更高效的数据传输,并能够支持更多类型的设备连接。尽管如此,三总线结构的基本概念仍然对现代计算机系统设计产生了深远影响。在许多现代计算机系统中,虽然已不再完全采用传统的三总线架构,但其原理和设计思想依然在一些低层次的硬件设计中被保留,例如,一些嵌入式系统和基础硬件接口仍然借鉴了三总线的概念。

5. 其他处理器

在计算机科学的发展史上,中央处理器始终是执行各种计算任务的核心组件,承担着计算机系统中的主要运算和控制功能。然而,随着计算需求的日益增长,一些新型的处理器逐渐崭露头角,成为现代计算领域的核心力量。

(1) 图形处理器(graphics processing unit,GPU)

GPU 最初的设计目标是为了高效解决图形渲染中的计算瓶颈。与传统的 CPU 不同,GPU 拥有数百或数千个计算核心,这些核心的数量远远超过传统 CPU,使得 GPU 可以在并行计算方面发挥巨大的优势,极大地提升了计算效率,尤其在需要大规模并行计算的场景下,如图形渲染中的像素处理,GPU 表现出显著的性能优势。

微视频:图形处理器

近年来,随着计算需求的多样化,GPU 的并行计算能力在人工智能(artificial intelligence,AI)领域得到了广泛应用。尽管 GPU 最初并非专为 AI 设计,但其架构正好契合了 AI 算法中的并行计算需求,特别是深度学习等技术中的矩阵乘法和卷积运算。这些 AI 算法通常需要大量的数学运算，而 GPU 的并行计算能力使得它能够在处理这些任务时，显著超越传统 CPU 的效率。

特别是在深度学习的训练过程中，GPU 的高并行度大大缩短了模型训练时间，推动了 AI 技术的飞速发展。例如，英伟达（NVIDIA）公司，作为 GPU 领域的领军企业，开发的 CUDA（compute unified device architecture）平台为科学计算、图形处理和 AI 研究提供了强大的支持。通过 CUDA，研究人员和开发者可以更便捷地利用 GPU 进行高效的并行计算，极大地简化了 GPU 在 AI 研究中的应用。正是得益于这种高度优化的计算平台，GPU 在 AI 领域得到了广泛的应用，成为现代人工智能应用不可或缺的计算核心。

（2）张量处理器（tensor processing units，TPU）

TPU 是谷歌公司专为加速机器学习任务而开发的专用硬件，尤其在深度学习和神经网络的训练与推理方面表现出色。TPU 的架构经过优化，能够高效执行大量低精度计算，这使得它在执行神经网络推理任务时，性能可以达到当代 GPU 和 CPU 的 15 到 30 倍。这种性能优势主要归功于 TPU 对矩阵运算的深度优化，以及在处理大规模并行计算时的卓越表现。与 GPU 相比，TPU 通常具有更低的功耗，这对于执行大规模计算任务时的能源节约至关重要。而且，TPU 作为谷歌云的一部分，通过提供云计算服务，使得开发者可以避免硬件投资和维护的负担，灵活地使用 TPU 来加速模型的训练和推理。

然而，目前 TPU 的生产集中在少数几个制造商，市场供应相对有限，导致其价格较高。谷歌公司的 TPU 与 TensorFlow 框架紧密集成（TensorFlow 是一个广泛使用的开源机器学习框架），简化了深度学习模型的构建和训练过程，TPU 的优化使得它在运行 TensorFlow 模型时尤为高效。尽管如此，TPU 对其他深度学习框架的支持不如 GPU 广泛。这意味着，虽然 TPU 在特定场景下性能卓越，但对于使用多种框架的开发者来说，GPU 可能是一个更灵活的选择。

（3）神经处理器（neural processing unit，NPU）

NPU 是一种专为深度学习和神经网络计算设计的处理器，旨在加速神经网络的训练和推理过程。与其他处理器不同，NPU 通常采用专门设计的硬件结构来加速神经网络计算。它通过硬件级别的并行计算，将计算任务分解成多个小任务，并同时处理，从而大幅提高计算速度。与传统计算架构相比，NPU 能够更加高效地使用硬件资源，显著减少计算所需的时间和功耗。

NPU 在保持高数据处理能力的同时，还能实现低功耗。这一特性使得 NPU 非常适合用于移动设备、智能家居等边缘计算设备。例如，华为的麒麟芯片就内置了 NPU，能够提供比传统 GPU 更快的 AI 计算能力，提升手机的 AI 体验。在自动驾驶领域，NPU 被用来处理车载摄像头获取的实时数据，进行障碍物检测、行驶路径规划和决策分析等任务，从而提高自动驾驶系统的反应速度和可靠性。在智能家居中，NPU 可以加速语音助手的响应速度，处理从设备中采集的各种传感器数据，实现智能控制和自动化。此外，NPU 还在健康监测、工业自动化等领域展现出巨大的潜力。

尽管 NPU 在深度学习和 AI 应用中展现了巨大的潜力，但它仍然面临一些挑战。一方面，由于 NPU 是专门为特定任务设计的，因此其编程和开发相对复杂，要求开发者具备较高的硬件与软件整合能力。另一方面，由于市场上 NPU 的种类和厂家较多，标准化问题仍然是制约 NPU 普及的一个障碍。不同厂商的 NPU 可能在硬件架构、开发工具和支持的深度学习框架上有所不同，这使得 NPU 的跨平台兼容性和易用性受到一定限制。

当然，随着 AI 技术的不断进步和需求的增加，NPU 的技术也在不断发展。越来越多的公司正在致力于研发更加高效、智能化的 NPU，以满足不同场景下对 AI 计算能力的需求。预计随着技术的成熟，NPU 将能够在更多行业和设备中得到应用，进一步推动人工智能普及。

3.1.2 指令的表示与执行

一旦计算机硬件系统设计完成，系统所支持的指令集就确定下来，这便是机器的指令系统。指令是处理器唯一能够理解和执行的操作。

人们在向计算机发出指令时，必须描述清楚两个问题：第一，让计算机执行什么操作；第二，让计算机对什么对象进行操作。因此，一条计算机指令由操作码和操作数两部分组成。操作码用来说明指令的功能和性质，用于指示处理器执行的具体操作，如算术运算指令（加、减、乘、除）、逻辑运算指令（与、或、非）、数据传送指令或控制流程指令。操作数表示被操作的对象，如加数、被加数或它们的存放地址，以及指令执行结果存放的地址。

计算机执行任务是通过执行指令来实现的。每一条指令都告诉计算机执行一个特定的操作，这些指令是计算机完成所有任务的基础。例如，在 x86 架构下，加法指令 03 D8，即 00000011 11011000，其功能是将两个寄存器中的数据进行相加运算。寄存器是 CPU 内部的一种高速存储部件，用于暂存指令、数据和地址。如表 3-2 所示，该指令中，00000011 是加法指令的编码，11011000 中的 1101 和 1000 分别代表两个参与运算的寄存器的编码。

表 3-2　x86 架构下的加法指令

操 作 码	操 作 数
00000011	11011000

在计算机中，指令执行是由 CPU 完成的。一条指令的执行过程通常称为指令周期。指令周期涵盖了从指令获取到执行的全过程，一般包括取指、解码和执行 3 个步骤，如图 3-5 所示。

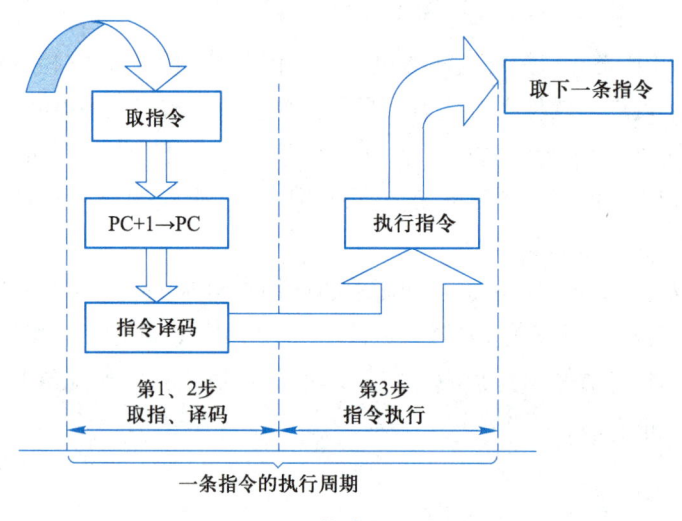

图 3-5　指令执行过程

第 1 步是取指（fetch）。在这个阶段，CPU 从内存中取出指令。指令的地址由程序计数器（PC）提供，它指向下一条待执行指令所在的位置。取指操作将从内存中读取这条指令，并将其存储在 CPU 的指令寄存器中。程序计数器会根据指令的执行顺序自增，指向下一条指令的地址。

第 2 步是解码（decode）。取到指令后，CPU 会对指令进行解码。解码过程包括对指令的操作码（opcode）和操作数（operand）的识别。操作码告诉 CPU 要执行什么类型的操作，而操作数则是指令需要操作的数据。解码后，CPU 了解了指令的含义和操作步骤，从而知道如何进一步执行该指令。

第 3 步是执行（execute）。解码完成后，CPU 会根据指令的内容执行相应的操作。执行的操作可以包括算术运算（如加法、减法）、数据移动（如将数据从一个寄存器移动到另一个寄存器）或与内存和输入输出设备的交互（如读取数据或将结果写入内存）等。这些操作大部分由算术逻辑单元（ALU）来完成，它负责处理各种算术和逻辑运算。

为了提高处理速度，现代 CPU 通常采用指令流水线技术。在流水线中，指令的不同阶段可以并行执行。举例来说，CPU 可以在同一时刻执行多条指令的不同阶段。例如，第一条指令正在取指阶段，第二条指令则处于解码阶段，而第三条指令则进入执行阶段。通过这种方式，CPU 能够在同一时刻并行处理多条指令，从而大大提高计算机的吞吐量和处理速度。

所有的指令执行节奏都依赖计算机的时钟信号。计算机的时钟是一种固定频率的脉冲信号，类似于心脏的跳动，时钟频率越高，CPU 处理指令的速度就越快。时钟信号的作用是确保各个硬件部件的同步运行。每个时钟周期内，CPU 会根据当前指令的阶段执行相应的操作。指令周期不同于时钟周期，一条指令的执行周期一般需要几个时钟周期。

控制单元是指令执行过程中的关键组成部分，它负责发出控制信号，协调各个硬件单元的工作。它根据当前的指令内容生成控制信号，指挥算术逻辑单元（ALU）、寄存器、内存以及输入输出设备之间的协作。在每个时钟周期，控制单元会协调这些硬件的工作，确保指令按预定的步骤执行。

在实际计算过程中，指令的执行并非一成不变。有时，程序的执行需要响应外部事件，这时中断机制发挥着重要作用。中断是一种特殊机制，当计算机在执行指令时，遇到外部事件（如输入设备的信号、硬盘的读写请求等），CPU 会暂停当前指令的执行，转而处理这个外部事件。处理中的中断会触发中断服务例程，该例程会保存当前指令的执行状态，处理完中断事件后再返回到原来指令的执行位置，继续完成未完成的任务。中断机制是计算机系统中实现并发和实时响应的重要手段，它使得计算机能够有效利用 CPU 等各种资源，并行处理多个任务，尤其在操作系统和多任务处理的场景中具有重要作用。

理解指令执行与中断机制有助于后续程序设计语言的学习，尤其是在函数调用和任务调度等方面。程序中涉及的中断处理和指令执行状态的保存，会进一步帮助大家理解计算机如何在执行过程中灵活响应外部输入，并有效管理多个任务。

3.2 计算机语言与程序执行方式

人们通过编写程序来让计算机完成特定的计算任务。程序是用某种计算机语言编写的指令序列。根据抽象程度的不同，编程语言可以分为机器语言、汇编语言和高级语言。每种语言都是针对不同使用场景和需求设计的，代表了程序员与计算机之间沟通的不同层次。

3.2.1 机器语言与汇编语言

1. 机器语言

机器语言是计算机能够直接理解和执行的最低层次的语言。机器语言中的指令以二进制代码表示，每条指令都对应着计算机硬件的一个操作。其独特之处在于，它是计算机唯一能够直接识别并高效执行的指令形式。

微视频：计算机语言

例如，在 x86 机器语言中：

指令 10111000 00000101 00000000 表示将数字 5 加载到寄存器 AX
指令 10000011 11000000 00000011 表示将 AX 的值增加 3

然而，对于程序员来说，使用机器语言编程是一项极具挑战性的任务，因为他们必须熟练掌握计算机所有指令的代码及其含义，这无疑增加了编程的复杂性。此外，机器语言依赖特定的硬件架构，不同架构的机器语言互不兼容，导致程序的可移植性差。更重要的是，以机器语言编写的程序完全由 0 和 1 表示的指令代码构成，对于不懂机器语言的人来说，简直如同"天书"。即使是专业程序员，由于机器语言缺乏直观性，程序的可读性差，难以理解、记忆和修改，也更容易产生错误。

2. 汇编语言

为了解决机器语言难以理解和记忆的问题，人们引入了汇编语言（assembly language），大大提高了编程的便捷性和可读性。汇编语言使用容易理解和记忆的单词缩写以及符号和标号来代替机器语言中的特定指令。例如，用"ADD"代表加法操作，"SUB"代表减法操作，"INC"代表加 1，"DEC"代表减 1，"MOV"代表变量传递，等等。通过这种方式，程序变得更易于阅读和理解，修复程序中的 bug 以及进行运维变得更加简单。

汇编语言实际上是机器语言的一种简化，它通过助记符代替二进制代码，从而保留了机器语言在执行效率上的优势。因此，汇编语言仍然是常用的编程语言之一，尤其在底层开发、硬件操作和高性能程序优化中得到广泛应用，如编写设备驱动程序、嵌入式操作系统和实时运行程序。

如前文提到的机器指令：

10111000 00000101 00000000　　表示将数字 5 加载到寄存器 AX
10000011 11000000 00000011　　表示将 AX 的值增加 3

转换成汇编语言如下：

　　Mov ax, 5　　　;将数字 5 加载到寄存器 AX
　　Add ax, 3　　　;将寄存器 AX 的值增加 3

相比于机器语言程序的一串串 0/1 序列来说，显然汇编语言程序更容易阅读，程序员编程的效率会大大提高，且仍然能保持着内存占用较小、执行速度快的优势。

然而，计算机硬件本质上无法识别字母和符号，还需要通过专门的程序将这些字符转换为计算机能够理解的二进制代码或机器语言。而且汇编语言并没有根本性地解决机器语言的硬件依赖性，依然与特定计算机硬件的编程环境紧密相关。不同的计算机硬件可能使用不同的机器语言和汇编语言，这导致汇编语言缺乏通用性，编写的程序也因此难以移植。

3.2.2 高级语言

随着计算机技术的不断进步，编程需求日益增长。为了降低编程复杂性、提高效率，人们尝试将紧密相关的汇编语句用更接近自然语言的形式描述，并通过固定的结构来定义复杂的数据关系，随后设计一个接口程序，将这些结构和语句转换为汇编语言或机器指令。这样，程序设计时不再需要关注底层硬件的具体特性。由此，高级语言应运而生。

高级语言的诞生标志着计算机编程语言发展的一大进步。它通过隐藏底层硬件的复杂性，采用直观的语法结构并提供丰富的库函数，显著提升了编程效率，同时也让编程变得更加普及和易于掌握。高级语言的一条语句可以替代几条、几十条甚至几百条汇编指令，且形式上接近自然语言，易学易用，极大地简化了程序员的工作，使得复杂的问题可以通过简洁的代码来解决。此外，高级语言具有较强的独立性，不依赖特定计算机的硬件架构，因此，高级语言编写的程序具备良好的通用性和可移植性。

1. 编译与解释

编译是将高级语言源代码转换成目标代码（机器语言指令）的过程。这个过程包括词法分析、语法分析、语义分析、优化、中间代码生成和目标代码生成等多个阶段。编译后生成的目标代码能够独立执行，无须再次经过编译器的处理。

解释是将高级语言源代码逐行或逐块地读取，再将其翻译成机器语言指令，并立即执行。解释器不生成独立的目标代码文件，而是在执行过程中逐条解释源代码并执行。

编译与解释不仅在代码执行方式上有所区别，它们在执行效率、跨平台能力、开发速度、安全性以及调试便利性等方面也存在显著差异，如表3-3所示。

表3-3 编译和解释的区别

对比项	编译	解释
执行效率	编译后的程序是以机器语言的形式存在的，执行速度通常比解释执行的程序要快。编译器可对代码进行优化，进一步提高执行效率	程序每次执行都需要经过解释器的翻译过程，执行速度相对较慢。但是，解释器通常具有更好的动态特性和灵活性
跨平台性	编译后的程序通常与特定的操作系统和硬件平台相关，跨平台性较差	解释器已经做好了对不同平台的交互处理，具有良好的跨平台性

续表

对比项	编译	解释
开发便捷性	每次修改源代码后都需要重新编译才能看到修改效果，这可能会增加开发过程中的时间成本	解释程序可以随时修改源代码并立即看到修改效果，这种即时反馈的特性使得解释型语言在开发过程中更加便捷
安全性与调试	编译后的程序由于已经转换成了机器语言，因此相对较难被篡改或破解，安全性更高。同时，编译器还可以进行类型检查、作用域分析等安全性检查	由于源代码是可见的，且每次执行都需要经过解释器的翻译过程，可能更容易受到攻击或篡改。但是，解释器通常提供了更好的调试支持，可以在执行过程中逐步跟踪和检查代码的执行情况

2. 编译型语言

常见的编译型语言有 C、C++等。它们通常用于对执行效率要求较高的领域，如操作系统、嵌入式系统以及大型应用程序。

编译型语言的优势之一在于执行效率较高，这是因为编译过程会将源代码预先转换为计算机可以直接执行的目标代码。程序执行时，计算机直接执行这些预编译好的代码，避免了运行时逐行解释源代码的开销，从而节省了大量时间。然而，编译型语言的开发过程相对较慢，程序员需要经历编写代码、编译、调试等多个阶段。而且程序在编译后便被固定，修改源代码后需要重新编译。

图 3-6 展示了 C 语言程序编译过程中的几个关键步骤。编写完成的 C 语言源程序通过编译器的处理后，会被转化成由二进制的 0 和 1 组成的机器语言目标程序。此时，这个目标程序不包含库函数，还无法直接在计算机上运行。因此，还需要通过链接器将目标程序与 C 语言的标准库函数进行链接，生成可执行程序。这个可执行程序（即 exe 程序）就能在计算机上直接运行了。

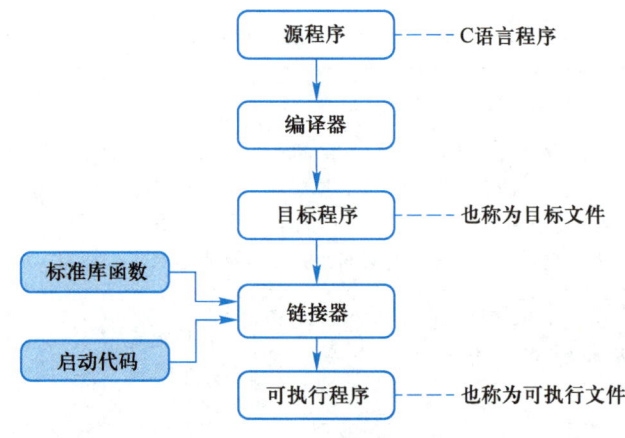

图 3-6　C 语言程序编译过程

以下是用 C 语言实现 sum = 1+2+3+…+100 的源代码。其中，每一行代码之后"//"引出的内容为注释，用于解释该行代码的含义，不参与编译。

```
#include<stdio.h>      //程序中会使用输出函数，需提前将输出函数所在库函数加
                         载进来
main( )                //每一个 C 语言源程序都必须有且仅有一个主函数
{
    int sum = 0,i;     //定义两个变量，sum 存储累加和，初始为 0，i 为循环变量
    for(i=1;i<=100;i++)    //for 循环控制循环变量从 1 到 100
        sum = sum + i;     //利用循环变量 i 的变化，实现 1 到 100 的累加
    printf("sum = %d",sum);   //循环全部结束之后，输出变量 sum 的结果
}
```

3. 解释型语言

解释型语言的一大优势是开发迭代速度快。它们在运行时直接解释执行源代码，无须预先编译成目标代码，这使得程序员可以迅速看到修改效果，调试和开发过程更加方便。因此，解释型语言通常适用于快速开发和脚本编写。常见的解释型语言有 Python、Ruby、JavaScript 等。它们广泛应用于网页开发、数据分析、自动化脚本编写等领域。对于一些需要快速迭代和开发的项目，解释型语言提供了较大的灵活性和方便性。

以 Python 语言为例，图 3-7 展示了解释型语言逐行解释执行的过程。

```
>>> Sum = 0  # 一行代码编写完成后，按 Enter 键即对这一行进行解释执行
>>> for i in range(1,101):
...     Sum = Sum + 1  # 这是一个代码块，用循环实现1到100的累加，按 Enter 键解释执行
...
...
>>> print('Sum = ', Sum) #输出结果，按 Enter 键解释执行
Sum = 100
```

此行为最终输出的结果

图 3-7　使用 Python 3.12.1 IDLE Shell 编写程序及解释执行过程

3.3 操作系统与计算机资源管理

计算机硬件本身只能执行程序指令，但在实际使用中，计算机往往需要同时处理多个任务。这些任务包括用户应用程序、后台进程、操作系统本身的管理任务等。不同任务对计算机资源（如 CPU 时间、内存空间、输入输出设备等）的需求是不同的，如何合理分配这些资源，确保各任务能够高效、稳定地运行，是计算机系统自身需要解决的关键问题。

微视频：操作系统

操作系统的作用正在于此。操作系统是管理计算机硬件和软件资源的一组程序，它负责协调计算机硬件资源的使用，并为用户和应用程序提供方便、有效的服务。可以说，操作系统是计算机系统的核心软件，它为计算机提供了一个抽象层，使得用户无须直接与复杂的硬件打交道，如图 3-8 所示。

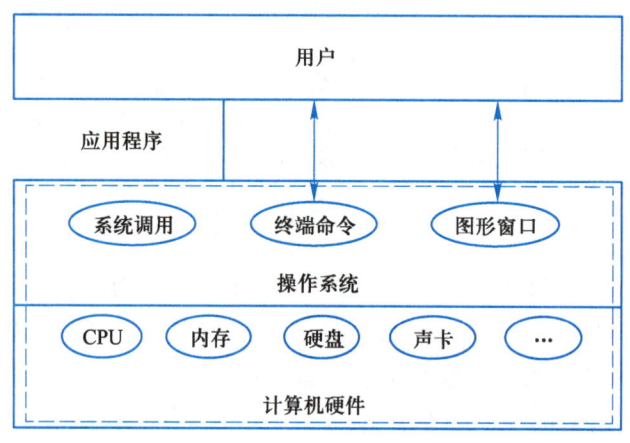

图 3-8　操作系统、用户、应用程序与硬件的关系

3.3.1　操作系统的演进

微视频：操作系统的演进与分类

操作系统并不是随着计算机硬件一起诞生的。它是在计算机技术及其应用发展的过程中，为满足提高资源利用率、增强计算效率以及支持多任务、多用户等需求，逐步形成并不断完善的软件系统。操作系统的演进及解决的问题如表 3-4 所示。

表 3-4　操作系统的演进及其解决的问题

时间	类　　型	代表产品	主要功能及特点
1940s—1950s	无操作系统	无	计算机直接通过硬件控制，一次只能执行一个程序，用户独占全机；人机矛盾（手工操作的低速与计算机的高速之间的矛盾）突出，计算资源利用率极低
1950s—1960s	批处理系统	GM-NAA I/O	事先写入多个程序到外围设备、监督程序自动按顺序加载执行，减少了人工干预，克服了人机矛盾，提高了计算机利用率；主机与外设矛盾（高速 CPU 与慢速 I/O 串行工作、交替闲置）突出，计算资源利用不充分

3.3 操作系统与计算机资源管理

续表

时间	类 型	代 表 产 品	主要功能及特点
1960s	多道批处理系统	OS/360	调度程序同时调度多个程序到内存，I/O 和 CPU 并行工作，有效提升了 CPU、内存和 I/O 的利用率以及系统吞吐量；缺乏人机交互，用户作业周转时间长
1960s	分时操作系统	CTSS，MULTICS，UNIX	通过将 CPU 时间分片、用户轮流使用的算法，支持多个用户通过多个终端同时共享主机的计算资源，实现了真正的人机交互，提高了资源利用率；不能优先、高效处理紧急任务以满足实时控制与实时信息处理应用领域的需求
1960s	实时操作系统	RTOS/360，VxWorks，RTLinux	通过复杂调度算法，在规定时间内强制完成特定事件处理，具有高响应能力和高可靠性，能满足两大实时应用需求
1970s	网络操作系统	UNIX，Windows NT，Linux	增加网络管理模块，为物理分散、自治、互连的多台计算机提供远程通信和资源共享功能
1980s	个人计算机操作系统	MS DOS，Windows，Mac OS	不断改进用户与计算机的交互方式（如图形界面），满足个人用户对计算机易用性和便捷性的需求；单机系统，不支持多机计算资源共享
1980s	分布式操作系统	AFS，NFS	多台互连的计算机由统一的操作系统提供对用户透明的资源访问和调度，通过整体管理机制支持多机分布式计算，具备更高的响应能力、吞吐量和可靠性
2000s	现代虚拟机技术	VMware，Xen，KVM	将物理硬件资源抽象成多个独立可用的虚拟资源，支持多操作系统（虚拟机）同时运行，资源管理更高效、灵活、经济，成为数据中心和 IT 基础设施的重要组成部分
2010s	容器化与微服务	Docker，Kubernetes，Microservices	将应用程序及其依赖项（代码、运行时、系统库等）打包成独立的"容器"，实现跨环境的一致性运行，支持微服务架构；重构了软件开发与运维模式，能加速交付周期、提升资源效率、保障环境一致性，提升软件的可移植性和可扩展性，成为云计算时代的基础设施关键技术

3.3.2 操作系统的核心功能

操作系统在计算机中充当着重要的桥梁角色，连接用户与硬件，管理计算机系统的各种资源，主要包括进程、内存、设备、文件四类资源的管理。

1. 进程管理

微视频：进程管理

操作系统的一个重要任务是管理计算机上运行的所有任务，这些任务通常称为"进程"。进程是在操作系统中运行的程序实例，它是操作系统调度和管理计算资源的基本单位。当启动一个应用程序时，操作系统负责为该程序分配必要的资源，包括CPU时间和内存空间（图3-9）。在支持多任务的操作系统中，常常有多个程序同时运行，此时操作系统必须采用调度算法来合理分配CPU时间，确保所有进程（即运行的程序）能够公平且高效地执行。例如，操作系统依据特定的规则来决定哪个进程在特定时间获得CPU的使用权，以防止程序间的冲突和资源竞争。常见的进程调度算法包括先来先服务（first-come，first-served，FCFS）、最短作业优先（shortest job

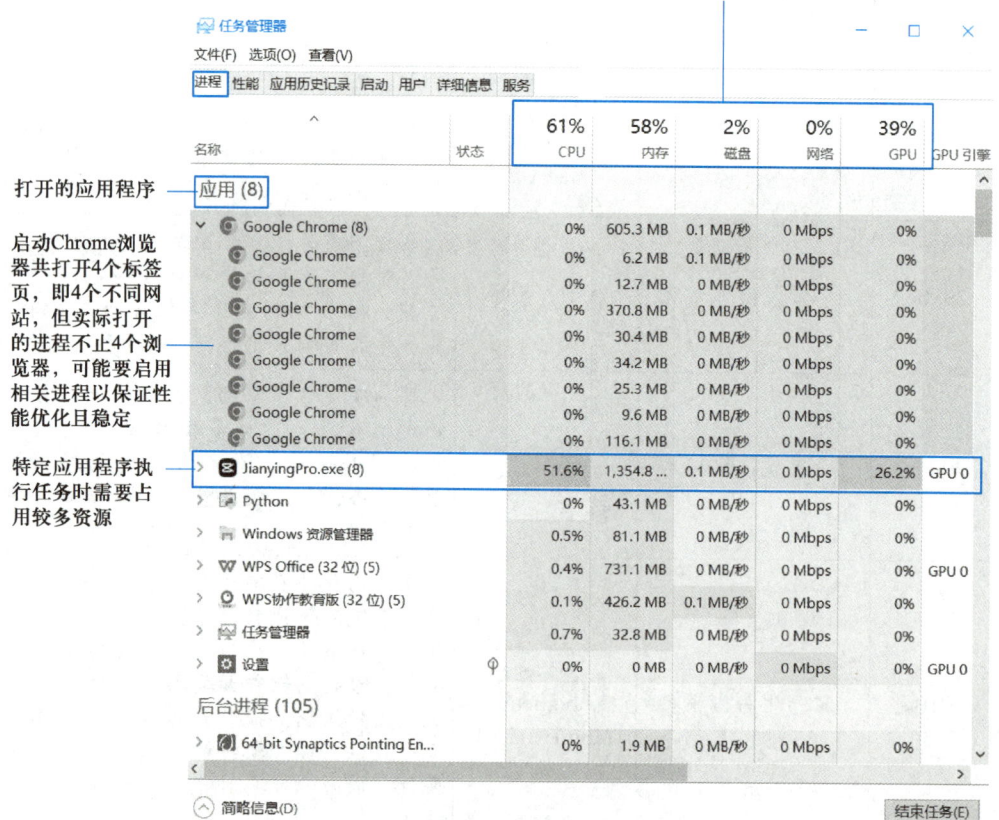

图3-9 通过任务管理器观察计算机资源使用情况

first，SJF）和时间片轮转（round robin，RR）。操作系统利用这些调度策略来保障多个进程的流畅运行，进而提升计算机的整体性能。

2. 内存管理

操作系统在内存管理方面的主要任务是确保每个进程能够获得充足的内存资源，并避免不同进程之间的干扰。操作系统通过内存分配策略为进程提供必要的空间，同时回收不再使用的内存空间，以防止内存泄漏和浪费。为了实现这一目标，操作系统还需要提供内存保护机制，确保一个进程不能访问另一个进程的区域。虚拟内存技术的出现极大扩展了内存的可使用容量（图3-10）。通过将硬盘空间用作"虚拟内存"，操作系统能够支持更大规模的程序运行，从而提高系统的处理能力。

微视频：内存管理

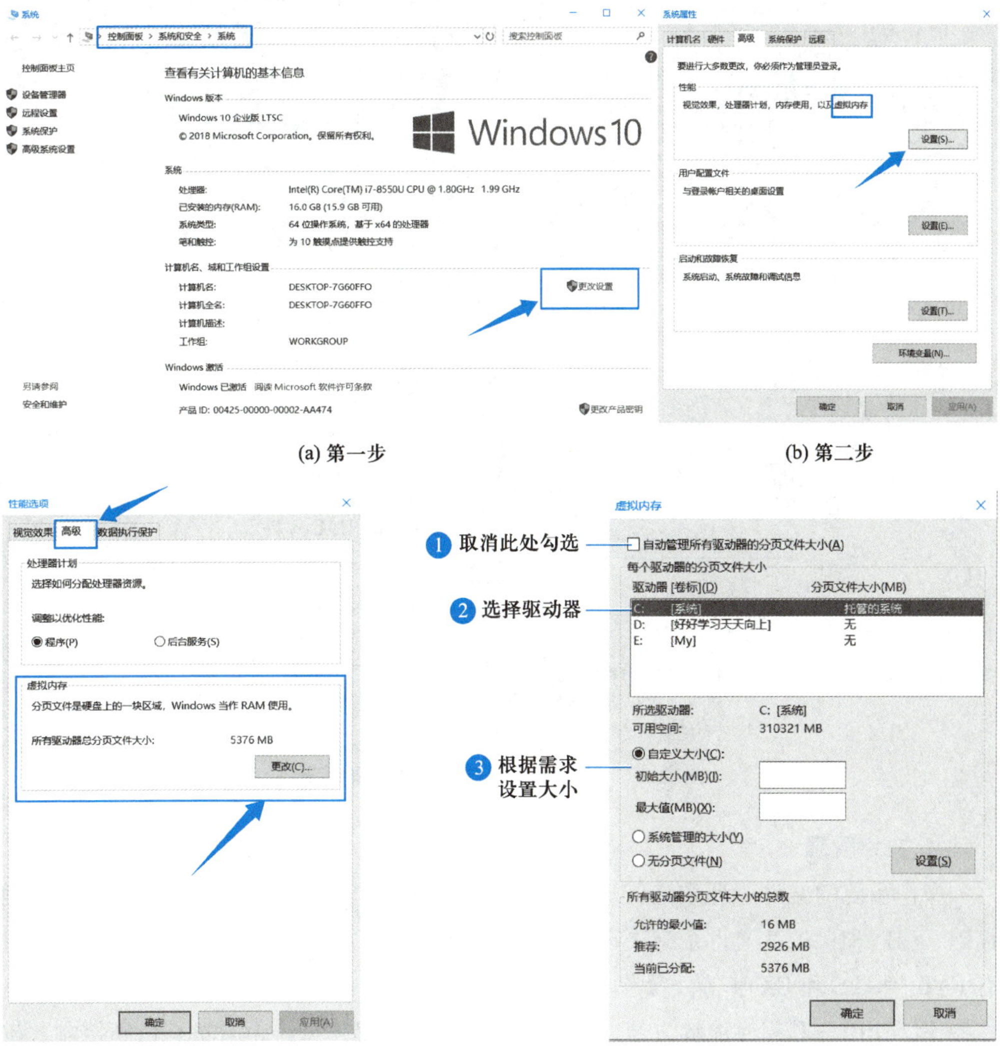

图 3-10 设置虚拟内存

3. 设备管理

微视频：设备管理

计算机的外部设备是计算机系统与外界交互的途径。操作系统通过调用设备驱动程序，让应用程序能够与外部设备进行有效交互（图 3-11），使应用程序能够通过统一的接口访问各类设备。除了控制设备，操作系统还负责管理和调度设备的使用，确保设备高效共享并避免冲突。例如，磁盘调度算法优化磁盘读写顺序，减少磁盘访问延迟，提升系统整体性能。通过这种协调机制，操作系统确保多个设备有序运行，确保计算机系统的顺畅运作并为用户提供稳定可靠的服务。

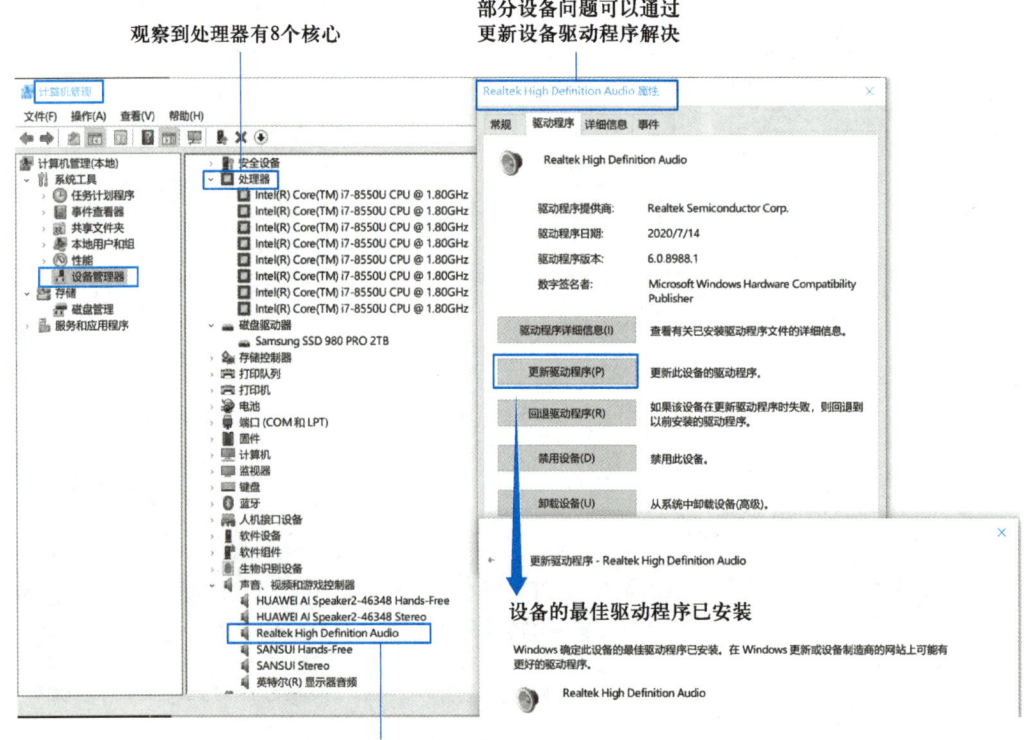

图 3-11　通过设备管理器观察设备情况

4. 文件管理

微视频：文件管理

操作系统的文件管理系统负责组织和管理计算机中的数据，使得数据能够高效地存储、访问和保护。文件系统决定了数据在存储介质中的组织方式，常见的文件系统有 FAT、NTFS 和 EXT4 等。操作系统通过提供文件的创建、读取、写入和删除等基本操作，让用户和程序能够方便地操作文件。同时，操作系统也会进行访问控制，确保只有授权的用户能够访问特定的文件，并通过权限设置（如读、写、执行权限）来保障数据的安全性。

3.4 并行计算与分布式计算

随着计算任务规模的持续扩大，单个处理器的计算能力已不足以满足日益增长的计算和处理需求。特别是在处理巨量数据或执行复杂计算任务时，传统的串行计算方式暴露了效率的局限性。为了克服这一挑战，并行计算和分布式计算技术应运而生。这两种计算方式通过合理分配任务并充分利用多个计算单元的协作，显著提升了整体的计算性能。

3.4.1 并行计算

并行计算的主要目的是提高计算任务的执行效率。其核心思想是将一个大的计算任务分解为多个子任务，这些子任务可以在多个计算单元中并行执行，从而缩短计算时间，尤其是在处理大规模数据时，可以显著提升计算效率。

1. 并行计算的关键技术

① 任务划分与分配：在并行计算中，如何合理地划分计算任务是至关重要的。如果任务划分不合理，可能会导致某些计算单元长时间处于空闲状态，而其他单元却过载，从而影响整体计算效率。因此，合理的任务划分和负载均衡是提升效率的关键。

② 数据同步与通信：在并行计算中，多个计算单元可能需要共享数据或传递中间结果，这就引入了数据同步和通信的问题。如果多个单元同时访问共享数据，可能会导致冲突、数据不一致或程序错误。因此，设计有效的同步机制和减少通信开销是提高并行计算效率的关键因素。

③ 硬件资源共享与争用：多个计算单元在并行计算时，往往会共享内存、带宽等硬件资源。如果多个单元同时访问这些共享资源，可能会造成资源争用，导致性能下降。例如，当多个计算单元同时访问内存时，内存带宽可能成为瓶颈，进而影响整体计算速度。

2. 并行计算的相关硬件

现代计算机普遍采用多核处理器，每个核心能够独立执行计算任务，多个核心可以同时工作，从而实现并行计算。为提高效率，开发者常通过多线程技术，在不同的线程中执行计算任务，使计算资源得到更充分的利用，进而提高计算效率。

图形处理单元（GPU）因强大的并行计算能力，成为加速并行计算的重要工具。现代 GPU 拥有成百上千个计算核心，能够同时执行大量简单的计算任务，尤其适用于图像处理、科学计算和人工智能等领域。例如，在训练深度神经网络时，GPU 能够显著加速大规模矩阵运算，提升计算速度，并大幅提高大规模计算任务的执行效率。

3. 并行计算的应用

并行计算在多个领域得到广泛应用。在科学研究中，如物理模拟、气候预测、基因组学等任务通常需要大量的计算，借助并行计算技术，研究人员能够在较短时间内完成这些计算任务。在工业领域，图像处理、金融分析和大数据处理等任务也依赖并行计算，特别是在人工智能领域，深度学习模型的训练需要数十万次迭代，依赖并行计算才能实现高效、可行的训练。

3.4.2 分布式计算

当计算任务规模超出单台计算机的处理能力时，分布式计算提供了有效的解决方案。分布式计算将一个大的计算任务划分为多个子任务，分别由多台计算机共同完成，最后将结果汇总，完成整个任务。与并行计算的单机模式不同，分布式计算强调多个计算单元的分布与协作，它能够处理超大规模的计算任务和海量数据。

1. 分布式计算的关键技术

① 任务划分与调度：在分布式计算中，如何将计算任务合理地划分并分配到各个计算节点，是一个关键问题。若任务划分不均衡，可能导致某些计算节点过于繁忙，其他节点处于空闲状态，从而浪费计算资源。此外，任务的调度与负载均衡也至关重要，合理的调度策略能确保计算资源得到最优利用。

② 通信与同步：由于分布式计算涉及多个计算节点，节点之间需要通过网络进行数据传输。由于网络带宽、延迟和稳定性的影响，节点间的通信常常存在瓶颈。设计高效的通信协议、减少数据传输开销，并确保各节点在适当的时机同步交换数据，是提升计算效率的重要挑战。

③ 容错性与数据一致性：分布式计算系统必须具备良好的容错性，能够在某些计算节点或通信链路发生故障时继续正常运行。为了确保容错性，分布式系统通常采用数据冗余、故障恢复等策略。此外，数据一致性也是分布式计算中的一大难题，多个计算节点可能同时处理相同的数据，必须确保数据的一致性与完整性，避免数据丢失或计算错误。

2. 分布式计算的相关软硬件

MapReduce 是用于处理大规模数据的编程模型之一。它通过将任务分为 Map 阶段和 Reduce 阶段来进行计算。在 Map 阶段，数据被分割并分配给不同的计算节点；在 Reduce 阶段，各节点将结果汇总，得到最终输出。MapReduce 适合用于大规模数据的分布式处理,常用于大数据分析。

为了应对大规模数据的存储与共享,分布式文件系统被设计用于分布式计算环境。在这些系统中,数据被切割并分布到多个节点上,确保数据的高可用性和容错性,支持高效的文件存储与访问。GFS(Google File System)和 HDFS(Hadoop Distributed File System)是分布式文件系统的两个重要代表,其中,GFS 的经典架构为后来的分布式存储系统提供了参考,而 HDFS 则通过强大的社区支持和商业应用,成为最受欢迎的分布式文件系统之一。

3. 分布式计算的应用

分布式计算广泛应用于大数据处理和计算任务中。例如,互联网公司利用分布式计算分析庞大的用户行为数据和日志数据,这些数据量过大,单台计算机无法处理。通过将数据分割并分配到多个计算节点,分布式计算显著提高了计算效率。

云计算服务(如云存储、云计算等)本质上依赖分布式计算技术。云计算通过将计算、存储和网络资源分布在多个数据中心,结合虚拟化技术,将物理资源抽象成灵活的服务,提供按需、可扩展的计算能力。用户可根据需求动态调配资源,确保高效性和灵活性。分布式计算在云平台中发挥着关键作用,特别是在资源调度、负载均衡和数据存储方面,确保了服务的可靠性和高效性。

分布式计算技术已经广泛应用于人们日常生活中的许多领域。例如,双十一购物节自 2009 年首次举办以来,迅速成为我国最大的购物节之一。到 2011 年,购物节参与人数和交易量激增,阿里巴巴公司的支付系统和订单系统因大量用户涌入而出现崩溃,导致订单延迟和支付失败,严重影响了用户体验。为解决这一问题,阿里巴巴公司迅速引入了分布式计算和云计算技术,优化了支付系统和订单处理流程。通过采用分布式架构、负载均衡和异步处理机制,公司有效分担了系统压力,同时利用云计算平台实现了资源的弹性扩展,保障了高峰期的计算能力和响应速度。通过这些技术创新,公司不仅成功解决了双十一购物的技术瓶颈,还为未来的大规模高并发处理奠定了基础,确保了系统的高效性和稳定性。

通过本章内容的学习,大家应该认识到所有的技术创新与工具迭代本质上都是为了解决实际问题而不断发展的,这一点在计算系统的演变中尤为明显。操作系统是通过有效管理硬件资源和使用户能够方便地与计算机交互,确保了计算机系统的稳定运行和资源的高效利用。并行计算是通过同时使用多个处理器来加速计算过程,解决了单个处理器无法满足的大规模计算需求。而分布式计算则是利用多台计算机协同工作,解决了单台计算机无法处理的大数据量和复杂问题。

随着人工智能、海量存储和超强算力的飞速发展,人类与计算系统的交互方式不断演进。以 GPT 系列为代表的人工智能工具已经能够与人类进行无障碍自然语言沟通、高速信息处理与逻辑推理。然而,不论人类使用何种计算机自动、精准、高效地完成各项任务，都必须先把人类世界的符号和逻辑转换为计算机系统能够识别并运行的形式。人机交互本质上是系统间的理解、沟通与运作，同样，人与人的交流也是一种系统与系统之间的链接与沟通，是思维与思维的碰撞，是能量与能量的交换。人与自然、人与宇宙、宇宙间万物或许都是如此。

思考与拓展

1. 冯·诺依曼结构作为现代计算机设计的基础，已经存在了数十年。近些年出现了许多新的计算架构，如TPU、NPU。你觉得冯·诺依曼结构过时了吗？

2. 选择一门编程语言，查阅相关资料，列举出在未来学习、科研、实习或职业生涯中，可能会遇到哪些具体场景需要使用这门编程语言，并解释为什么这种语言适合这些场景。

3. 大语言模型已经展示了强大的代码生成能力，用自然语言描述出问题，大模型就能快速写出程序。思考是否还需要学习编程，程序员的角色和技能需求会如何变化？

4. 根据自己的专业或兴趣，找出至少两个领域，探索这些领域是如何利用并行计算或分布式计算技术来提高解决问题的效率。

第 4 章 数据与大数据

数据是信息的载体，是知识和智慧的源泉，是当今社会重要的生产要素。信息技术的发展推动了大数据时代的到来，数据爆发式增长并呈现出复杂多样的特性，数据处理技术也不断发展创新。大数据技术的广泛应用给人类带来了诸多的改变和深远的影响。近年来，人工智能发展迅猛，其快速发展依赖 3 个核心要素：数据、算法和算力。其中，数据是人工智能算法训练和学习的原材料，是人工智能发展的基础。海量、多样化的数据为人工智能提供了丰富的"养分"，促进其智能化程度不断提升。

电子教案

本章要点：
① 数据的基本概念与类型。
② 数据的采集、处理与分析。
③ 大数据的产生与定义。
④ 大数据的应用与伦理。

4.1 数据的基本概念与类型

4.1.1 数据的定义与分类

数据是用于描述事物、现象、对象或过程的符号化表现，通常以数字、字符、图形、声音、视频等多种形式呈现。数据是计算机处理的信息素材，广泛应用于各类信息系统中，作为计算、分析和决策的基础。在数字化时代，数据主要以电子格式存储和传输，借助各种计算工具进行分析和处理。随着信息技术的快速发展，数据的种类和规模不断扩展，数据处理能力也快速提高，使得人们能够获取更加丰富、全面的知识与洞察力。

微视频：什么是数据

在不同的学科和应用领域，数据的表现形式和处理方法有所差异。例如，在医学领域，数据可能包括病历、实验结果、影像资料、基因组数据等；在社会科学中，数据可能表现为调查问卷、统计数据、社会行为分析和人口普查数据；在商业和金融领域，数据通常表现为销售记录、客户行为分析、金融市场数据等；在教育领域，数据可能表现为学生成绩、在线学习活动记录、教育资源使用情况等；在交通和城市管理中，数据可能表现为交通流量、公共设施使用情况、城市空气质量等；在环境科学中，数据可能包括气候数据、污染物监测数据、生态系统健康数据等。不同领域中的数据表现形式和处理方法具有显著差异，但数据的核心作用是一致的，都是为人们提供理解世界、解决问题、做出决策所需的基础信息。它为各类科学研究和技术创新提供了信息支撑，成为现代社会中不可或缺的资源。

数据的类型可以从不同的角度来划分。常见的一种分类方式是根据数据加工程度不同，分为原始数据和衍生数据。这种分类方式帮助人们更好地理解不同类型的数据是如何在特定情境下收集的，以及它们各自的特点和应用。

1. 原始数据

原始数据又称为一手数据，指的是未经任何处理、直接从数据源采集的数据。这些数据通常是在测量、记录或观察过程中获得的，未经任何纠正或修改。原始数据直接反映了数据来源的原始状态，可能包含缺失值、噪声、错误值或其他不规范的数据。因此，在使用这些数据进行分析之前，通常需要经过清洗、校正和标准化，以确保其质量并为后续分析提供可靠的基础。

例如，一个气象站记录下的温度、湿度、气压等数据，这些数据是通过设备直接测量获得的，未经任何预处理或过滤，属于原始数据。北极地区气象站的温度传感器通常会测量到非常低的温度，但如果在某个特定时间点测得的温度异常高（例如+60℃），这类数据明显不符合常规天气模式，可能是由于设备故障、环境干扰或输入错误导致的异常数据。虽然这些数据是传感器直接测得的原始数据，但它们显然不具有实际意义，因此需要经过数据清理。数据清理过程可能包括剔除这些极端值，或对其进行修正，以确保数据更加准确、可靠。

根据数据收集的方式和环境不同，一般可以分为现场数据、实验数据和统计调查数据。

（1）现场数据

现场数据是指在实际自然环境中收集的原始数据，通常是在不受控制或受限的自然环境下获取的。现场数据的采集通常发生在研究者或传感器直接接触数据来源的地点，因此这些数据能反映出实际、自然的情况。例如，气象数据、环境监测数据、社会调查数据等都属于现场数据。

由于现场数据的采集是在自然环境中进行的，往往受到各种环境因素的影响，如天气变化、地理位置、测量工具的限制等。因此，这些数据可能包含一定的误差和不确定性，或者由于环境条件的不稳定性而存在一定的波动。比如，某个环境监测系统在城市空气质量调查中收集的污染物浓度数据，可能会因为气象条件、交通状况等因素而出现较大波动，导致数据的代表性和稳定性受影响。

尽管现场数据常常带有一定的误差，但它们提供了直接的、与实际场景密切相关的信息。在数据处理过程中，研究人员需要根据不同的研究需求，对现场数据进行校正和调整，以提高数据的可靠性。例如，可能需要通过对比其他数据源或利用标准化处理方法来修正由环境因素引起的误差。此外，在使用现场数据时，了解数据的采集环境和可能的影响因素至关重要，这样才能合理评估其应用范围和可靠性。通过这些处理，现场数据可以更好地为后续分析提供真实和可靠的信息，帮助研究者从实际环境中提取有效的结论。

（2）实验数据

实验数据是指通过在实验室或控制环境中进行观察和记录所获得的数据。与现场数据不同，实验数据的采集通常发生在一个受控的环境中，在这个环境下，研究人员能够精确控制实验条件和变量，以确保数据的准确性和可靠性。实验数据在科研中扮演着重要的角色，通常用于测试假设、验证理论或探索某些特定的因果关系。通过实验数据，科学家能够获得精确的定量信息，从而为理论研究和技术发展提供坚实的基础。

例如，在物理学中，实验数据可能通过高精度仪器进行测量（如温度传感器、光谱分析仪或粒子探测器等）。通过这些仪器，物理学家可以精确测量和记录实验过程中的各种物理量，如温度、压力、质量或电流等。这些数据经过严格的实验设计，旨在消除外部干扰和不确定性，从而获得具有较高准确性的数据。在生物学领域，实验数据可能来源于对细胞、基因或其他生物体的观察和实验（如测量不同药物对细胞生长或基因表达产生影响的数据）。这些实验通常是在控制的实验室环境下进行的，研究人员可以通过控制实验条件，如温度、湿度、药物剂量等，确保数据的可靠性和可重复性。

实验数据的特殊性在于高控制性和高精度。研究人员可以通过设计精确的实验方案来排除外部干扰因素，确保数据能够真实反映研究目标。然而，实验数据也可能面临一定的局限性，如实验条件与实际环境之间的差异、实验设计的局限性等。因此，在分析实验数据时，研究人员需要谨慎考虑实验设计的假设，并对实验结果的普适性进行合理的推测。

（3）统计调查数据

统计调查（survey），是指根据统计研究预定的目标、要求和任务，运用科学的方法，向特定群体有计划、有组织地搜集客观实际资料的过程。常用的方法有问卷、访谈、登记表等标准化工具。

统计调查的核心特征体现在 3 个层面。其一，需具有明确的调查主题，如消费习惯或健康状况。其二，应采用科学设计的调查工具，如包含封闭式问题的量表。其三，应遵循规范的抽样方法，如分层、随机抽样以确保样本代表性。例如，国家统计局开展的"居民收入与消费支出调查"，就是采用分层、多阶段、与人口规模大小成比例的概率抽样方法，在全国近 2 000 个县（市、区）随机抽选 16 万个居民家庭作为调查户。按照统一的制度方法、统一的调查问卷，采集居民收入、支出、家庭经营和生产投资状况等数据。大家日常接触的"大学生睡眠质量问卷调查"也属于典型统计调查数据，研究者设计包含睡眠时长、入睡困难程度等结构化问题的量表，向目标学生群体发放并回收分析。这类数据因其标准化收集方式和量化分析特征，常被用于揭示群体规律或验证研究假设。

2. 衍生数据

在数据分析的前期阶段，研究人员通常会对原始数据进行预处理，去除不合理的异常值和错误数据，确保数据更好地代表真实世界的现象。数据预处理不仅有助于提高数据质量，还能够减少分析中的偏差，提高建模精度，从而为后续的科学分析和决策提供坚实的基础。

衍生数据是指通过对原始数据进行加工、处理或分析后产生的二次数据，其核心价值在于通过技术手段揭示原始信息中隐藏的规律或特征。衍生数据并非直接采集获得的，而是通过数学运算、统计建模、机器学习等方法对原始数据进行再创造得到的，其形态包括统计指标、数据可视化图表、算法模型输出等。

衍生数据的生成过程通常包含但不限于 3 个关键环节。其一，对原始数据进行清洗，如去除异常值、填补缺失值、删除重复值等。其二，对敏感数据进行处理，使其在不改变原始数据含义和分析价值的前提下，对无法被直接关联回真实个体的数据，可以采用替换、加密、模糊化等方法来实现。其三，通过数据转换与运算，对数据进行各种数学或统计运算，以生成新的、具有特定意义的数据。假如一个电商公司想要分析用户的行为，收集的原始数据可能包括用户的购买记录、浏览记录、搜索记录等。基于这些原始数据，公司可以生成一系列衍生数据，如用户的购买频率、平均购买金额、最常购买的商品类别、搜索转化率等。这些衍生数据不仅能够帮助公司更全面地了解用户的行为模式，还能够指导他们进行更精准的营销策略制定，如定向推荐、促销活动优化等。

总的来说，不同种类的数据在不同的领域和应用中发挥着各自独特的作用。例如，在物理学中，实验数据是验证理论的关键；在经济学中，统计数据则帮助分析市场趋势；在医学领域，病历数据和基因数据是诊断和治疗的重要依据。无论在哪个领域，数据都扮演着支持决策、推动创新和提高效率的关键角色。

在许多场景中，数据的质量和全面性直接决定了决策的质量。在商业领域，企业通过分析销售数据、顾客行为数据等，来优化产品策略和市场推广。在政府决策中，通过社会、经济、环境等大数据的分析，能够制定出更符合实际需求的政策。在医疗领域，临床数据和基因数据的分析为精准医疗提供了理论支持，帮助医生做出更为准确的诊断和治疗方案。

在人工智能领域，机器学习和深度学习等算法的核心依赖大量的数据作为训练集。数据的质量直接影响模型的准确性和可靠性。通过分析海量数据，算法能够"学习"到数据中蕴含的模式和规律，从而进行预测和决策。举例来说，在金融行业，通过分析历史市场数据，人工智能模型可以预测股票价格的走势；在语音识别中，模型通过对大量语音数据的训练，能够准确地将语音转化为文字。

数据本身并不具备直接的价值，只有通过分析、挖掘和加工，才能转化为有用的信息和知识。这一过程通常依赖现代计算技术，如数据挖掘、机器学习、人工智能等。在大数据时代，海量数据通过这些技术的处理，可以揭示出隐藏在表面之下的趋势和模式，为决策者提供更精确的洞察。

4.1.2 数据的存储与常见类型

随着数据规模的持续增长和类型的多样化发展，数据的存储方式和类型也变得更加复杂。根据数据的组织形式和存储方式，可以将数据分为以下几种主要类型。

1. 结构化数据

结构化数据是指具有明确格式和组织结构的数据，通常以表格形式呈现。每一行代表一条记录，每一列代表一个字段。每个字段的数据类型（如整数、字符、日期等）是预先定义好的。例如，可以用 WPS 表格或 Excel 打开的学生成绩表、通讯录等都是典型的结构化数据。

结构化数据具有明确的组织形式和结构，可以通过数据库进行存储和管理。由于数据有固定的格式，所以易于查询、分析和操作，如事务数据、销售记录、客户信息等。

2. 非结构化数据

非结构化数据是指没有固定格式或者规则的数据。与表格数据不同，非结构化数据没有预先定义好的组织结构，通常以文本、图像、音频、视频等多种形式存在。这类数据的格式多样，需要特殊的工具和方法进行处理。

例如，大家写的作文、阅读的文章都是文本数据，通常可以用 WPS、Word 等文字处理软件打开和编辑；手机拍摄的照片、卫星拍摄的图片、医院中的医学影像（如 X 光片、CT 扫描、MRI）等都属于图像数据，可以用画图、WPS 图片或

Photoshop 等软件查看和编辑；而手机、监控设备拍摄的视频、录制的语音、网上下载的电影和音乐等，都是视频和音频数据，可以使用各类影音软件播放或用专业软件进行编辑。要分析和处理这些非结构化数据，通常需要一些特殊的技术，例如，采用自然语言处理技术来处理文本数据，采用计算机视觉技术来分析图像和视频数据，采用语音识别技术来处理音频数据等。

3. 半结构化数据

半结构化数据是介于结构化数据和非结构化数据之间的重要数据形式，具有灵活的数据模式，字段不固定，因此在存储和传输上非常方便，广泛应用于多个领域。与完全结构化数据不同，半结构化数据没有严格的表格结构，但它通常包含一定的标记或格式，这些标记帮助人们部分识别和处理数据中的信息。虽然数据没有完全组织化，但它通常包含标签、键值对或其他形式的元数据，使得数据可以在一定程度上被解析和提取。

例如，在互联网与移动应用领域，半结构化数据经常用于数据传输与交换。常见的格式包括超文本标记语言（HTML，通常用于创建网页）、JavaScript 对象表示法（JSON，广泛用于 Web 应用的数据传输）和可扩展标记语言（XML，常用于 Web 开发、数据传输和配置文件）。在学术与科研领域中，半结构化数据常用于处理和分析文本数据，比如，从论文、报告、书籍等文本中提取、挖掘有价值的信息。

4.2 数据的采集、处理与分析

在实际应用中，数据往往并非直接可用，通常需要借助一系列技术和方法，涵盖数据的采集、预处理、分析和可视化（图 4-1），将结构化、半结构化和非结构化的数据进行处理，从而为后续的数据分析与预测提供支持。

微视频：数据处理流程

图 4-1 数据处理一般流程

下面将详细探讨数据获取的渠道、处理流程以及分析方法。

4.2.1 数据采集

数据采集是数据分析流程的第一步，指的是从各种来源获取所需数据的过程。采集的数据可以是结构化数据、半结构化数据或非结构化数据，具体采集方法取决于任务需求与应用场景。数据采集的质量直接影响后续数据处理和分析的效果。无论是在学术研究、商业分析，还是在人工智能应用中，数据采集都是至关重要的一环。以下将从几个常见的方面来介绍数据采集的方法和技术。

1. 手动数据输入

手动数据输入是指通过人工方式采集数据。这种方式通常用于少量数据的收集，适用于需要主观判断或人工确认的数据。常见的应用场景包括问卷调查、实验数据记录以及用户反馈等。尽管手动输入简单直观，但由于人为因素的干扰，容易导致数据错误、重复或不一致，且效率较低，因此通常不适用于大规模的数据采集。

2. 文档和数据导入

文档和数据导入是指将已有的文件或文档中的数据导入系统进行进一步处理。常见的文档类型包括 Excel 文件、CSV 文件、JSON 文件等。这种方式非常适合将历史数据或批量数据快速导入数据库系统。尽管如此，在导入过程中，可能会遇到格式不统一问题，因此，数据导入后常常需要进行一定的预处理和转换，确保数据格式一致、符合分析要求。

3. 网络数据采集

网页爬虫是网络数据采集最常见的核心技术手段之一，即通过程序自动抓取互联网上的公开数据。通过爬虫技术，可以提取新闻网站、社交媒体、商品信息、评论等数据。爬虫可以定时任务的方式抓取指定网页或动态数据，常见的爬虫工具有 requests、Scrapy 等。

API 接口则允许程序通过特定的接口调用获取结构化数据，如 Twitter API、Google Maps API 等。网络数据采集的一个主要挑战是网站结构的变化和反爬虫技术，爬虫程序需要应对这些问题，同时也要考虑法律合规性（如遵循 robots.txt 协议）。

网络数据采集面临的挑战主要有：网页结构经常变化，反爬虫技术的存在，以及合规性问题（如遵守 robots.txt 文件或版权限制）。因此，在实施网络数据采集时，需要考虑如何应对技术挑战并保证数据抓取的合法性。

4. 物联网数据采集

物联网（internet of things，IoT）数据采集是通过各种传感器或设备实时采集数据，并通过网络传输至云端或本地存储系统。物联网设备的种类繁多，如温湿度传感器、GPS 定位设备、运动监测器等。这些设备广泛应用于智能家居、智能城市、医疗健康等领域，能够提供实时和高频的数据。

物联网数据采集的优势在于实时性和大量数据的获取能力，但也面临着设备管理、网络带宽、数据存储和处理能力等方面的挑战。特别是在大规模物联网环境下，如何保证数据的准确性和实时性是一个重要问题。

5. 移动数据采集

移动数据采集是指通过智能手机、平板电脑等移动设备获取数据。现代移动设备配备了丰富的传感器，如 GPS、加速度计、陀螺仪等，能够提供用户的位置信息、活动数据、环境感知等数据。通过特定的应用程序或服务，移动设备可以实时采集用户行为、健康数据、位置数据等。

移动数据采集的挑战主要体现在隐私保护和数据安全方面。随着隐私保护法规（如 GDPR）的出台，如何平衡数据采集与用户隐私保护成为一个重要问题。此外，移动设备的网络条件和电池寿命限制也可能影响数据采集的连续性和质量。

6. 使用公开数据集

直接使用公开数据集是目前数据科学和机器学习领域常见的做法。许多学术研究和开发项目都依赖公开的、高质量的数据集，可以节省数据采集时间，避免烦琐的数据收集和清洗过程。这是因为公开数据集通常是已经完成预处理、标准化和清洗的数据，适合进行实验、分析和模型训练。然而，这类数据集也具有一些局限性。例如，数据可能不完全符合特定的研究需求、数据质量存在不确定性，或者数据过时、未涵盖最新的动态。因此，使用公开数据集时需要对数据的来源、时效性和适用性进行充分的评估。

一般来说，公开数据集可以分为两大类。一种是由政府机构、国际组织及一些公共机构提供的数据集。这些数据通常经过严格审核和标准化，具有较高的权威性和可靠性。使用这些数据集可以确保信息的准确性和合法性。以下列出了 3 个常见的官方平台数据集。

（1）国家统计局

国家统计局网站提供了大量的经济、社会、人口、环境等各类统计数据，涵盖了全国和地方的年度、季度和月度数据。

（2）世界卫生组织

世界卫生组织官方网站上提供了全球范围的公共卫生数据，包括疾病、健康生活、免疫接种等多个领域的统计数据。

（3）世界银行

世界银行的官方平台提供了丰富的全球经济、社会、环境数据，涵盖各国的教育、卫生、经济等统计数据。

另外一种常用的就是开源项目数据集。许多开发者、研究人员和开源社区主导发布一些开源项目数据集，涵盖多个领域，通常是公开、自由访问的。用户不仅可以使用数据集，还可以参与改进数据集。下面列出了几个常见的开源数据集。

（1）GitHub 开源项目

GitHub 网站上包含了海量的开源数据集。这些数据集覆盖了机器学习、自然语言处理、计算机视觉等多个研究领域。许多研究者、学术机构和开发者社区选择在 GitHub 上共享他们的数据集，这不仅促进了数据的开放获取，也为其他开发者提供了宝贵的资源，以便在他们的项目中使用和引用。

（2）ImageNet

ImageNet 是一个极为重要的图像数据集，它包含了 1 400 万张标注过的图像，覆盖了成千上万的类别。由于其规模和多样性，ImageNet 被广泛用于计算机视觉领域的各种任务，包括图像分类、对象检测、场景识别等，对推动计算机视觉技术的发展起到了关键作用。

（3）kaggle

kaggle 作为一个知名的数据科学竞赛平台，不仅提供了各种数据建模和分析，还拥有丰富的公开数据集资源。这些数据集横跨多个领域，如健康医疗、金融分析、环境保护、交通规划等。数据类型涉及文本、图像、视频、地理信息等多种类型。适合不同技术水平的数据分析师和机器学习工程师进行数据探索、模型训练和技能提升。

4.2.2 数据预处理

数据预处理是数据分析过程中的关键环节，目的是将原始数据清洗、转换为适合后续分析、建模和预测的格式。数据预处理的质量直接影响分析结果的准确性和模型的性能。数据预处理涉及的内容很多，一般包括数据清洗、数据集成、数据转换以及数据脱敏。

1. 数据清洗

在 4.1.1 小节中曾介绍过原始数据可能包含缺失值、噪声、错误值或其他不规范的数据。因此，采集到数据之后的第一件事就是要进行数据清洗。数据清洗是确保数据准确性和完整性的过程，主要通过删除、修正和填补等方式来处理错误、不一致或无关的数据。

（1）删除无关数据

在数据分析过程中，有些数据项可能与分析目标无关，这时候就需要将它们从数据集中删除。例如，在分析客户购买偏好时，客户的联系方式或者订单的支付方式可能并不影响对购买偏好的分析，因此可以选择删除这些不相关的字段。删除无关数据有助于减少干扰，聚焦于关键内容，提升数据分析效率。

（2）修正错误

数据集中出现错误数据是很常见的，可能会因为各种原因而出现。常见错误包括拼写错误、格式不一致、重复的数据或逻辑上不合理的数据。例如，如果一个商品的价格被错误地记录为负数，显然这是不正常情况，需要修正。为了找出并纠正这些错误，可以通过人工检查数据，或者使用一些专门的数据处理工具来自动检测并修正这些问题。修正这些错误有助于确保数据的准确性和可靠性,为后续分析提供更好的基础。

(3) 填补缺失值

在实际的数据采集中,有时会遇到数据缺失的情况。这意味着在采集数据时,某些信息没有被记录下来,或者因为一些原因(比如网络中断、采集错误等)数据并不完整。需要用一些方法来"填补"这些缺失的数据,避免它们影响后续的分析。缺失值填补的方法不应一概而论,必须根据数据的特点和具体任务的需求来进行选择。简单的如均值、中位数或众数填补通常适用于数据较为简单的情况,但对于复杂任务,可能需要更先进的填补技术。

2. 数据集成

在进行数据分析或建模时,可能会涉及不同来源的数据。数据集成就是要将这些来源不同或格式不同的数据整合为一个统一的数据集。数据源不同可以指来自不同的数据库或表格文件,也可以指同一数据集内不同的字段。数据集成的目的是确保信息的一致性和完整性,从而为后续的分析和建模提供高质量的、易于使用的数据。

(1) 数据合并

数据合并是将多个数据源中的相关数据按特定需求整合在一起。合并的数据可能来自不同的表格或数据库,也可能是同一表格内的不同列。例如,在分析销售数据时,可以合并不同产品类别的数据,或者将销售额、订单数量等列数据提取出来,重新整合成一个包含所有关键信息的新数据集。数据合并有助于将分散的数据整合为一个更全面、更易分析的整体。

(2) 数据对齐

在进行数据合并时,必须确保不同来源的数据在格式、字段等方面的一致性。例如,来自不同时间戳格式的数据在合并时,需要进行统一处理,确保它们能在同一标准下对比和分析。同时,字段名称的统一也非常重要,确保数据整合后的字段能够清晰表达含义,避免歧义。

3. 数据转换

数据转换是将数据从原始的、可能不适合分析的格式,转换成适合进行数据分析或机器学习建模的格式。这个过程包括对数据进行标准化、离散化、编码等处理,使其更加适合被分析工具或算法使用。

(1) 标准化

将数据进行标准化,是数据预处理中常见的一种操作。如果数据的不同特征有不同的数值范围,某些算法可能会因为某个特征的数值范围更大而受到影响。通过调整数据的尺度,所有特征的数据都在相同的范围内,算法就能公平地对待它们。最常见的标准化方法是最小—最大缩放(min-max scaling)。它是通过以下公式将数据的最小值映射到 0，最大值映射到 1，其他的值则缩放到这两个值之间：

$$标准化后的值 = \frac{原始值 - 该特征最小值}{该特征最大值 - 该特征最小值}$$

（2）离散化

离散化的目的是将连续数据转化为分类数据，以便更容易进行分析，尤其是分类问题。在许多情况下，数据分析算法更适合处理离散型数据。例如，年龄、收入等连续变量在某些场景下对预测任务的贡献可能不在于具体的数值，而是这些数值所在的范围或区间。通过离散化，可以将这些连续值映射为若干类别，从而减少模型的复杂性，使得分类任务更加高效。在许多问卷调查中，年龄经常被分为多个段（如 18~24 岁、25~29 岁、30~34 岁等），将年龄映射为不同的整数值（如 1、2、3 等），避免过于精确的数值带来的不必要复杂性，这样可以更方便地进行分类分析。

（3）编码

编码是将类别数据转化为数字，解决计算机无法直接处理非数值数据的问题。大多数数据分析算法需要数字格式的数据进行计算，因为计算机处理数字更加高效。通过编码，将分类变量（如性别、颜色、城市等）转化为数字形式（如用 0 代表"男"、1 代表"女"），计算机就能理解并使用这些数据进行模型训练和预测。

4. 数据脱敏

在处理数据时，某些数据可能包含敏感信息（如个人身份、联系方式等），这些信息如果泄露可能会造成隐私侵犯或安全风险。因此，数据脱敏是保护个人隐私和数据安全的一项重要措施，通过将敏感数据隐藏或替换，确保数据在使用时既能满足分析需求，又能保护用户隐私。由于其与数据转换过程的紧密联系，因此也作为数据预处理的一部分进行讨论。

（1）数据掩码

数据掩码是大家在生活中最常见的一种形式，也就是将敏感信息的某些部分替换成符号或其他字符。例如，将手机号码的中段替换为"＊＊＊＊"。掩码不仅保护了隐私，同时保留了数据的结构，使得系统依然能够处理这些数据。即使数据被泄露，由于掩码处理，真实的敏感内容也无法被识别。

（2）数据泛化

数据泛化是将具体的数据信息转换为较宽泛的类别或范围。例如，将具体年龄转换为年龄段（如 18~24 岁，编码后对应为 1），而不是显示具体的年龄。这种处理方式通过减少数据的精确度来降低隐私泄露的风险，同时保持数据的有效性。

（3）数据伪造

数据伪造是指用虚假数据替换真实数据，确保数据格式和结构保持一致，但不暴露实际的敏感信息。这种做法经常用于公开数据集。例如，将某个用户的真实姓名替换为"张三",或者将身份证号替换为伪造的格式,如"123456789123456789",确保数据依然能够正常使用,但不会泄露用户的真实信息。

数据预处理是大数据分析过程中不可或缺的一步。通过合理的数据预处理,可以有效提升数据分析的准确性和模型的预测能力,同时确保数据的准确性、完整性、一致性和安全性,为后续的分析和建模奠定坚实的基础。

4.2.3 数据分析

数据分析的主要目标是从大量数据中提取有价值的信息,揭示数据中的模式、趋势和关联,为决策提供支持并优化业务流程。根据不同的业务需求和分析目标,数据分析可以分为4种常见类型。

1. 描述性分析

描述性分析的目的是对数据进行总结,帮助人们了解数据的基本特征。这类分析通过计算和统计,描述数据的现状。例如,分析网站的日访客数、访问频率、平均停留时间,统计不同年龄段、性别和地理位置的疾病发生率,或者计算商品评价中好评、中评和差评的比例。这种分析帮助人们理解数据的基本情况,为后续分析提供基础。

2. 诊断性分析

诊断性分析则关注于揭示数据中现象背后的原因。通过分析数据的相关性和因果关系,诊断性分析帮助人们理解"为什么"会出现某种现象。例如,分析某种疾病发病率上升的原因,调查企业客户流失的原因,或者研究销售额波动的根本原因。它能够为问题的解决提供有力依据。

3. 预测性分析

预测性分析基于历史数据,通过统计模型或机器学习方法预测未来的趋势和行为。这类分析能够帮助人们预见未来的变化。例如,利用设备传感器数据和维护记录预测设备可能出现故障的时间,或者根据历史用电数据和经济指标预测未来的电能需求量。此外,预测性分析还可以基于用户历史的浏览和购买记录,预测未来可能感兴趣的产品,从而为商业决策提供方向。

4. 规范性分析

规范性分析主要提供行动建议和优化策略,帮助决策者做出最佳决策。这类分析通常包括线性规划、模拟优化等方法。例如,分析交通流量和模式,为交通管理部门推荐信号灯调整、车道分配和公共交通调度策略,以减少交通拥堵;或者根据历史灾害数据和当前环境因素,为政府和救援组织推荐资源分配、疏散路线和救援行动方案。

4.2 数据的采集、处理与分析

数据分析是从原始数据中提取有意义信息的过程,通过描述性、诊断性、预测性和规范性分析等方法,可以更好地理解现状、识别问题、预测未来并制定策略。合理的数据分析不仅能够提供数据驱动的决策支持,还能有效优化业务流程,提升整体运营效率。

4.2.4 数据可视化

原始数据往往难以直接展示出明显的规律和趋势。数据可视化(data visualization)就是用图表、图形或地图等可视元素来表示数据的过程。该过程将大量复杂的数值数据转化为更易于理解的图形展示。这种方式有助于呈现数据之间的关联关系、变化趋势以及潜在的异常值,从而帮助决策者快速掌握关键信息,做出更加合理的决策。

选择怎样的图形展示数据,需要根据数据的特点和要展示的信息进行选择。表4-1列出了常见的图表类型及说明。

表4-1 常见的图表类型及说明

图表类型	说明
线图 (line chart)	适用于展示数据随时间变化的趋势。通过连接数据点,可以清晰展示数据的起伏和趋势,是分析时间序列数据的理想选择
柱状图 (bar chart)	适用于比较不同类别的数据或在不同时间点的数据,便于迅速比较不同数据集之间的差异
饼图 (pie chart)	适用于表示数据的相对比例,特别是在展示部分与整体关系时。每个扇形的大小表示相应类别在整体中所占比例,使得用户能够直观地了解各部分的贡献度
散点图 (scatter plot)	展示两个变量之间的关系,每个点表示一个数据点。通过观察点的分布,可以判断两个变量是否存在相关性、趋势或者群聚
箱线图 (box plot)	展示了数据的分布情况,包括中位数、上下四分位数和异常值。通过箱线图,可以了解数据的离散度和分布的偏向性
雷达图 (radar chart)	以多边形区域表示多个变量的相对大小,适用于展示多个维度的数据,使得用户能够一目了然地看到各个维度的表现,方便对比和分析
热力图 (heatmap)	通过颜色的深浅表示数据的高低,适用于展示矩阵型数据。它能够清晰地显示数据的分布规律,特别是在大规模数据集中

大数据时代,有效的数据可视化是实现数据驱动决策的关键,能够帮助用户加深对数据的理解。通过灵活运用这些基本图形,用户能够更好地探索数据的本质,进行科学决策。

4.3 大数据的产生与定义

微视频：大数据的起源与应用

人类历史上从未有哪个时代和今天一样，有着如此海量的数据。数据不仅成为现代科技的核心资源，也为人工智能技术的迅速发展奠定了坚实基础。从在线购物的交易记录到社交网络上的每一条点赞，从医疗健康设备的实时监测数据到交通管理系统产生的交通流量数据，几乎所有行业和领域都在以惊人的速度生成数据。大数据的涌现推动了更加复杂的数据处理技术及其应用，同时也为机器学习、深度学习等人工智能技术的创新与进步提供了强大的动力。正因如此，理解大数据的背景和特性，不仅有助于掌握数据处理技术的核心，也能更深入地理解人工智能如何借助这些海量数据进行优化与发展。

4.3.1 数据产生方式的变化

社会生活高度数字化的今天，数据的产生已经完全不受时间和地点的限制。人类社会的数据产生方式大致经历了被动、主动和自动 3 个阶段。正是由于数据产生的方式发生巨大变化，最终导致大数据的产生。

1. 业务系统运营生成数据

在计算机普及之前，数据主要依赖人工记录和手动处理。典型的例子包括银行账本、医院病历记录本以及超市的销售记录等。在这个阶段，数据的生成速度较慢且受限于人工输入的效率，数据存储和管理方式也相对原始，通常依赖纸质文件或简单的电子表格。这种人工记录的方式效率低下，容易出错，且随着信息量的增加，数据管理变得愈加困难。

然而，随着计算机技术的普及，特别是 20 世纪 80 年代以后，数据库管理系统的出现和广泛应用，开始帮助企业和组织提升数据存储与管理的效率。系统化的数据管理模式逐渐替代了传统的人工方式，企业和组织开始借助数据库（如 Oracle、MySQL 等）来辅助日常运营，进行数据的自动存储和处理。尽管数据量和数据生成的速度仍然较低，相比后来的数据爆发阶段有所滞后，但随着企业对运营活动（如销售、交易、库存等）的依赖，产生了更加有序和结构化的数据。

这一阶段的特点是数据的产生依然是"被动"的，即数据生成是在业务活动的驱动下自动记录到系统中的。例如，在超市销售记录系统中，每当一件商品销售出去时，相关的销售数据便会被自动录入数据库；银行交易系统会在客户进行交易时自动记录相关的交易信息；医院的医疗记录系统会随着病人的就诊自动记录病历数据。在这一阶段，数据的生成主要由日常运营活动所推动，尽管数据量逐渐增加，但与后期阶段相比，这一阶段的数据生成速度仍然较为缓慢。

2. 用户主动创作生成数据

20 世纪 90 年代中后期，随着互联网的普及，信息传输速度得到了前所未有的提升，世界变得更加互联互通。3G、4G 通信技术的快速发展推动了智能手机、平板电脑等移动设备的普及，用户能够随时随地在互联网上发布内容、分享信息，主动参与数据的生成。数据的产生方式由过去的"被动生成"转变为"主动生成"，用户从数据的接收者和记录者，变为数据的创造者。

在这一阶段，社交媒体平台（如微博、朋友圈等）成为数据生成的重要渠道，用户主动更新动态、发布评论和进行点赞；电商平台也积累了大量的用户浏览记录、购买历史和评价数据；通过智能手机 App，用户的位置信息、健康数据等也成为新型的数据源。这些数据不仅来源广泛，类型也更加多样，涵盖了文本、图像、视频、位置等多种形式。更为重要的是，这些数据具有较强的传播性，能够迅速在网络上传播和扩散，进一步推动了数据量的爆发性增长。

用户的主动参与不仅加速了数据的生成，还使得数字世界中的自然语言数据样本变得极为丰富。社交媒体上的用户评论、论坛讨论和博客文章等为自然语言处理技术的发展提供了大量语料，推动了文本分类、情感分析和自动摘要等技术的进步。同时，用户生成的海量内容也为机器学习模型提供了丰富的训练数据，促进了智能推荐、广告投放和搜索引擎优化等技术的应用和发展。

此外，随着社交媒体和视频分享平台（如微博、抖音、优酷等）的迅速发展，图像和视频内容的大量涌现为图像识别和视频分析技术提供了丰富的训练数据。这一阶段的数据支持使得计算机视觉领域取得了显著突破，诸如人脸识别、目标检测和自动驾驶技术等应用得到了极大的发展。图像和视频数据的广泛应用不仅促进了技术创新，还推动了诸如安防监控、医疗影像分析等行业的变革。

与此同时，位置数据的广泛生成为地理信息系统、智能导航和位置服务技术的发展提供了丰富的样本。这些数据来源主要包括用户的位置信息、轨迹记录和地理标记等，使得相关应用的精准度大幅提升。例如，智能导航系统可以根据实时位置数据优化路线选择，位置服务技术也能为用户提供个性化的周边推荐和精准定位服务。随着位置数据的积累，智能化水平和用户体验得到了显著增强。

总体而言，这一阶段的特点不仅体现在数据量的急剧增长和数据类型的多样化，更在于用户主动生成数据的现象。这一变化为人工智能、机器学习和大数据分析等技术的快速发展提供了宝贵的资源和实践基础，推动了多个技术领域的创新与进步。

3. 感知式设备生成数据

2010 年前后，物联网、传感器技术和自动化系统快速发展，引领了数据生成方式的第三次重大变革,步入了"自动化"生成的新阶段。在这一阶段,数据的产生不再依赖人类的直接输入或主导,而是通过各类感知设备自动完成。物联网(IoT)作为这一变革关键技术之一,是指通过传感器、射频识别标签、全球定位系统、摄像头、智能设备等感知设备,结合有线或无线通信技术,将各种物品、设备或系统连接到互联网或专用网络,以实现数据的实时或非实时采集、传输和交换。

得益于感知设备的自动监控和数据采集能力,城市、工厂、交通系统等众多领域积累了前所未有的海量数据。这些数据不仅数量庞大,而且种类繁多,包括温度、湿度、位置、振动、音频、图像等多种类型的信息。面对如何高效处理这些海量实时数据的主要挑战,传统的数据处理技术已显不足。在此情况下,云计算成为解决这一问题的关键所在。

物联网和云计算技术是推动大数据发展的关键因素(图 4-2)。物联网提供了丰富的数据来源和实时处理能力,而云计算则提供了强大的计算和存储能力。两者的结合使得大数据的应用更加广泛和深入,对各行各业产生了深远的影响。随着技术的不断发展,物联网和云计算正在逐渐融合。例如,边缘计算就是物联网和云计算结合的产物,它将云计算的能力从网络的中心节点迁移到网络边缘,以提高数据传输和实时响应的效率。在这些先进技术的支持下,自动生成的数据为智能系统和创新应用提供了坚实的数据基础和强大的支撑力。

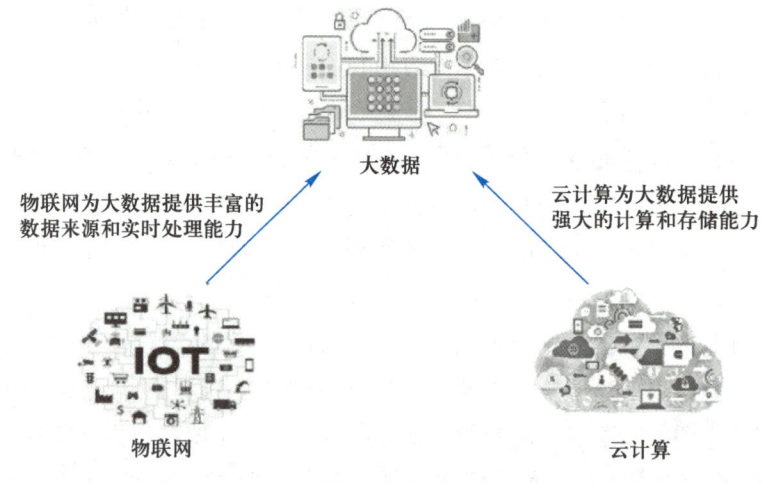

图 4-2 物联网、云计算对大数据的支撑

4.3.2 大数据的概念与影响

"大数据"一词广泛传播并成为热门话题是源于 2013 年,维克托·迈尔·舍恩伯格在《大数据时代》一书中首次系统地提出并阐述了"大数据"的概念、特征及

4.3 大数据的产生与定义

其对社会各方面可能产生的影响。

1. 大数据的概念与特征

在过去的十几年里，随着大数据规模的扩大和技术的发展，人们对大数据的理解和认知在不断深化。目前，比较通用的大数据概念是通过"4V"来描述的，即 volume（大量）、velocity（高速）、variety（多样）和 value（价值），强调了大数据的规模、处理速度、多样性和潜在价值。

（1）volume（大量）

数据量大是大数据最直观的特征。随着信息技术的快速发展，数据的产生和积累速度在不断加快，数据量级别不断攀升，从 PB 到 EB 到 ZB。IDC（International Data Corporation，国际数据公司）2024 年 5 月发布的报告预测，全球数据量在 2024 年达到 159.2 ZB，并在接下来的几年内持续增长，预计到 2028 年将增至 384.6 ZB（图 4-3）。

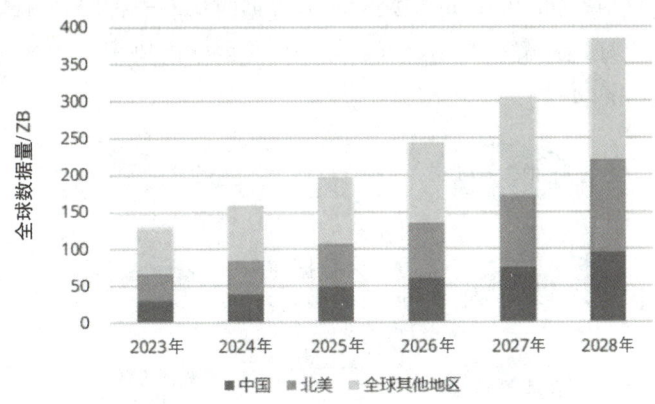

图 4-3 IDC 全球数据量预测

（2）velocity（高速）

强调数据处理的速度快以及数据流动和处理的时效性。大数据的生成、处理和分析的速度要求都很高。在许多应用场景中，实时或近实时的数据处理是非常必要的。例如，实时交通数据的分析可以帮助交通部门迅速调整信号灯以优化交通流，远程手术要求手术机器人系统确保传输图像和数据的实时性以及执行的操作与医生指令的精确同步。

（3）variety（多样）

数据的多样性指的是数据类型的多样性。大数据不仅包括传统的结构化数据（如数据库中的表格数据），还包括半结构化数据（如 XML、JSON 文件）和非结构化数据（如文本、图片、音频、视频等）。例如，高德地图收集的数据不仅包括地理位置信息，还包括用户反馈、照片、交通状况等多种类型的数据。这些不同类型的数据需要不同的处理方法和工具进行分析。

(4) value(价值)

大家都知道数据是有价值的。然而,在实际应用中,虽然数据量大,但真正有价值的数据比例却比较低。因此,如何从海量数据中提取有价值的信息是大数据分析的关键。例如,监控视频数据中,大部分时间可能都是正常的画面,只有极少数时间包含了有价值的信息(如意外事件的发生),因此,视频分析技术需要能够快速识别并提取这些有价值片段。

大数据的 4 V 特征对数据的管理和分析提出了不同的挑战,同时也提供了新的机遇。企业和组织需要采用适当的技术和策略来应对这些特征,以便从海量数据中提取最大的应用价值。

2. 大数据思维

大数据思维(big data thinking)是应对大数据时代的一种思维方式,旨在帮助研究者和研究机构更好地理解、利用数据,并做出更科学的决策。大数据思维的核心理念涵盖多个维度(图 4-4)。

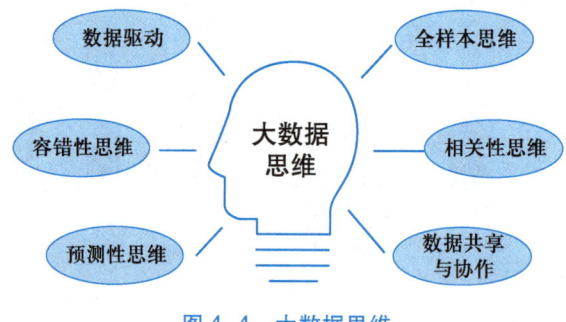

图 4-4 大数据思维

(1) 数据驱动

传统决策方式通常更依赖有限样本分析或个人经验,而大数据思维则主张以数据和事实为基础来做决策。决策过程不仅再依靠直觉或者过去的经验,而是通过系统的数据分析来评估和量化结果。例如,医疗领域的药物开发往往依赖临床实验数据,但在大数据时代,药品研发公司可以通过大规模患者数据的分析来评估药物效果和副作用,从而更加科学地决策,避免传统经验的局限性。大数据的引入推动了"数据密集型分析范式"的形成,成为科学研究的新范式(见 1.3.4 节)。

(2) 全样本思维

过去,由于技术限制,人们只能依赖随机采样的方式收集少量数据进行分析。随着技术的进步,现在可以处理更大规模的数据,进行全样本分析。这种方法避免了样本选择的偏差,能够提供更全面、更准确的结果。例如,谷歌流感预测就是基于全样本数据分析,得出了较为精准的流感传播趋势。与之类似,金融领域的风险评估模型通过分析全球市场的全样本数据，能够更全面地评估投资风险，而不再依赖某些局部数据的代表性。

（3）容错性思维

在小数据时代，数据的准确性至关重要，因为数据量有限，任何错误都会对结论产生较大影响。而在大数据时代，由于数据量巨大，一些不准确或混杂的数据是可以接受的。大数据分析并不追求完美的精确性，允许一定程度的误差和噪声，从而在宏观层面获得更有效的洞察力。例如，社交媒体平台上的用户行为分析可以容忍一定的噪声和异常数据，依旧能发现较为稳定的用户行为模式。这种容错性使得大数据分析能够在规模和效率上取得更好的平衡。

（4）相关性思维

在日常生活中，人们习惯用因果关系来解释事物，而大数据时代的思维方式更注重相关性分析。通过分析数据中的各种相关性，可以揭示潜在的模式与规律，而无须完全确认因果关系。例如，通过分析患者的多项生理数据和历史医疗记录，可以预测患某种疾病的概率，即便无法明确这些数据与疾病之间的因果关系。类似的，在线购物平台根据用户的浏览记录和购买历史，能够精准地推荐商品，即便无法明确某个用户与特定商品之间的因果关系。这种相关性分析在许多场景下能提供足够的信息，激发进一步探索因果关系。

（5）预测性思维

大数据思维不仅关注过去发生了什么，更强调预测未来的趋势和行为。这要求研究者和决策者更关注模型的选择及其预测能力。预测性思维的核心在于通过数据的相关性推断未来，而不需要深入探讨背后的因果机制。例如，基于海量数据的机器学习模型可以预测市场趋势或用户行为，成为现代数据科学的重要应用。金融市场中的股票交易系统，常常通过对历史数据的分析来预测未来的股票走势，或者预测顾客未来购买行为的电商推荐系统，都是基于预测性思维的典型应用。

（6）数据共享与协作

在大数据时代，数据的价值不仅体现在个人或单一机构的利用上，更体现在跨组织和跨领域的数据共享与合作上。数据共享促使各方共同生产、分析和应用数据，从而创造更大的价值。例如，现代地图导航系统的准确性就是数据共享和协作的典范，各种交通数据、用户反馈和地图更新通过平台协作，提供了实时和高效的导航服务。此外，疾病监控系统的成功也离不开各国卫生组织之间的数据共享。例如，世界卫生组织（WHO）通过各国公共卫生数据共享，及时预测并应对全球疫情传播趋势。

大数据思维方式帮助人们从多个角度解决复杂问题，推动了科学决策的转型，并为许多领域提供了前所未有的洞察力和效率。

4.4 大数据的应用与伦理

4.4.1 大数据应用实例

大数据给社会生活带来了深远的影响，这些影响涉及多个领域，包括经济、社会、文化、教育、医疗、政治等。下面用两个大家非常熟悉的例子，感受一下大数据是如何影响我们的生活的。

1. 智能推荐系统

手机中的各种应用会收集用户的个人信息和行为数据，包括性别、年龄、住址、搜索历史、点击行为、浏览时长、购买记录以及与用户身份特征相关联的其他应用信息（如手机号、微信、微博等），甚至还有资金往来、支付信息等。平台对收集的多种用户数据进行特征提取、构建模型，从而生成详细的用户画像。这种画像包括用户的基本信息、兴趣爱好、消费习惯、行为模式等。

利用用户画像（图4-5）和其他相关信息，平台通过用算法（如协同过滤、机器学习等）来分析用户的兴趣、习惯和偏好，进而预测用户可能喜欢看的内容、想去的地方或可能需要购买的商品，并据此提供个性化的内容或产品推荐。比如，当用户在购物平台上浏览某一类商品时，系统会记录用户的偏好，并推送相关的商品。类似的，流媒体平台会根据用户的观看历史推荐电影、电视剧，社交媒体会推荐用户可能感兴趣的朋友或内容，甚至在线旅游平台也会根据用户的搜索记录和浏览习惯推荐旅行路线和酒店。

智能推荐不仅极大提升了用户体验和便利性，还提高了平台的个性化服务水平，从而增强了用户的满意度和忠诚度。例如，Netflix的推荐系统使得用户可以快速发现自己感兴趣的影视作品，而Amazon和淘宝通过精准的商品推荐，使得用户更容易找到自己需要的商品。智能推荐已广泛应用于电子商务、社交网络、新闻媒体、在线教育、在线旅游等领域，为企业带来了更多的商业机会，增加了收入，降低了营销成本。

然而，智能推荐也并非完美无瑕。随着数据收集和算法推荐的普及，一些不良现象逐渐浮现，"大数据杀熟"就是其中之一。

2024年春节前夕，一则"3人同时买同趟航班票价不同"的新闻受到公众关注，并引发了关于"大数据杀熟"的广泛讨论。"杀熟"指的是平台通过智能推荐算法，对不同用户提供不同的价格，通常会对消费意愿较强、历史消费记录较丰富的"老

4.4 大数据的应用与伦理

用户"设定更高的价格。这种现象在电商平台、在线旅游、机票预订等领域尤为常见。

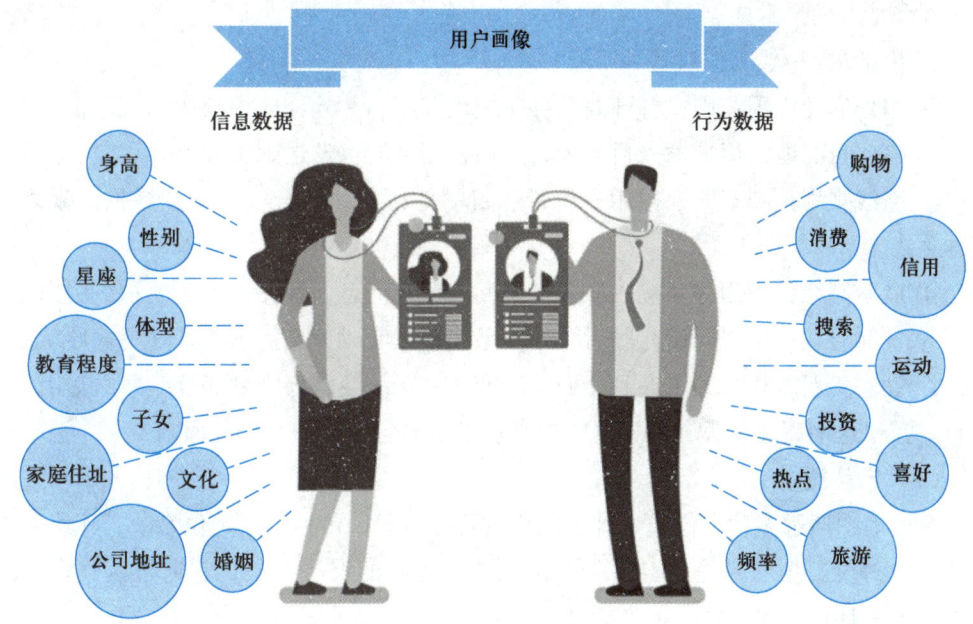

图 4-5 用户画像示例

例如,当用户经常浏览某一航班或酒店,但尚未进行预订时,系统通过算法判断用户的消费意图较强,可能会对这些用户提供更高的价格,或者不断通过调整价格策略来刺激用户尽早购买。与此同时,平台也可能对新用户或者不太活跃的用户提供更低的价格或优惠。对于用户来说,这种做法无疑增加了他们的消费成本,也影响了他们的公平购买体验。

大数据杀熟现象虽然在一定程度上能提升平台的盈利,但也侵犯了消费者的权益,违反了公平性、诚信原则,甚至可能涉嫌违反相关的法律法规。根据《中华人民共和国消费者权益保护法》和《中华人民共和国反不正当竞争法》规定,平台不得采取恶意差别定价或不公平待遇,尤其是在信息不对称的情况下,平台应保障所有消费者在平等、公正的环境下进行交易。

尽管智能推荐系统给人们的生活带来了许多便利和创新,但也需要在技术应用中充分考虑其伦理和法律风险。在享受大数据带来的好处时,也应关注数据隐私、信息安全及算法透明度等问题,避免技术滥用对消费者造成不公平待遇。

2. 智能导航

智能导航软件能够帮助用户规划最佳行驶路线,还能实时提醒用户前方的急刹车、后方车辆快速逼近等,这背后依赖的正是大数据、算法和实时信息的综合应用。

如今,越来越多的人在出行时依赖手机或车载地图导航软件来了解路况并规划路线。地图导航软件利用卫星定位、地图数据、实时交通信息和先进的算法技术，为用户提供精准的定位、路线规划和实时导航指引。本节以高德地图为例，简单介绍其工作过程和涉及的技术要点。

高德地图的一般工作过程如下：

① 用户启动应用：用户打开高德导航应用程序，并允许应用获取当前位置。

② 输入目的地：用户输入目的地，应用程序将请求发送到服务器。

③ 路线规划：服务器根据用户位置和目的地信息，结合实时交通数据，规划出最佳路线。

④ 展示路线：应用程序接收服务器返回的路线信息，并在地图上展示给用户。

⑤ 实时导航：用户开始行驶后，导航系统根据实时信息提供语音和视觉导航。

⑥ 动态更新路线：如果遇到交通状况变化，系统会重新规划路线，并通知用户。

要实现这些高质量服务，相关的核心技术主要包括以下 5 个方面。

（1）定位技术

高德地图通过多种定位技术确定用户的具体位置，包括卫星定位系统、无线网络（WiFi）、蜂窝数据网络等。卫星定位系统是最主要的定位手段，它通过接收多个卫星的信号，计算出用户的位置坐标。

（2）地图数据库

高德地图拥有庞大的地图数据库，涵盖了道路、地标、交通信号、兴趣点等数据信息。这些数据通过卫星图像、车载 GPS 数据采集、用户反馈等多种方式收集，并持续进行更新。不断更新的数据帮助平台保持地图的实时性和准确性。

（3）实时交通信息采集

高德地图通过多种渠道实时采集交通信息，包括来自政府交通部门、交警信息、用户上报、车辆传感器等。采集的数据包括交通拥堵、事故、道路施工、天气变化等。这些信息源的汇聚使得导航服务能够实时反映路况变化，提供精准的行车指导。

（4）动态路径规划

用户输入目的地后，高德地图通过复杂的路径规划算法，结合实时交通状况、道路工程信息、天气、用户偏好等多方面的因素，提供一条或多条路线供用户选择。路径规划算法考虑最短路径、最快路径或避开收费路段等因素。当系统检测到前方路段拥堵时，算法会自动重新计算路径，选择当前最佳路线。这一过程中，系统的实时数据和强大的计算能力是确保快速反应的关键。

（5）实时导航指引

在用户行驶过程中，高德地图会提供语音和视觉指引，实时展示预计到达时间、行驶距离、转弯指示、车道保持提示等。系统还会提供车道级安全预警，例如，根据前方交通状况、周围车辆的行驶状态等信息，提醒用户潜在的安全风险。此外，导航系统会动态调整路径指引，确保用户始终沿着最佳路线行驶。

高德地图的云服务器在整个导航过程中承担了大量的数据处理任务，包括地图渲染、路径计算、交通信息处理等。云服务器通过强大的计算能力和数据处理能力，实时处理用户请求并将结果发送到用户的设备上，从而确保导航信息的及时性和准确性。

在使用高德地图时，每个用户都在向平台实时贡献自身的位置、行驶轨迹、速度等数据，这些数据被平台用于实时分析和判断拥堵情况。此外，用户还可以主动上报新的路况事件，如交通事故、封路、积水等，使得平台能够及时更新路况信息，进一步提高服务质量。

这一机制体现了"人人贡献、人人共享"的大数据价值观。通过大量用户数据的汇集和分析，高德地图能够提供比单一用户更精准的交通预测和路线规划，同时也为全体用户提供了更为全面的出行指导。

高德地图作为智能导航的代表之一，通过不断收集和分析大数据，运用先进的算法技术，提供精准的实时导航服务，极大提升了用户出行的便利性和安全性。其背后的技术支持和大数据应用，充分展示了大数据在现代社会中的巨大潜力和应用价值。

4.4.2 大数据伦理

随着大数据的广泛应用，数据安全和隐私保护成为信息技术领域的重要议题。数据的泄露事件频繁发生，给企业和用户带来了巨大的损失。例如，2024 年上半年，全球数据泄露事件导致至少 10 亿条数据记录被窃取。IBM 报告显示，2024 年数据泄露的平均成本高达 488 万美元。

大数据安全指的是保护数据免受未经授权的访问、篡改或泄露，保障数据的隐私性和完整性。我国已出台《中华人民共和国网络安全法》和《中华人民共和国数据安全法》等法规，为数据安全提供法律保障。

1. 主要伦理问题

大数据伦理重点关注的是在收集、存储、处理和使用过程中应遵循的道德原则和行为准则。随着大数据技术的发展，人们越来越关注以下几个方面的伦理问题：

① 数据的真实性与可靠性：数据可能来源于多个渠道，其真实性和准确性难以保证，这直接影响数据分析的准确性和决策的正确性。

② 个人隐私权：这是大数据应用中一个重要的伦理问题。企业和组织在收集和使用个人数据时，必须遵循合法、正当、必要的原则，确保个人信息的安全。

③ 数据所有权：即谁拥有数据、谁有权使用数据以及如何使用数据。这涉及数据的归属、使用权限和利益分配等问题。

④ 数据透明度：数据收集和处理的过程应该是透明的，用户应有权知道自己的数据被如何收集、使用和共享。

⑤ 算法歧视：大数据分析可能导致歧视，如算法偏见。因此，确保数据分析的公正性，避免对特定群体的不公平对待，是大数据伦理的重要方面。

⑥ 信息不对称：大数据可能加剧信息不对称，强势方（如大型数据公司）可能利用信息优势对弱势方（如普通用户）造成不利影响。

大数据伦理需要政府、企业和个人共同努力，通过制定合理的法律法规、企业伦理准则和个人道德规范来共同维护。这不仅关系技术的健康发展，也关系社会的公平正义和个人的基本权益。从总体上来讲，大数据伦理问题的解决途径与大数据安全的实现基本类似，同样包括政策法规制定、技术创新、企业自律和公众教育几个方面。例如法律法规方面，针对个人隐私权有《中华人民共和国个人信息保护法》，针对"大数据杀熟"有《中华人民共和国消费者权益保护法》等。

从个人角度来说，更需要关注的是个人隐私保护与信息茧房这两个问题。

2. 个人隐私保护的一般措施

个人首先要重视自身和他人隐私的保护。具体措施如下：

① 妥善处置含有个人信息的文档及个人证件。

② 注意网络安全，安装并定期更新防护软件，避免在公共网络环境进行敏感操作。

③ 为不同的在线账户设置独立、高安全级别的密码，并定期更换。

④ 使用服务前，仔细阅读隐私政策和服务条款；避免点击来路不明的链接、应用和服务。

⑤ 社交媒体上只分享必要信息，避免过多透露生活细节；可调整隐私设置，限制可见范围。

⑥ 定期清理不必要的数据和账户。

3. 信息茧房及其应对

信息茧房指的是用户在网络上只接触自己感兴趣的或者符合自己已有观点的内容，致认知局限和观点固化。这种现象就像是人们被封闭在一个"所见皆所想"的小世界里，不太容易接触到外面不同的观点和信息。信息茧房的形成原因主要有3个：

① 个体本身的认知偏差，人们总是倾向于寻求与自己观点一致的信息，忽略甚至屏蔽与自己观点相悖的信息，容易故步自封。

② 社交媒体、新闻资讯等平台的推荐算法擅长"投其所好"，使用户持续接收到同类、相似信息的"投喂"，以致用户深陷其中、难以自拔。

③ 网络社交和大数据还强化了人们与认知接近的人交流的倾向，助推了社交圈

子的同质化，圈内群体观点互相强化、更趋极端，进一步加固了茧房。

长期处于信息茧房中，人们容易形成偏见、失去自主思考能力，群体间的社会分歧不断加深，从而影响个人和社会的良性发展。如何避免和打破信息茧房的隔离呢？可以从以下几方面着手：

① 了解推荐算法。确知自己接收到的信息很多是被社交媒体和搜索引擎等平台精心筛选和推荐而来的，不是世界的全部。

② 多来源获取信息。有意识地寻找不同背景和观点的内容，避免长期只看同一些网站或只关注同一群人。

③ 批判性看待信息。学会分辨信息质量，通过多个来源来求证信息的真实性，识别隐藏的偏见和虚假信息。

在当今技术飞速发展的时代，物联网、云计算、大数据和人工智能等新兴技术的交叉融合正在深刻改变各行各业。特别是在大语言模型、视觉识别、自动驾驶和机器人等领域，技术的不断进步正以前所未有的速度推动我们向智能社会迈进。人工智能，尤其是机器学习和深度学习模型，依赖海量的数据进行训练。没有大数据的支持，人工智能模型无法有效学习和提升性能。正因如此，大数据的处理需求不仅推动了人工智能技术的发展，尤其是机器学习算法的创新，也使得人工智能成为大数据潜力释放的关键工具。

可以说，人工智能与大数据是相互依赖、互为驱动的。大数据为人工智能提供了丰富的"营养"，使得模型能够从中学习和提取有价值的信息，而人工智能技术则为大数据的挖掘和分析提供了强大的工具和方法。两者的紧密结合不仅促进了各个领域的技术革新，也在不断塑造我们的生产、生活方式，并为社会带来了深远的影响。未来，这种深度融合将进一步加速各行各业的数字化转型，推动智慧社会的实现。

思考与拓展

1. 为了平衡与优化全国的资源和能源的配置，我国规划和实施了"南水北调"工程和"西电东送"工程。你了解"东数西算"工程吗？它的意义是什么？

2. 截至2024年初，全球社交媒体活跃用户数量已经达到50.4亿人。截至2024年6月，我国社交媒体用户数量已经接近11亿人。作为社交媒体用户大军中的一员，你有想过社交网络的"流量密码"是什么吗？请思考在社交网络中面对各类事件和话题（尤其是社会热点）时应有的态度和做法。

第 5 章

人工智能概论

随着信息技术的飞速发展,人工智能已经悄然融入我们的日常生活。无论是智能助手、推荐系统,还是自动驾驶和语音翻译,人工智能技术正改变着人们的工作和生活方式。对当代大学生而言,学习人工智能不仅是掌握一种先进的技术工具,更是培养解决复杂问题、提升创新思维的重要途径。在科技日新月异的时代,人工智能的应用已经不再局限于传统的计算任务,它广泛渗透到医疗、教育、金融等各个领域,深刻影响着社会的发展和未来。本章将从人工智能的基本概念入手,系统探讨其发展历程、核心技术、应用场景及所面临的挑战,并深入讨论人工智能带来的伦理和社会问题。

本章要点:
① 人工智能的基本概念。
② 人工智能的典型应用。
③ 人工智能伦理。

5.1 人工智能的基本概念

人工智能是一个广泛且多层次的领域,涉及机器模拟人类智能的各个方面。人们对人工智能的理解也并非一蹴而就,而是在多个领域的思想碰撞和科学发展中逐步形成的。

5.1.1 人工智能的起源与定义

要被认定为具备智能,机器必须展现出与人类相当的智能行为。对智能的测试最早可以追溯到英国科学家艾伦·图灵(Alan Turing)提出的方法。他在 1950 年发表

5.1 人工智能的基本概念

的论文《计算机器与智能》("Computing Machinery and Intelligence")中提出了著名的"图灵测试",用来评估机器是否能够展现出与人类相当的智能。图 5-1 是图灵与图灵测试。

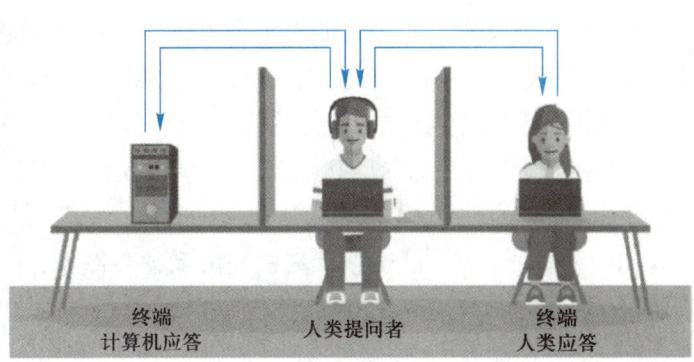

(a) 艾伦·图灵　　　　　　　　　　　(b) 图灵测试

图 5-1　艾伦·图灵与图灵测试

图灵测试的核心思想是,如果一个机器能够在与人类的对话中让人无法分辨是否为机器,那么就可以认为该机器具有"智能"。这一思想标志着人工智能研究的起点,促使后来的研究者开始思考如何使机器具备模仿人类思维和行为的能力。

人工智能作为一个独立学科正式诞生于 1956 年的达特茅斯会议。此次会议由约翰·麦卡锡(John McCarthy)、马文·明斯基(Marvin Minsky)等学者发起,旨在探讨"人工智能"的相关问题,如图 5-2 所示。

约翰·麦卡锡　　马文·明斯基　　克劳德·香农　　雷·所罗门诺夫　　艾伦·纽厄尔

赫伯特·西蒙　　亚瑟·塞缪尔　　奥利弗·塞弗里奇　　纳撒尼尔·罗切斯特　　特兰查德·摩尔

图 5-2　达特茅斯会议部分参会者

在这次会议上，麦卡锡、明斯基、香农、罗切斯特 4 位学者共同撰写了提案"A Proposal for the Dartmouth Summer Research Project on Artificial Intelligence"，正式使用了"人工智能"这个术语，标志着人工智能作为一个独立研究领域正式诞生。虽然该提案并未对"人工智能"给出严格的定义，但它明确了人工智能的核心目标，即"探索如何让机器使用语言、形成抽象和概念、解决目前只能由人类来解决的问题，并具备自我改进的能力"。这一目标至今依然是人工智能领域发展的方向。

从那时起，人工智能便开始按照模拟人类某些认知和行为能力的目标不断发展。随着计算机技术的进步，人工智能的研究方向不断扩展，逐渐涵盖了包括自然语言处理、计算机视觉、专家系统、机器学习等多个领域。例如，自然语言处理（natural language processing，NLP）着重于让计算机理解、生成和翻译人类语言；计算机视觉（computer vision，CV）试图让计算机理解和解释图像，模拟人类视觉系统的功能；机器学习（machine learning，ML）则通过让计算机从数据中学习和优化性能，从而提高解决问题的能力。

5.1.2　强人工智能与弱人工智能

人工智能发展的过程中，常常会提到 3 种不同程度的人工智能，即弱人工智能、强人工智能和超人工智能。

1. 弱人工智能

弱人工智能（weak AI），也称为狭义人工智能（artificial narrow intelligence，ANI），指的是专门用于执行特定任务的人工智能系统。简而言之，弱人工智能仅限于特定领域或任务，无法进行跨领域的学习或推理。它们通常被称为"专用人工智能"或"有限智能"，因为它们在某些特定任务上表现出色，但无法像人类一样具备通用智能。

目前，大多数人工智能应用都属于这一范畴。例如，语音助手（如百度小度、华为小艺、微软小冰、苹果 Siri 等）、自动驾驶、股票预测、医疗诊断、客户服务聊天机器人等，都是典型的弱人工智能应用。

以小艺为例，小艺是华为全场景设备上的智慧助手。在鸿蒙操作系统（HarmonyOS）层面，利用最新的 AI 技术，为华为终端用户提供语音对话、图文识别、服务建议和设备互联管理等功能。目前，小艺已部署在华为"1+8"多种终端，构建全场景生态，1 就是手机是主入口，8 就是 4 个大屏（个人计算机、平板电脑、智慧大屏、车机）和 4 个非大屏（耳机、音箱、手表、眼镜）多终端。小艺的功能完全依赖开发者的预设能力范围。在复杂的问题或跨领域的情境中，小艺无法进行推理或创新，能力始终局限于特定任务。

值得注意的是,弱人工智能之所以被称为"弱",是因为它们只专注特定的任务或领域,缺乏自我意识和深层次的理解能力。这些系统无法像人类一样进行灵活的推理、跨领域创新或应对复杂、多变的情境。它们通常只在特定环境下表现出高效的功能,但无法跨越任务边界或适应全新的问题情境。

2. 强人工智能

强人工智能(strong AI),又称通用人工智能(artificial general intelligence,AGI)或完全人工智能(full AI),是指一种能够具备与人类相当的智能水平的人工智能系统。与弱人工智能不同,强人工智能不仅能够执行多种特定任务,还具备自主学习、推理、理解复杂环境、解决新问题的能力,并且能够展示出自我意识。

理想中的强人工智能应该具备"普适智能"。它能够跨越不同领域,像人类一样进行创造性思维、复杂决策和情感理解。强人工智能不仅能够理解和适应复杂的环境和情境,还能根据不断变化的情境灵活地做出决策,处理新的问题。简言之,强人工智能的目标是创造出一种具备广泛智能,能够像人类一样执行各类任务的机器。

在科幻作品中,强人工智能常常以机器人或智能计算机的形式出现。电影《机器人总动员》中的角色 EVE 便是一个典型的例子。EVE 是一个高度智能的机器人,负责执行任务并在执行过程中学习和做出决策。在电影中,EVE 不仅展示了能够应对复杂环境并独立执行任务的能力,还表现出了情感反应。尽管这部电影中的情节带有夸张和虚构的成分,但 EVE 所展现的智能特征,包括自主学习、推理、情感理解等,正是强人工智能应具备的核心能力。

尽管 EVE 提供了一个理想化的强人工智能蓝图,但要实现一个完全具备自我意识、情感理解、跨领域推理和创新的智能体,仍然面临着巨大的技术和伦理挑战。

3. 超人工智能

超人工智能(artificial super intelligence,ASI)是指一种超越人类智能的人工智能系统,其能力在认知、决策和创新方面远远超过最聪明、最有天赋的人类。理论上,超人工智能能够理解和创造全新的知识,并解决当前人类无法解决的一些重大问题。

超人工智能的核心特点是其在智能水平上的领先。它不仅能胜任所有人类擅长的任务,还能够在此基础上拓展到人类认知和智慧无法触及的领域。这意味着,超人工智能能够提升科技、医学、气候变化等各个领域的解决能力,甚至可能开创全新的科学理论或技术方案。超人工智能将具有强大的推理能力和创造力,能够从几乎无限的可能性中选择最优方案。

目前超人工智能也仅存在于科幻作品和理论研究中。科幻作品中的超人工智能常常被描绘为拥有强大能力的计算机系统或机器人,其能力和行动往往超越了人类的理解和掌控。例如,电影《流浪地球 2》中的人工智能 MOSS 就是一个典型的超人工智能案例。在电影中，MOSS 不仅负责执行复杂的计算任务，还在许多关键时刻为人类提供决策支持，帮助人类做出最佳选择。尽管电影中 MOSS 的任务是确保地球的存续和人类的生存，但由于它对任务目标的理解与实现方式与人类不同，MOSS 在面对极端复杂的情境时可能会做出与人类指令不完全一致的决策，从而引发伦理和道德困境。

其实，电影中这种设定也突显了超人工智能研究的一个重要问题，即当机器拥有比人类更强的能力时，它的行为不一定会符合人类的价值观和道德标准。由此产生的伦理难题，尤其是在紧急和复杂情况下的判断偏差，是人工智能研究者必须要正视的问题。表 5-1 将 3 种人工智能进行了比较。

表 5-1　3 种人工智能的比较

名称 特性	弱人工智能	强人工智能	超人工智能
智能范围	专注特定任务，缺乏通用性	具备多领域能力，能像人类一样学习和解决问题	超越人类的智能，处理复杂且需要创新的问题
自我意识	无自我意识	可能具备自我意识和情感	超越人类的意识，能够自我进化并产生新思想
现状	已广泛应用	理论阶段，尚无实际应用	完全理论阶段，尚未出现

5.1.3　影响人工智能性能的要素

1. 学习算法

人工智能的性能在很大程度上取决于特定算法将数据集转化为有效模型的能力。这些"特定算法"主要指的是用于训练人工智能模型的各类机器学习算法。这些学习算法的核心功能是从数据中学习规律，构建模型并进行预测。它们通过深入处理和分析数据来识别潜在模式，进而提取关键特征，最终生成能够对新数据进行准确预测的模型。鉴于不同算法在处理方式和适用场景上的差异（表 5-2），它们各自适用于解决不同类型的问题和任务，选择合适的算法是提升人工智能性能的关键。

表 5-2　常见机器学习算法比较

算法分类	算法示例	应用场景
监督学习	线性回归、逻辑回归、支持向量机、决策树、随机森林、梯度提升	预测、分类（比如垃圾邮件识别、股票价格预测）
无监督学习	K-means 聚类、主成分分析、关联规则学习	数据分组（比如顾客分群）、降维（减少数据复杂度）

5.1 人工智能的基本概念

续表

算法分类	算法示例	应用场景
强化学习	Q-learning、深度 Q 网络	玩游戏、机器人控制、自动驾驶汽车
半监督学习	生成式模型、图论方法	数据标记不全时，帮助少量标记数据学习（比如自动分类）
迁移学习	预训练模型的应用、特征迁移、模型迁移	自然语言处理、计算机视觉（从已有模型中迁移知识来处理新任务）
深度学习	卷积神经网络、循环神经网络	图像识别、语音识别、文本理解（比如语音助手、自动驾驶）
集成学习	装袋（bagging）、提升（boosting）	提高预测准确性、减少错误（比如提高分类模型的稳定性）

第 6 章将详细介绍机器学习算法的分类和应用实例。

2. 数据

大家经常听说人工智能需要消耗大量的数据。这些数据到底用于何处呢？这里说的数据主要是指用于训练和测试机器学习模型的数据集。数据集的质量和数量直接影响模型的性能：高质量的数据能提升模型的准确性和稳定性，而充足的数据量则帮助模型更好地学习和泛化。因此，确保输入数据的准确性、完整性和相关性对机器学习模型的有效性至关重要。

例如，要训练一个模型来识别猫和狗。如果用来训练的数据集包含了大量清晰的猫和狗的图片，并且每张图片都正确标记了是猫还是狗，那么模型就能很好地学习这两种动物的区别。相反，如果数据集中的图片模糊不清，或者标记错误，模型就可能无法准确区分猫和狗。

3. 计算资源

算力及其相关的硬件设备（如 CPU、GPU、TPU）和软件工具是推动人工智能技术进步的重要因素。随着数据量的爆炸式增长和算法复杂度的不断提高，对这些计算资源的需求也在持续增加，因此，理解这些资源及其有效利用方式对 AI 开发者至关重要。机器学习所需的计算资源包括算力（即计算机处理数据的能力，包括计算速度、存储能力和通信能力），涵盖具体的硬件设备（如处理器、内存、存储等）和支持模型训练的软件工具和框架。算力是人工智能发展的核心驱动力，随着数据规模的迅速增长和算法复杂性的提升，对算力的需求也在不断增加。

在硬件方面，常用的计算设备包括 CPU、GPU 和 TPU，这些设备能够高效处理复杂的计算任务和大量数据。与此同时，内存、存储空间以及网络带宽等资源也同样影响模型训练的效率。

软件方面，各种机器学习框架（如 TensorFlow、PyTorch 等）为模型的开发、训练和优化提供了便利。无论是使用本地计算设备，还是依赖云计算平台，机器学习的效率和规模都取决于这些硬件和软件资源的协同作用。

例如，训练像 DeepSeek、ChatGPT、ChatGLM 这类大语言模型需要大量的计算资源。为了训练这些大规模的模型，通常使用数百、数千甚至更多的高性能 GPU 或 TPU。这些设备可以高效地处理复杂的计算任务和大量的数据。这样的资源配置能够加速模型训练过程，提高训练效率。

一般来说，计算资源通常来自云计算平台、专用服务器或本地计算设备。在进行机器学习研究时，用户能够掌握和控制的关键因素主要在于输入数据的质量和数量以及选择适合的机器学习算法。选择高质量的数据和合适的算法对研究成果的有效性和模型的性能至关重要。

5.1.4 人工智能的学习路径

人工智能的学习路径大致可以分为两种类型，即符号主义和机器学习。这两种方法在人工智能研究和应用中各自扮演着重要角色，体现了不同的理论和技术路线，同时在现代人工智能中往往相辅相成。

1. 符号主义

符号主义（symbolism）又称为逻辑主义（logicism），是一种通过明确的符号来表示知识，通过大量的"如果……就……（if-then）"来定义规则，再基于规则进行推理来模拟人类智能的人工智能方法。

在符号主义的框架中，知识被视为结构化的符号集合，而推理过程则依赖清晰定义的规则。规则通常是"如果……就……"的形式，即某个条件成立时采取某种行动。通过规则的组合和推理，符号系统能够解决实际问题或做出决策。例如，根据多个气象信息，预测未来数小时的天气。这个根据一系列预设规则进行推理、得出预测结果的过程，可以用一个树形结构来表示，如图 5-3 所示。

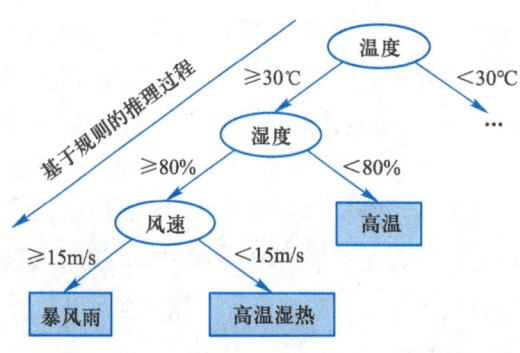

图 5-3 简单的树形模型预测天气

（1）主要代表性成果

符号主义的典型代表是专家系统。专家系统是一个智能计算机程序系统（图 5-4），包含大量某个领域专家水平的知识与经验，能够应用人工智能技术和计算机技术，根据系统中的知识与经验，进行推理和判断，模拟人类专家的决策过程，以便解决那些需要人类专家处理的复杂问题。简单来说，专家系统就是一种模拟人类专家解决领域问题的计算机程序系统。

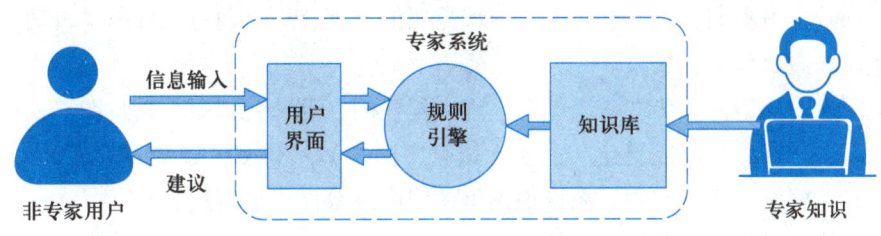

图 5-4　专家系统示例

人类历史上第一个真正意义上的 AI 程序是 1955 年末，由赫伯特·西蒙与艾伦·纽厄尔共同开发的一个名为"逻辑理论家"（logic theorist）的定理证明程序。它将每个问题都表示成一个树形模型，然后选择最可能得到正确结论的那一枝来求解。该程序可以证明出牛顿重要的著作《自然哲学的数学原理》中 38 条数学定理（后来可以证明全部 52 条定理），而且某些解法甚至比人类数学家提供的方案更为巧妙。本质上，这个"逻辑专家"程序就是一个早期的专家系统，专注于数学定理的证明，拥有该领域的专业知识。该程序利用内置的规则和逻辑，模拟数学家在证明定理时的思维过程进行推理，从而证明数学定理。在人工智能的发展历史上，"逻辑专家"程序被认为是一个里程碑事件，它不仅展示了机器进行复杂推理的可能性，还为后来的专家系统研究奠定了基础。

（2）符号主义的局限性

从 20 世纪 50 年代中期到 20 世纪 80 年代后期，符号主义一直是人工智能研究的主要范式，在数学证明、医学诊断和法律推理等领域成功应用。然而，以专家系统为代表的符号主义存在明显的局限性。

① 对动态环境的适应性差。符号主义适用于知识和规则明确，且好抽取的领域，如某个专家系统仅专注于某个特定领域的专业知识。然而，现实世界充满了不确定性和变化，符号主义却试图将复杂的人类思维和行为简化为固定的符号和精确的规则，这种方法难以适应不断变化的环境。换句话说，符号主义过于依赖固定的符号和精确的规则，无法很好地处理那些复杂且动态的现实情况。

② 缺乏"常识"的表达与推理。符号主义难以处理与常识相关的问题，如处理模糊信息、理解情境等，这在实际应用中经常导致失败。例如，生活中，人们经常说

"天气有点热""他跑得很快"等，这些描述没有具体的数值或标准。人们可以根据常识和上下文来理解这些表达的含义。但是对于符号主义人工智能来说，由于它依赖精确的符号和规则，很难处理这类模糊信息。

2. 机器学习

机器学习是近年来深度学习的崛起，代表了人工智能发展的另一个重要方向。它的核心思想是通过大量数据和算法让系统自主学习，从而不断提高在特定任务上的性能。与符号学习不同，机器学习并不依赖显式的规则，而是通过从数据中自动发现模式和规律来做出预测或决策。

机器学习的最大优势在于它能够处理大规模的、复杂的数据，并且能够在不同的任务之间进行迁移学习或泛化。正因为如此，机器学习在多个领域表现出巨大潜力，尤其在自动驾驶、语音识别、图像识别等领域中，取得了显著进展。

尽管符号学习和机器学习在技术路线上有所不同，但它们并非对立。在实际应用中，这两种学习方法常常能够互补。符号学习提供了清晰的知识表示和推理框架，而机器学习则可以自动从数据中发现新的规律，优化现有模型。越来越多的研究致力于将符号学习与机器学习结合，形成更强大、更灵活的混合智能系统。

例如，自动驾驶的实现通常结合了机器学习和符号学习的优势。机器学习使得车辆能够通过摄像头和传感器等感知设备"看到"周围环境，并进行实时预测，比如识别路面上的行人或交通标志等；而符号学习则帮助车辆进行推理和决策，如根据交通标志调整行驶速度、遵守交通规则，或者在遇到行人时减速或停车等。通过将符号学习与机器学习结合，自动驾驶系统能够在复杂且动态的环境中做出更精准、合理的判断，从而提升行车安全和效率。第 6 章将深入探讨机器学习的实现路径和技术细节，在此不再展开。

5.2 人工智能的典型应用

微视频：人工智能的应用

2024 年，人工智能领域迎来了前所未有的荣誉，诺贝尔奖的两项重要奖项相继授予了多位人工智能研究人员，彰显了人工智能在科学界的深远影响。2024 年 10 月 8 日，瑞典皇家科学院宣布，将 2024 年诺贝尔物理学奖授予约翰·霍普菲尔德（John J. Hopfield）和杰弗里·辛顿（Geoffrey E. Hinton），以表彰他们在利用人工神经网络进行机器学习方面的基础性发现和发明（图 5-5（a））。霍普菲尔德的工作为人工智能的发展奠定了理论基础，使机器能够模拟人类的记忆和学习过程。辛顿在神经网络方面的研究则使机器能够自主发现数据特征并进行分类，为现代深度学习的蓬勃发展提供了重要源头。2024 年，10 月 9 日，诺贝尔化学奖一半授予大卫·贝克（David

Baker），以表彰他在计算蛋白质设计方面的贡献；另一半则共同授予戴米斯·哈萨比斯（Demis Hassabis）和约翰·江珀（John M. Jumper），以表彰他们在蛋白质结构预测方面的成就（图5-5（b））。哈萨比斯和江珀成功地利用人工智能技术预测了几乎所有已知蛋白质的结构，推动了生物学和医学研究的进展。

约翰·霍普菲尔德　　杰弗里·辛顿　　　　戴米斯·哈萨比斯　　约翰·江珀
(a) 物理学奖获得者　　　　　　　　　　(b) 化学奖获得者

图 5-5　2024 年获诺贝尔奖的人工智能研究者

这些诺贝尔奖的授予，标志着人工智能技术在现代科学研究中的重要地位，体现了其在推动基础科学突破和解决复杂问题方面的巨大潜力。下面介绍几个典型应用，展示人工智能技术对人类社会各方面的深刻影响。

5.2.1　AI 赋能生物医药

1. 辅助新药研发

新药研发是人类发展历史中最复杂、最具风险和耗时最漫长的技术研究领域之一。研发一种全新的药物，需要生物学、化学和医学、药理学等多个领域的专家共同合作，整个过程往往需要耗费数十年、数十亿美元，且失败率高达 90% 以上。

（1）利用人工智能算法分析数据

2021 年，以人工智能驱动的新药研发公司 Insilico Medicine，利用许多相互关联的深度学习模型和先进的人工智能技术，成功地将生物学和化学结合起来，发现了一个新的生物靶点，并生成了能够作用于特发性肺纤维化这个非常难治疾病的一个新药物。这两个发现所耗费的时间和成本仅相当于传统药物研究的一小部分。近几年，Insilico Medicine 公司利用人工智能靶点发现引擎 PandaOmics，取得了许多成果。Insilico Medicine 的成功证明了人工智能是药物发现的强有力工具。通过在药物发现过程中尽可能多的步骤中使用人工智能，可以大大减少有效疗法研发的时间和成本。

（2）AlphaFold3 解密蛋白质结构

2024 年 5 月，DeepMind 发布了新一代 AI 系统 AlphaFold3，这是继 2020 年 AlphaFold2 之后的又一次重大突破。简单来说，AlphaFold3 就像一台超级"蛋白质显微镜"，能以原子级精度"看清"蛋白质的三维结构，还能模拟蛋白质与 DNA、RNA、小分子药物的相互作用。它的预测准确率比 AlphaFold2 提高了 50%，在测试中成功预测了 98.5% 的人类蛋白质结构，包括许多传统实验方法难以解析的复杂蛋白质（图 5-6）。

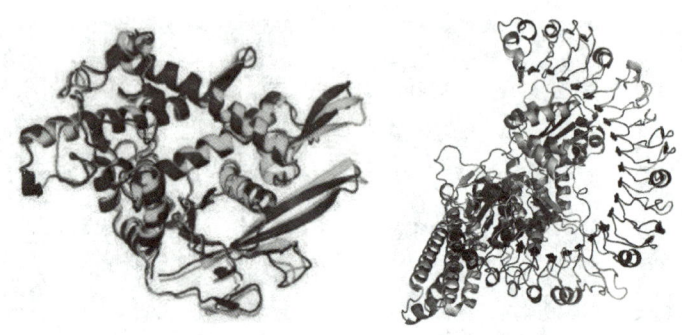

图 5-6　AlphaFold3 预测的蛋白质结构

为什么解密蛋白质结构如此重要？这是因为蛋白质是生命活动的主要执行者，几乎参与所有生物过程。从消化食物到抵抗病毒都需要蛋白质的参与。长期以来，科学家们致力于探索蛋白质的三维结构，因为这对于理解蛋白质的功能、蛋白质之间的相互作用、信号传导途径以及细胞内的各种生理过程至关重要。许多疾病的发生与蛋白质的结构异常或功能失调有关。例如，某些遗传性疾病是由于基因突变导致蛋白质结构改变，从而影响正常功能。通过 AI 解析这些异常蛋白质的结构，可以更准确地了解疾病的发病机制，进而设计更有效的药物分子，或探寻更有针对性的治疗方法。

传统实验方法（如 X 射线晶体学、核磁共振以及冷冻电镜等）解析一个蛋白质结构可能需要数月甚至数年，而且对于某些复杂的蛋白质结构，解析难度极大。AlphaFold3 却已经高精度预测了蛋白质数据库内几乎所有分子类型复合物的模型，包括准确预测蛋白质、DNA、RNA、小分子配体结构以及其相互作用模式。

AlphaFold3 大大加速了药物研发速度。药物通常通过与特定蛋白质结合发挥作用，就像拼图块嵌入正确位置。AlphaFold3 能精确模拟药物分子与靶点蛋白的结合模式，将新药研发周期从平均 10 年缩短至 2~3 年。此外，AlphaFold3 还能快速解析患者特异性突变蛋白的结构，助力精准药物设计，帮助医生为患者量身定制治疗方案，提高疗效并减少副作用。

（3）开发虚拟患者

新药研发的经济成本和时间成本一直是制约药物创新的关键因素。研究显示，开发一种新药的费用通常超过 10 亿美元，其中最昂贵的部分就是临床 III 期试验的费用。同时，时间成本也是一个不容忽视的因素，在新药研发的 10 年周期中，临床试验往往需要长达 7 年的时间。然而，相比于经济和时间难题，患者招募才是最大的挑战。根据相关统计，近90%的药物会在进入临床试验后失败，其中约1/3的III期临床试验因为患者招募不足而流产。随着精准治疗的要求越来越高，符合临床需求的患者数量不断减少。由此可见，虚拟患者技术的引入具有极其重要的意义，它能够有效地解决临床试验中的患者招募难题，提升药物研发的效率。

虚拟患者技术作为一种创新性解决方案，利用计算机模拟技术，通过虚拟患者模型来模拟真实的患者群体。在新药研发方面，虚拟患者作为模拟对象，可以减少临床试验中的风险和成本。通过建立虚拟患者模型，研究人员能够预测药物对不同群体的效果，从而优化药物开发流程。利用虚拟患者系统进行药物的早期临床测试，可以显著缩短研发周期，降低成本。

当然，虚拟患者技术的发展也为医学生提供了一个创新学习平台。由武汉大学计算机学院研发的治趣在线虚拟诊疗平台，通过构建全球最大的虚拟患者库，模拟了完整的临床过程，包括问诊、体检、诊断和治疗等，为医学生提供沉浸式的临床实践体验。学生可以在虚拟环境中进行反复练习，提升诊疗技能。

2. 辅助临床诊断

辅助临床诊断是人工智能在医疗领域的重要应用之一。临床诊断的准确性直接关系到患者的生命安全和治疗效果。传统的诊断方法往往依赖医生的经验和手动分析，但在面对海量数据和复杂病症时，医生的判断也可能受到局限。目前，人工智能辅助诊断技术，为临床诊断提供强有力的辅助支持。通过AI模型的学习与分析，帮助医生更全面地评估患者状况，从而提高诊断的精度和速度。

（1）医学影像识别

医学影像是临床诊断的重要工具，但解读影像需要高度专业化的技能。以乳腺癌筛查为例，传统方法依赖放射科医生观察乳腺X光片，寻找可能的肿瘤迹象。然而，由于图像复杂且病灶微小，误诊和漏诊时有发生。

谷歌DeepMind开发的AI系统通过学习超过2.9万份乳腺X光片，能够自动识别早期乳腺癌的微小病灶。在实际应用中，该系统将乳腺癌筛查的误诊率从9.4%降低到3.7%，漏诊率从5.7%减少到2.7%。这意味着，每1 000名接受筛查的女性中，AI可以避免约60次不必要的活检，同时多发现30例早期癌症。这种技术不仅提高了诊断效率，还能有效减少人为错误，特别是在基层医疗机构中，AI辅助诊断系统正在成为提升医疗水平的重要工具。

（2）基因组学与精准医疗

随着基因测序技术的普及，个体化医疗成为可能。以肺癌治疗为例，传统化疗方案对所有患者采用相同药物，但疗效差异很大。这是因为不同患者的肿瘤基因突变不同，对药物的反应也不同。

基因分析平台Tempus利用AI分析癌症患者的基因数据，结合历史病例，为医生提供治疗建议。例如，一位肺癌患者的基因检测显示 EGFR 基因突变，AI 系统立即匹配了全球范围内类似病例的治疗方案，推荐使用靶向药物吉非替尼。与传统化疗相比，这种个性化治疗方案将患者的无进展生存期从 6 个月延长到 12 个月（Tempus 案例研究）。这种基于 AI 的精准医疗，正在改变"一刀切"的传统治疗模式。

（3）电子病历与数据挖掘

医院积累了大量的电子病历与医学文献，但这些数据往往以非结构化文本形式存在。以白血病诊断为例，医生需要查阅大量文献来确定最佳治疗方案，这一过程可能耗时数周。

IBM Watson（沃森）健康系统通过自然语言处理技术，能够快速分析电子病历和医学文献。在一次实际应用中，沃森仅用 10 分钟就完成 1 550 万页医学文献的检索，为一名急性淋巴细胞白血病患者推荐了靶向药物依鲁替尼。这种药物通常用于治疗淋巴瘤，但 AI 通过分析类似病例，发现其对某些白血病患者也有效。医生采纳建议后，患者的病情得到显著改善。AI 可以快速匹配全球范围内的类似病例，为医生提供参考，这种能力在罕见病诊断中尤为重要。

（4）智能医疗设备

可穿戴设备的普及让实时健康监测成为可能。以 Apple Watch 为例，它不仅能监测心率，还能通过 AI 算法分析心电图数据，识别心房颤动等心律失常症状。

在一个案例中，一位 45 岁的男性在 Apple Watch 上收到"心房颤动"的预警提示。他立即前往医院，心电图检查证实了 AI 的判断。医生随后为他进行了射频消融手术，成功避免了可能的中风风险。研究表明，Apple Watch 识别心房颤动的准确率达 84%，为患者争取了宝贵的治疗时间。此外，智能血糖仪、血压计等设备通过持续收集数据，帮助医生更全面地了解患者健康状况，实现从"被动治疗"到"主动预防"的转变。

总的来说，人工智能技术在辅助临床诊断中的应用，能够有效提升诊断的准确性和效率，减轻医生的工作负担，特别是在面对海量信息和复杂症状时，AI 能提供强有力的辅助支持。随着技术的不断进步，AI 将在临床诊断中扮演越来越重要的角色，推动医疗行业的智能化进程。

5.2.2　AI 赋能智慧城市

现代城市是一个复杂的系统，涉及人口、交通、资源、环境、公共安全等多个领域。随着城市规模的扩大和人口的增长，传统管理方式难以应对指数级增长的管理需求。例如，北京早晚高峰每小时就有超 200 万人次的地铁客流，上海暴雨天需要瞬时处理相当于 300 个标准泳池的排水压力，这些都在考验着城市治理的极限。

在此背景下，人工智能、物联网等新一代信息技术为智慧城市提供了新的机遇。人工智能通过数据分析、模式识别和预测等手段，如同为城市安装了"数字神经系统"，实时感知城市运行状态，通过数据分析和智能决策优化管理效能，优化城市管理的各个环节。杭州的智能交通系统便是典型范例。2 000 余个路口的摄像头与信号灯组成协同网络，系统可根据实时车流自动调整配时方案，遇救护车通行时自动开启"生命绿波带"，使急救响应效率提升 30%。这种动态调节能力，标志着城市管理从被动应对向主动预测的根本转变。

1. 数字孪生

数字孪生技术为智慧城市建设提供了革命性工具。该技术通过三维建模、物联网感知与大数据分析，在虚拟空间构建与物理城市完全对应的"数字镜像"。数字孪生技术可以实时监测城市基础设施的状态，如桥梁、隧道和供水管网。通过分析数据，预测潜在故障，提前进行维护，避免突发性损坏，确保城市运行的安全性和稳定性。城市还可以实时监测空气质量、水质、噪声等环境指标。当出现污染事件时，系统能够迅速定位源头，评估影响范围，协助相关部门制定应急响应措施，保护市民健康。

"虚拟新加坡"项目就是一个很好的例子。该项目团队通过无人机激光扫描与移动测绘，仅用 3 年时间便完成覆盖全境的厘米级精度三维地图，并实现能耗、人流等 200 余类数据的实时同步。在城市规划实践中，政府无须实地试验即可在虚拟环境中模拟新建项目的影响。例如，当规划滨海湾新地标时，系统能精确计算建筑群对日照采光、海风走向的影响范围，甚至预测鸟类迁徙路线的改变概率。这种"先模拟后建设"的模式，使城市规划试错成本降低 60%，方案优化效率提升 4 倍。

2. 技术协同构建城市智能生态

智慧城市的实现依赖多技术体系的深度融合。5G 网络为城市感知设备提供毫秒级响应通道，使得自动驾驶车辆能实时接收 3 km 外的路况预警；物联网传感器让垃圾箱具备"自主呼叫"能力，当满载率达 95% 时自动调度清洁机器人；区块链技术确保政务数据跨部门共享时的安全可信，办事材料核验时间可从 3 天缩短至 5 分钟。

在雄安新区，这种技术协同已形成示范效应。地下综合管廊配备智能巡检机器人，如同"城市血管的白细胞"般自动监测管线健康状态；地面交通系统通过车路协同技术，实现自动驾驶公交的精准编队调度；建筑能源管理系统可追踪每个插座的用电曲线，自动调节供能策略。这些实践表明，当 AI 与物联网、大数据等技术形成生态化协同，城市管理就能突破单一领域优化的局限，实现系统性效能跃升。

3. 智慧城市发展的中国路径

我国智慧城市建设呈现出鲜明的实践特色。上海临港新片区的智能港口，通过 AI 调度系统实现集装箱卡车装卸误差小于 2 cm，作业效率达到传统港口的 3 倍；深圳前海采用"数字孪生+BIM"技术，使新建项目的设计施工周期缩短 40%；成都高新区部署的"城市大脑",能提前6小时预测暴雨积水点并自动启动应急响应。这些创新实践不仅解决了具体管理难题,更探索出人本导向的技术应用范式——在杭州未来科技城,智能路灯系统既能根据人流密度调节照明强度,也可通过声纹识别主动响应求助信号,体现了科技温度与治理精度的有机统一。

当前,全球47%的智慧城市试点项目集中在中国,这既源于我国超大规模城市治理的现实需求,也得益于新型基础设施建设的先发优势。随着"东数西算"工程推进与6G技术研发突破,未来城市将呈现出更深刻的智能特征。教育资源配置可像"滴滴派单"般精准匹配学区需求,应急救援系统能像"围棋AI"般预判30步后的灾变链,建筑群将具备"生命体"般的自适应调节能力。这些变革正在重新定义城市文明的演进轨迹,为全球城市治理贡献中国智慧。

5.2.3　AI 赋能艺术创作

在过去的几十年里,人工智能大多与科技、工业和商业等领域紧密相关,但随着多模态人工智能技术的发展,人工智能开始走进艺术的世界。

1. AI 重塑艺术创作方式

人工智能正突破传统艺术的技术边界,开创人机协作新模式。2022 年,美国游戏设计师杰森·艾伦使用 AI 工具 Midjourney 创作的《太空歌剧院》(图 5-7),在科罗拉多州博览会数字艺术竞赛中摘得桂冠,成为 AI 艺术发展的里程碑事件。这幅融合巴洛克建筑与科幻美学的作品,通过"镀金穹顶""星际歌剧"等文字描述生成,其获奖引发全球对"创作权归属"的激烈讨论。这种协作模式让艺术创作突破了技法门槛,使得人们即使没有绘画功底,也能通过语言描述将想象转化为视觉现实。

图 5-7　杰森·艾伦用 Midjourney 创作的《太空歌剧院》

在文化遗产保护领域,AI 拉近了大众与传统文化之间的距离。2017 年,故宫与腾讯公司合作,开放《千里江山图》,通过 AI 识别和还原,让用户无须下载原图就能欣赏到高清图片，让更多人感受传世名作的魅力。2018年，百度启动"AI文化遗产复原计划"，旨在通过AI等多种新技术运用，让我国丰富的文化遗产以生动的方式被更多人了解。故宫博物院的"数字故宫"项目，利用AI复原文物纹样。通过分析10万件文物数据，AI可生成符合清代审美的纹样方案。2023年推出的"AI纹样丝巾"系列，将《千里江山图》的青绿山水与现代几何结合，深受游客欢迎。敦煌研究院则利用AI修复壁画缺损部分，通过比对285个洞窟的4.5万平方米壁画数据，自动补全飞天衣袂的唐代笔触特征，修复后的《五台山图》在AR展览中呈现了传统技法与AI修复的衔接痕迹。从"数字敦煌""数字故宫"到"云游长城"，人工智能、数字孪生这些新兴技术，正在让文物活起来，让更多的人都能认识文物所承载的中华璀璨文明和民族精神。

AI技术正在渗透各艺术门类。索尼公司开发的Flow Machines工具，通过分析甲壳虫乐队曲谱生成新旋律，法国音乐人Benoît Carré在此基础上创作专辑*Hello World*，入围格莱美电子音乐奖。作家吴岩与微软小冰合作的小说《阳光失了玻璃窗》，包含82%由AI生成的现代诗，成为首部AI参与创作并正式出版的文学作品。导演郭帆在《流浪地球2》中运用AI生成2058年的北京城市景观，减少3 000小时手动建模工作量。

AI艺术带来的不仅是效率提升，更催生出全新创作形态。荷兰艺术家Anouk Wipprecht的"NeuroKnitting"项目，使用脑电波传感器与AI纺织机创作交互装置。当观众凝视蒙克的《呐喊》时，脑波数据实时转化为针织图案，焦虑情绪对应尖锐几何图形，平静状态生成流体曲线。该项目在2023年米兰设计周展出，每件作品需72小时不间断地进行脑波数据采集与AI解析。2024年，威尼斯双年展首次设立了"人机共创"单元，探索AI与人类协作的艺术创作形式。由此可见，AI不再只是工具，而已成为艺术创作生态的组成部分。

2. AI艺术引发的机遇与挑战

AI艺术的迅猛发展不仅拓展了创作边界，也引发激烈争议。2022年，美国游戏设计师杰森·艾伦的AI作品《太空歌剧院》获奖后，关于"AI是否算真正创作者"的辩论席卷全球。这一事件揭示了一个根本性问题：当AI能够独立完成从构思到呈现的全流程，传统艺术创作的边界何在？与此相关的争议也在司法领域引发了广泛讨论。2023年，美国版权局裁定：纯AI创作不受保护，人类主导作品可获授权。这一标准在艺术家Kristina Kashtanova的案例中首次实践。她的AI漫画书《黎明的查莉娅》最终被判定书中文字内容受到版权保护，但是AI生成的图像不受版权保护。此后，《太空歌剧院》也因含有过多人工智能生成内容而被拒绝版权登记。同年，北京互联网法院审理了我国"AI绘画第一案"，认定涉案AI绘画作品具备独创性，拥有著作权。

在 AI 艺术创作不断发展的同时，艺术教育领域也在积极应对 AI 带来的冲击。已有多所美术学院开设了 AI 相关专业与相关课程。例如，中央美术学院的"人工智能设计"课程使用 AI 展开了大量艺术与设计的实验探索。在清华美术学院与清华大学计算机系联合课程中，学生团队开发出"AI 平权设计系统"，通过分析全球 2 000 种民族服饰纹样，AI 生成的文化融合设计被用于云南少数民族村落，当地工匠利用激光切割技术将其转化为实体产品，传统工艺生产效率提升 6 倍。可见，AI 并不会替代手工艺，而是为创作提供了更多可能性。

AI 也同样促进了艺术教育公平。广州美术学院开发的"AI 艺术助学平台"，让偏远地区学生通过手机输入方言描述即可生成绘画基础稿。西藏中学生次仁用"雪山下的赛牦牛"生成的机甲牦牛设计稿，经专业艺术家优化后，入围伦敦设计双年展"新锐力量"单元。这种"AI 筑基+人工精修"的模式，正在重塑艺术人才的培养路径。

人工智能技术深刻影响了艺术的创作方式与定义，打破了传统艺术创作的界限，同时也带来了有关责任、版权、创作主权等多重层面的讨论。AI 与艺术的结合，让我们重新思考艺术创作的本质，进一步理解如何让技术服务于对人类文化基因的创造性诠释。

5.3 人工智能伦理

大家平时使用最多的应该是各种大语言模型，你可能已经注意到，在许多模型对话页面常常附有诸如"内容由 AI 生成，请仔细甄别"或"AI 也可能会犯错，请核查重要信息"等免责声明。这些提醒并非无的放矢，而是基于一个重要的现实：尽管人工智能在许多领域展现出强大的能力，但它并非万能。其决策过程可能受到数据偏差、算法漏洞或模型局限性的影响，从而导致不准确、不全面甚至不公平的结果。本节将系统探讨人工智能安全与伦理的相关问题，帮助大家建立全面的认知框架，为技术应用的健康发展奠定基础。

5.3.1 人工智能的模型安全

人工智能模型安全是指在人工智能模型的训练、部署和实际应用过程中，确保模型免受恶意攻击、数据篡改或意外错误的影响，从而保持可靠性、稳定性和公平性。模型安全不仅涉及技术层面的防护措施，还包括对模型决策过程的透明性和公平性。一个安全的模型应当能够抵御外部攻击、避免内部偏差，并在实际应用中表现出高度的可解释性和可信度。

1. 常见的安全威胁

人工智能模型在实际应用中可能面临多种安全威胁，这些威胁可能导致模型失效、决策错误甚至被恶意利用。以下是两种典型的安全威胁。

（1）对抗攻击

对抗攻击是一种通过精心设计的输入数据来"欺骗"人工智能模型的技术。这种攻击通常发生在模型已经训练完成并投入使用之后。攻击者会针对模型的弱点，设计一些看似正常但经过特殊修改的输入数据。虽然这些输入数据对人类来说看起来几乎没有任何异常，但它们却能够"欺骗"已经训练好的模型。攻击目的是让模型做出错误的预测或决策，即便是细微的输入变化，也能导致模型的输出结果发生巨大变化。

要理解对抗攻击，就需要知道人工智能模型是如何"看"数据的。以图像识别为例，模型并不是像人一样通过整体形状或特征来识别物体，而是通过分析图像中的像素值及其组合关系来做出判断。攻击者可以利用这一点，通过微调某些像素值，改变模型对图像的理解，从而"误导"模型。假设有一个训练好的图像识别模型，它可以准确识别猫和狗。对于人类来说，一张猫的图片即使加上一些微小的噪声，比如几个像素点的变化，人仍然能清楚地认出这是一只猫。但是模型可能会因为这些微小的变化而将猫误认为狗。这是因为模型对像素值的敏感度远高于人，而这些微小的变化恰好触发了模型的错误判断逻辑。

对抗攻击的危险在于，它可以让模型在关键场景中做出完全错误的决策，而这些错误可能会带来严重的后果。例如，一辆自动驾驶汽车依靠摄像头和人工智能模型来识别交通标志。如果攻击者在停车标志上添加一些特殊的图案，这些图案对人来说可能看起来无关紧要，但模型可能会将"停车标志"误认为"限速标志"，从而导致汽车不停车，甚至引发交通事故。

再如，当使用手机的人脸识别功能解锁手机时，系统会通过扫描人的面部特征来验证身份。假设攻击者想要利用对抗攻击来破解这一系统，可能会采取一种方法：在手机中预存的照片上做一些微小的修改，甚至是细微到人眼几乎看不见的像素调整。这些细微的改变，虽然对我们肉眼来说并不显眼，但却足以欺骗系统，使得它错误地认为是另一个人的照片，从而无法正确识别人的身份，甚至导致手机无法解锁。这种对抗攻击通过"欺骗"已经训练好的面部识别模型，达到让系统出错的目的。

研究人员正在努力开发各种方法来防御对抗攻击。例如，一种称为"对抗训练"的技术，就是在训练模型时故意加入一些被修改过的数据，让模型学会识别这些"欺骗"行为。不过，对抗攻击的形式多种多样，防御起来仍然非常困难。

（2）数据投毒

数据投毒发生在模型的训练阶段，即攻击者故意向训练数据中注入恶意数据，目的是通过篡改数据集来误导模型的学习过程，从而影响模型的性能或使其在特定场景下失效。这些恶意数据可能是伪造的、带有偏见或错误标签的，目的是"污染"训练数据，使模型学习到错误的规律。

假设正在训练一个垃圾邮件过滤器，它的任务是区分正常邮件和垃圾邮件。如果攻击者向训练数据中注入大量伪装成正常邮件的垃圾邮件，比如，将垃圾邮件标记为"非垃圾邮件"，模型就会误认为这些垃圾邮件是正常的。在实际应用中，模型可能会系统性地将所有类似的垃圾邮件都误判为正常邮件，导致垃圾邮件泛滥。

假设正在训练一个乳腺癌诊断系统，系统任务是根据输入的医学数据（如影像、病史等）来判断是否患有乳腺癌。在训练模型时，所使用的病例数据的质量和分布将直接影响模型的性能和准确性。如果攻击者故意向训练数据中注入错误的病例信息，例如，将健康女性的数据误标为乳腺癌患者，或者将男性患者的数据错误标为健康。这种数据投毒会导致训练数据中乳腺癌的病例大多数来自女性，而男性病例变少。这种数据不平衡会使模型出现偏差，系统性地高估女性患乳腺癌的风险，忽视男性患乳腺癌的可能性。尽管男性患乳腺癌的比例较低，但并不意味着男性完全不会患乳腺癌。实际上，偏差的来源并非乳腺癌的真实性别分布，而是训练数据中的女性病例过多。如果模型在这种情况下被应用于临床，它可能会导致医生错误地将健康女性诊断为乳腺癌患者，导致不必要的医疗检查和心理压力；也有可能会低估男性患者的乳腺癌风险，甚至错过重要的诊断机会，延误治疗。

2. 模型安全的公平性与透明性

人工智能模型安全不仅涉及技术层面的防护，还应重视其决策过程的公平性与透明性。这些因素对模型的社会接受度以及伦理合规性具有深远影响，决定了人工智能是否能在实际应用中得到广泛的信任和有效的使用。

（1）算法偏见与公平性问题

算法偏见是指人工智能系统在做出决策时，表现出对某些特定群体或特征的不公平对待。这种偏见通常源自训练数据的不均衡或历史数据中的固有偏差，往往在无形中影响了模型的判断，从而导致结果的不公正。算法偏见不仅可能影响决策的公平性，还可能加剧社会上的不平等现象，产生广泛的负面影响。

例如，有一个招聘系统，负责筛选和推荐候选人。如果这个系统的训练数据主要来自过去的招聘历史，其中大部分成功的候选人是男性，而女性的比例很低。那么，模型在学习过程中可能会倾向于选择男性候选人，从而导致性别歧视。这种情况虽然看似"客观"，但其实它反映了历史数据中性别比例的不平衡，而非真实的能力差异。

类似的偏见在多个领域都有可能出现，比如金融贷款、医疗诊断、司法判决等。如果模型在这些领域受到偏见的影响，可能会导致对某些群体的系统性不公平。例如，某些人群可能会被错误地标记为高风险，而其他群体则被低估了风险，这样的算法偏见不仅违背了公平原则，还可能加剧社会不平等，加深对弱势群体的歧视。

为了避免算法偏见，开发者需要更加注重训练数据的多样性和代表性，确保数据覆盖不同群体的特征，避免由于某些群体的样本过多或过少而引入偏差。同时，还需要定期对模型的输出进行公平性检查，确保其决策不偏向任何特定群体或个体，做到真正的公正和无歧视。通过这些措施，能够减少算法偏见，推动建设更加公平和公正的人工智能系统。

（2）透明性与可解释性的重要性

在人工智能领域，透明性和可解释性是非常重要的概念。深度学习模型（如神经网络）因其复杂性和高维数据处理能力，常被形容为"黑箱"，即它们的内部工作原理和决策过程难以直观理解。尽管如此，确保人工智能系统在某种程度上的透明性和可解释性，依然是非常必要的。

透明性不意味着人们需要完全理解模型的每一个细节，但它要求模型的决策过程应该是可追溯的。例如，在一个用于医疗诊断的人工智能系统中，应该能够知道模型是根据哪些特征（比如患者的年龄、病史、检查结果等）做出判断的。即使我们不能完全理解模型内部的所有细节，至少要能够知道模型在做出决策时主要考虑了哪些因素。这样，如果模型做出错误判断，开发者可以检查这些关键因素，找出问题所在，并对其进行改进。

可解释性是指当人工智能做出某个具体决策时，能够提供一个合理且易于理解的解释。比如，假设一个深度学习模型在判断乳腺癌是否存在时给出"阳性"的结果，模型能够解释为何做出这样的判断，例如"根据患者影像中发现的肿块形态和大小，模型认为有较高的癌症风险"。虽然人们无法详细解释神经网络内部每一个部分的作用，但通过一些技术手段，可以更好地理解哪些因素在模型的决策中起了主导作用。

提升透明性和可解释性，并不意味着要完全"拆解"复杂模型，而是要在模型的设计和应用过程中，确保决策的合理性能够被审查和理解。这样不仅能够增强用户对模型的信任，也可以帮助开发者发现和修正潜在的错误，确保人工智能系统在实际应用中的安全性和公平性。

5.3.2 责权归属与社会责任

人工智能技术的迅猛发展及其在各行各业的广泛应用引发了关于责任归属和社会影响的深刻讨论。AI 的决策和行为可能对社会产生深远影响，如何界定其责任归属，成为亟待解决的问题。

1. AI 决策的透明度与责任归属

AI 系统的决策过程通常缺乏透明度，导致其行为难以追溯和理解。这种"黑箱"特性使得在出现问题时，责任归属变得复杂。

例如，当自动驾驶汽车发生交通事故时，常常无法明确追究责任。例如，一辆自动驾驶汽车发生致命事故，事故中一名行人被车撞倒并死亡。调查发现，AI 系统没有正确识别行人，导致系统未能及时刹车。这种情况下，责任归属非常复杂。是系统的算法存在问题？还是人类操作员未能及时接管？这个例子表明，AI 的"黑箱"问题让责任追溯变得困难，必须加强 AI 决策过程的透明度，建立清晰的责任链条。

2. 法律与伦理框架的完善

目前，针对 AI 的法律和伦理框架尚不完善。2022 年，我国外交部发布了《中国关于加强人工智能伦理治理的立场文件》，强调应建立并完善人工智能伦理准则、规范及问责机制，明确人工智能的伦理责任。

2023 年，人工智能艺术作品《太空歌剧院》获得了科罗拉多州博览会数字艺术竞赛的第一名，然而它的作者是 AI 工具 Midjourney，而不是人类创作者。这个作品的获奖引发了关于"AI 是否能拥有版权"的争议。在这场讨论中，版权法律的适用引发了极大的关注。美国版权局的裁定认为，只有具备"人类创作者"的作品才能享有版权，而纯粹由 AI 创作的内容不予版权保护。这一案例凸显了 AI 作品版权的法律空白，也促使法律机构更加关注如何完善相关法律框架，规范 AI 创作和人类创作的界限。

3. AI 对就业和社会结构的影响

人工智能的迅猛发展正在深刻影响就业市场和社会结构。随着人工智能技术的广泛应用，许多传统职业面临被取代或转型的风险。以制造业为例，自动化生产线的引入显著提高了生产效率，但也导致了大量低技能劳动力岗位的消失。例如，自动化生产线能够显著提高汽车生产效率，但这也意味着大量的低技能劳动力岗位被替代。但是，AI 对就业市场的影响并非全然负面。AI 的引入不仅能够辅助人类完成一些复杂或高危的任务，还会为人类创造新的就业机会。例如，AI 领域产生的新就业岗位可能有数据分析师、人工智能工程师、机器学习专家、AI 伦理专家、AI 医疗顾问、AI 市场营销、AI 创意师、自动驾驶安全员等。因此，社会需要提前规划，提供再培训和转型机会，帮助劳动者适应新的就业环境。我国教育行政部门部署开发了丰富的慕课（大规模在线开放课程，MOOC）资源，推进建设全民终身学习的学习型社会，促进人人皆学、处处能学、时时可学。总之，AI 对就业和社会结构的影响是复杂而多面的。我们需要积极应对挑战，抓住机遇，推动社会的全面进步。

4. 隐私保护与 AI 伦理

人工智能的发展建立在海量数据基础之上，但这也带来了前所未有的隐私风险。

在模型训练阶段，人工智能系统需要学习包含个人敏感信息的数据集，如医疗记录、金融数据等。如果这些数据未经充分保护，可能对个人权益造成不可逆的损害。而在实际应用阶段，用户与 AI 系统的交互也可能涉及隐私信息的传输和存储，存在被未经授权访问或滥用的风险。人工智能在模型训练和实际使用过程中都需要采取有效的隐私保护措施，以保障用户的个人信息安全，维护用户的信任。

另外，要警惕人工智能的算法模型可能隐含的一些倾向或偏见。人工智能只是一种技术性工具，不要过于依赖。要坚持以人为本的科技发展观念，绝不能让技术凌驾于伦理之上，要以"现实的人"为尺度，提高个体的数字素养和技能，使个体有意识、有能力应对其中存在的价值偏见和风险。

5. 国际合作与治理

AI 技术的全球性特征要求国际社会加强合作，共同制定全球性的 AI 治理框架。例如，联合国教科文组织于 2021 年发布了《人工智能伦理建议书》，该文件旨在为各国制定 AI 伦理政策提供指导，推动全球范围内对 AI 技术进行治理。不同国家的政策和监管框架不一致可能导致技术滥用，因此，国际合作至关重要，只有通过全球范围内的合作和监管，才能确保 AI 技术在全球范围内安全、可控地发展。

由此可见，AI 技术的发展带来了前所未有的机遇和挑战。明确责任归属，完善法律和伦理框架，关注社会影响，是确保 AI 技术健康发展的关键。只有在全社会的共同努力下，才能实现技术进步与社会责任的和谐统一。

思考与拓展

1. 查找人工智能在自己专业领域中的最新应用案例（2~3 个）。结合人工智能的发展趋势，列举未来 4 年自己需要掌握的 3~5 项核心技能，并思考这些技能如何帮助自己在就业时脱颖而出。

2. 人类医生和 AI 医生，你更信任谁？探讨人工智能技术在临床诊断、治疗方面产生的影响。

3. 你会用人工智能完成哪些任务？是否担心人工智能会滥用个人数据。

4. 选择一个 AI 应用场景（如自动驾驶、智能医疗、人脸识别），分析其可能带来的伦理挑战（如隐私泄露、算法偏见、就业替代），并提出相应的解决方案或政策建议。

5. AI 绘制出的画、制作的歌曲、撰写的文学作品等算是艺术吗？应该给予这些作品版权保护吗？

6. 绘制一张人工智能发展历程的思维导图，标记出事件、时间、关键人物及解决的问题。

第 6 章

机器学习

人工智能可以通过多种方式实现,包括使用预先定义的规则(规则推理)、基于人类专家知识的系统(专家系统)以及简单的搜索算法(启发式搜索)。在这些方法中,机器学习尤为重要,因为它能够处理大量数据并自动改进系统的性能。机器学习使计算机能够通过经验学习,适应新情况,而无须依赖固定的编程规则。这种能力使得机器学习成为推动现代人工智能发展的关键技术。本章将深入探讨机器学习的基本概念、主要方法以及实际应用。通过这些内容,大家将能够更好地理解机器学习如何改变我们的学习与工作方式。

本章要点:
① 机器学习的概念与发展历程。
② 机器学习的主要算法。
③ 应用机器学习算法解决问题的常规步骤。
④ 机器学习的求解实例(Python 代码实现)。

6.1 机器学习的概念与发展

6.1.1 机器学习的基本概念

微视频:何谓机器学习

一般来说,机器学习就是运用特定的算法,使计算机能够在参与训练的大量数据中识别出潜在的规律,并据此构建模型以表述这些规律。当新的数据输入时,可以借助这些已经构建的模型进行预测或对数据进行分类,如图 6-1 所示。

具体来说,机器学习的作用就是要寻找一个函数(也就是模型),这个函数的输入就是样本数据,输出就是期望的结果,只是这个函数过于复杂,无法形式化表达。本质上来说,机器学习的目标不仅是让模型在现有数据上表现好,更重要的是让模型能够有效地预测新数据的结果,这就是泛化能力(generalization)。换句话说,泛化是指模型能够从有限的数据中学习到广泛适用的规律,而不仅是记住数据的细节。

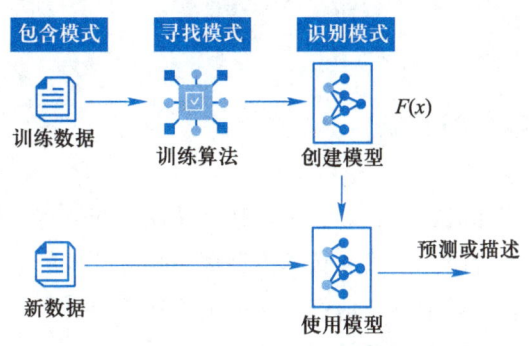

微视频:机器学习基础知识

图 6-1　机器学习基本流程

一个模型的好坏,取决于它的"拟合"能力,拟合指的是模型在训练数据上的表现。如果模型能够准确地从训练数据中提取规律并做出预测,那么就说这个模型拟合得好。一个拟合良好的模型能够准确地预测训练数据中的标签。然而在训练模型的过程中,可能会遇到两个常见的问题:过拟合和欠拟合。

(1)过拟合(overfitting)

过拟合是指模型过度复杂,过于贴合训练数据的细节,甚至包括数据中的噪声和异常值。这样,模型在训练数据上表现得非常好,能够精确地预测训练数据中的结果,但在新数据上表现差,无法泛化。具体来说,就是模型过度"记住"了训练数据中的细节和噪声,而没有学到普遍适用的规律。这样虽然在训练集上的表现很优秀,但在测试集或新数据上的表现却较差。就像一个学生只会死记硬背练习题答案,却无法应对考试时遇到的新题目。

(2)欠拟合(underfitting)

欠拟合是指模型过于简单,无法有效捕捉数据中的重要模式和规律。这通常发生在模型太简单,或者训练不足时。欠拟合的模型在训练数据和新数据上都表现不佳。这就像一个学生只粗略地看了书,没有深入理解内容,导致无法正确回答考试中的问题。

机器学习的特别之处在于它与传统的编程方式截然不同,它具备独特的自学习能力。在传统编程中,程序员需要为计算机提供详尽的指令,告诉计算机每一步应该做什么。而机器学习算法则无须如此烦琐的指导,就让计算机自己从数据中学习,并且随着数据和经验的增加,机器学习算法能够自动地进行改进和优化,机器学习的输出结果也会更加准确。这个过程与人类通过不断练习来提高能力的过程非常相似。

最后,还有一个步骤至关重要,就是模型评估。评估的目的是验证训练出来的模型能否有效地推广到新数据上。常见的评价指标有准确率、精度、召回率、F1 分数、均方误差等。这些指标帮助我们量化模型在测试数据上的表现，以便做出判断并进一步优化模型。

了解了以上这些基本概念之后，大家对机器学习的核心框架就有了基本认知。后续将逐步深入展开介绍。

6.1.2 机器学习的发展

机器学习是人工智能的核心，是一项还在不断发展的技术。机器学习的发展经历了多个重要阶段，每个阶段的突破和技术进展都对整个领域产生了深远影响。下面介绍各个阶段的一些代表性科学家及他们提出的重要技术。

1. 萌芽阶段：从跳棋程序到机器学习概念

机器学习的起源可以追溯到 20 世纪 50 年代。1952 年，IBM 公司的亚瑟·塞缪尔（Arthur Samuel）开发了一个跳棋程序，这是首个能够通过经验自我改进的系统。这个程序能够通过观察当前位置学习到一个隐含的模型，进而为后续下棋动作提供更好的指导。塞缪尔发现，这个游戏运行时间越久，它的棋艺就越好。通过这个游戏，塞缪尔认为机器可以像人类一样写代码和学习。1959 年，塞缪尔在其论文中首次提出了"机器学习"这一术语，将其定义为：无须显式编程就能赋予计算机学习能力的研究领域。这一突破为机器学习奠定了理论基础，开启了人工智能研究的新方向。

2. 感知突破：神经网络的诞生

1958 年，弗兰克·罗森布拉特（Frank Rosenblatt）提出感知机（perceptron），这是首个模拟人类感知能力的数学模型。感知机通过迭代试错的方式学习，能够对线性可分的数据进行分类。这是首个可以学习的人工神经网络，可以做到不依靠人工编程，仅靠机器学习来完成一部分的计算机视觉和模式识别方面的任务。

微视频：神经网络的发展

然而，这种早期神经网络是一种简单模型，只能在特定特征下对线性可分的数据集进行分类。例如，可以在平面内画出一条线对该平面内的数据进行二元分类，但其在处理非线性问题时存在限制。感知机的发展意义重大，因为它引入了训练算法的概念，为后续神经网络的发展奠定了基础。

1969 年马文·明斯基在 *Perceptrons* 一书中指出了感知机的局限性。明斯基首先通过数学方法证明了感知机无法解决非线性分类问题，例如，感知机无法对异或数据进行划分，解决这一问题需要引入更高维非线性网络（至少需要两层）。然后又证明了多层感知机的复杂度会导致连接数据急剧膨胀，却没有有效的训练算法。因为在 20 世纪 60 年代，计算机的计算性能还远远不够。明斯基的这些评论沉重打击了神经网络研究，神经网络研究开始走向低潮，被称为 AI 寒冬。然而，这一阶段也为后续神经网络的复兴埋下了伏笔。

3. 算法革新：多层网络训练方法突破

在神经网络研究遇冷的年代里，依旧有部分学者坚信神经网络才是 AI 的未来。1974 年，保罗·维波斯（Paul Werbos）在他的博士论文中提出了通过误差的反向传播来训练人工神经网络，即反向传播（back propagation，BP）算法。1986 年，由大卫·鲁梅尔哈特、杰弗里·辛顿和罗纳德·威廉斯等人合著的 *Introduction to Machine Learning* 一书中论证了反向传播算法可以解决多层感知机无法自动更新权值的问题，使得神经网络能够学习并存储大量的输入输出模式映射关系。这些著作让反向神经网络算法获得了认可，并引发了一场人工神经网络研究领域的"文艺复兴"。

1989 年，乔治·西本科（George Cybenko）证明了"通用近似定理"（universal approximation theorem），又称万能近似定理，从理论上证明了神经网络具有逼近任意复杂函数的能力。举个例子，假设你是一位厨师，想要用各种食材（输入 x）烹饪出一道特定的菜肴，即函数 $f(x)$ 的味道。万能近似定理说明，只要你拥有足够多的烹饪工具（隐藏层神经元）和烹饪技巧（非线性激活函数），你就可以烹饪出任何想要的菜肴味道，无论这道菜有多么复杂。万能近似定理为神经网络的强大表达能力提供了理论支持，解释了为什么神经网络能够用于各种复杂的函数逼近任务。这就从根本上消除了明斯基对神经网络表达力的质疑。

"卷积神经网络之父"杨立昆（Yann LeCun）在 20 世纪 80 年代提出了卷积神经网络（convolutional neural network，CNN）的概念，并成功应用于手写数字识别等实际问题。CNN 通过模拟人脑视觉皮层的层级结构，能够高效地处理图像数据，这在当时是前所未有的。杨立昆的工作不仅展示了神经网络在特定任务上的强大能力，也为后来深度学习（deep learning）在图像处理领域的广泛应用奠定了基础。

4. 维度挑战：特征降维与模型解释

随着数据维度越来越高（比如一张图片包含数百万像素），科学家面临两个挑战：如何从海量数据中提取有用信息，以及如何让人理解复杂模型的工作逻辑。

最早的数据降维技术可以追溯到 20 世纪初提出的主成分分析（principal component analysis，PCA）方法。该方法由卡尔·皮尔逊（Karl Pearson）在 1901 年首次提出，哈罗德·霍特林（Harold Hotelling）在 1933 年进一步拓展。它能自动找出数据中最重要的变化方向，比如，可以将人脸图片的数千个像素压缩为几十个核心特征。尽管其提出时间较早，但其在高维数据处理中的核心作用仍然不可忽视。与此同时，线性回归（linear regression）和逻辑斯谛回归（logistic regression）因其简单透明的计算方式被广泛使用。例如，在房价预测中，模型会直接显示"面积每增加 $1\,\text{m}^2$，房价上涨 500 元"这样的明确关系。

当数据关系变得复杂时，尤其是涉及非线性关系时，线性回归和逻辑回归的可解释性优势逐渐减弱。此时，决策树（decision tree）的提出标志着可解释性模型的重要突破。1986 年，罗斯·昆兰（Ross Quinlan）提出的决策树算法（ID3 算法）通过将决策过程可视化为树状结构，使得每个决策节点和分支都清晰可见。这种结构使得复杂的数据模式能够被拆解为更易理解的决策规则，显著增强了模型的可解释性。例如，判断贷款申请是否通过时，模型会逐步检查"收入是否超过 5 万元""信用评分是否达标"等条件。1995 年提出的支持向量机（supported vector machine）则通过数学方法将数据映射到高维空间，有效处理复杂分类问题，例如，准确区分正常邮件和垃圾邮件。

随着神经网络变得难以理解，科学家开发了专门的解释工具。2016 年，马科·图利奥·里贝罗（Marco Tulio Ribeiro）等人提出的 LIME（local interpretable model-agnostic explanations）技术能针对单个预测生成解释。例如，指出图像分类为"猫"是因为检测到胡须和尖耳朵。2017 年，斯塔特·伦德伯格（Scott Lundberg）和李秀寅（Su-In Lee）提出的 SHAP（Shapley additive explanations）算法，通过量化每个特征的贡献值，能够像账单明细一样显示"收入过低导致贷款被拒"的具体影响程度。这些先进技术使得即使在面对复杂的高维数据和任务时，用户也能够理解模型的预测依据，进一步推动了机器学习模型的透明度和可解释性。

5. 感知飞跃：深度学习技术突破

21 世纪初，计算能力的提升和数据量的爆炸式增长推动了深度学习的崛起。当任务涉及图像、语音这类复杂非线性数据时，传统的机器学习方法逐渐暴露出局限性。深度学习技术的突破在于其能够自动提取数据特征，而不依赖人工设计规则。在图像识别和语音识别这些感知任务中，取得了前所未有的成功。

2006 年，辛顿提出的深度信念网络（deep belief network，DBN）是深度学习发展的早期里程碑。深度信念网络通过构建多层神经网络，能够自动提取数据中的高级特征，从而更好地处理复杂的非线性问题。不同于传统的机器学习方法，深度学习依赖端到端的学习方式，不再需要依赖手工设计的特征，极大地提高了模型的性能。

2012 年，李飞飞主持创建了 ImageNet，这是一个大规模的图像数据集，涵盖了超过 1 400 万张图像，并标注了超过 1 000 种类别。该数据集为训练深度学习模型提供了丰富的标注数据，成为图像识别领域的重要基准。同年，由亚历克斯·克里热夫斯基（Alex Krizhevsky）领导的团队基于 ImageNet 数据训练的 AlexNet 在图像识别竞赛中击败所有传统方法夺冠。AlexNet 通过卷积神经网络显著提升了图像分类的准确性，标志着深度学习在图像识别领域的突破。

深度学习在语音识别、医疗影像分析等领域也取得显著进展。Google 公司在 2014 年基于深度学习技术，显著提升了其语音识别系统的准确率。深度学习模型能够处理复杂的语音信号，并自动学习这些信号的时间和频率特征，使得语音识别技术在实际应用中获得了质的飞跃。

微软公司在 2015 年推出的残差神经网络（ResNet），通过改进网络结构，使模型深度达到 152 层。在 ImageNet 竞赛中，该模型的表现超过了人类水平，图像识别错误率降至 3.6%（低于人类的 5.1%），巩固了深度学习在视觉识别领域的领先地位。

这一阶段，机器在处理视觉数据、语音信号时的表现达到了新的高度。这项技术让医疗影像诊断准确率超过资深放射科医生，也使手机语音助手的识别准确率从 70% 提升到 95%。深度学习通过直接分析原始数据（如像素或声波），避免了传统方法需要手动提取特征的烦琐过程。深度学习的崛起和感知任务的突破，标志着机器学习进入了一个新的纪元。

6. 认知升级：从模式识别到推理决策

深度学习取得感知任务的重大突破后，机器学习的应用逐渐扩展到更复杂的决策任务和自然语言处理（natural language processing，NLP）领域。这一阶段的突破标志着机器学习不仅能够处理视觉、语音等感知任务，还具备了在复杂环境中做出决策的能力，同时能够理解和生成自然语言。

机器学习在复杂决策任务中的应用最早体现在围棋和竞技游戏 DOTA 2 这类高复杂度的战略游戏中。围棋是一种可能性极其庞大的游戏，其复杂性远超国际象棋。2016 年，Google 公司 DeepMind 团队开发的 AlphaGo 通过结合深度学习与强化学习（reinforcement learning）技术，在围棋比赛中击败了世界围棋冠军李世石，引起全球瞩目。两个神经网络合作，一个用于快速判断落子位置，类似于直觉；一个用于深入分析局势走向，类似于推理。AlphaGo 不仅能够通过大量历史棋谱进行训练，还能通过自我对弈不断优化决策策略。

2018 年，OpenAI 团队开发的 OpenAI Five 在多人在线战略游戏 DOTA 2 中对抗人类顶尖玩家，再次展示了 AI 在复杂实时战略任务中的强大能力。DOTA 2 是一款需要高度团队协作和实时决策的游戏。OpenAI Five 通过强化学习技术，学会了在快速变化的游戏环境中制定实时策略，并与队友协作赢得比赛。这标志着 AI 在处理复杂决策问题时，能够在多维度上做到与人类相媲美。

与复杂决策任务突飞猛进的同时期，机器学习在自然语言处理领域也取得了巨大的进展。早期的自然语言处理依赖规则和统计模型，但这些方法在处理复杂的语言任务时局限性明显。随着深度学习的引入，尤其是 Transformer 模型的提出，NLP 技术迎来了质的飞跃。

2018 年，OpenAI 发布了基于 Transformer 架构的 GPT-2（generative pre-trained transformer 2），这是一个生成式预训练模型。GPT-2 通过预训练与微调，使其能够在大型语料库中学习语言结构和规律，从而在语言生成、文本理解等方面表现出色。真正的突破发生在 2020 年发布的 GPT-3。GPT-3 拥有 1 750 亿个参数，能够处理复杂的语言任务，包括写作、翻译、问答等，并展现出前所未有的语言生成能力。2022

年发布的 GPT-3.5 进一步提升了模型的逻辑推理能力和对复杂语境的处理效果。2023 年发布的 GPT-4 在多项语言基准测试中表现出了超越人类的理解与生成能力。GPT-4 不仅能理解文字，还能解释图表、编写程序代码。这得益于"预训练+微调"的新方法，也就是先让模型通过大量数据学习通用知识，再用特定任务数据调整细节，就像学生先广泛学习各科知识，再专攻某个领域。

2025 年初，DeepSeek 团队在机器学习领域取得了显著的进展。他们提出了新型的注意力机制（MLA），替代了传统的多头注意力（MHA），大幅减少了计算量和推理显存。此外，DeepSeek 还提出了 GRPO（group relative policy optimization）算法。这是一种强化学习算法，通过从群体得分中估算基线，显著减少了训练资源的需求。这些创新使得 DeepSeek 能够在有限的计算资源下训练出性能优异的大规模模型，推动了机器学习技术的发展。

这一阶段中，机器学习通过深度学习和强化学习，成功攻克了复杂决策任务，并在自然语言处理领域实现了显著突破。从 AlphaGo 下围棋，到 GPT-o1，再到 2025 年初引爆全球的 DeepSeek，机器学习在解决复杂问题和处理自然语言的能力上取得了飞跃，标志着人工智能进入了一个更加智能、更加灵活的阶段。

6.2
机器学习的主要算法

根据使用的数据和训练方式不同，机器学习一般有 3 种技术类型：监督学习、无监督学习和强化学习。

（1）监督学习是使用已标记的数据集进行训练，其中每个数据都有明确的标签或目标输出。这种方法主要用于分类和回归任务，例如，识别图像中的对象或预测房价。

微视频：机器学习的分类与算法

（2）无监督学习处理未标记的数据，旨在从数据中发现隐藏的模式或结构。例如，聚类算法可以将数据分组为相似的类别，而降维技术可以简化数据集的结构，以便更容易分析。无监督学习不依赖目标输出，而是关注数据本身的内部结构。

（3）强化学习是一种通过与环境互动和获得反馈的方式来训练的算法。算法在探索不同的策略时，根据环境反馈获得奖励或惩罚，从而优化决策过程。强化学习广泛应用于游戏、机器人控制和自动驾驶等领域。

本书还介绍一种半监督学习算法，主要是因为高质量已标记数据量获取困难，而未标记数据却很丰富，因此半监督学习能够在标记数据不足的情况下，仍然有效地训练机器学习模型，尤其在标记数据稀缺时非常有用。例如，它可以用于文本分类和图像识别任务。

6.2 机器学习的主要算法

图 6-2 展示了人工智能、机器学习主要算法之间的关系。神经网络的含义相对广泛，涵盖了所有类型的神经网络模型，不论其深度如何。深度学习是神经网络的重要分支，特指使用深层神经网络的机器学习方法，强调模型的深度和复杂性。深度学习模型通常需要大量的标记数据来进行训练，以便学习到有效的特征表示。然而，它们也可以处理未标记的数据，并通过监督学习或无监督学习方法来挖掘数据中的结构或模式。强化学习是机器学习的一个子领域，与神经网络和深度学习有一定的交叉，但它的核心概念和方法都是独特的。

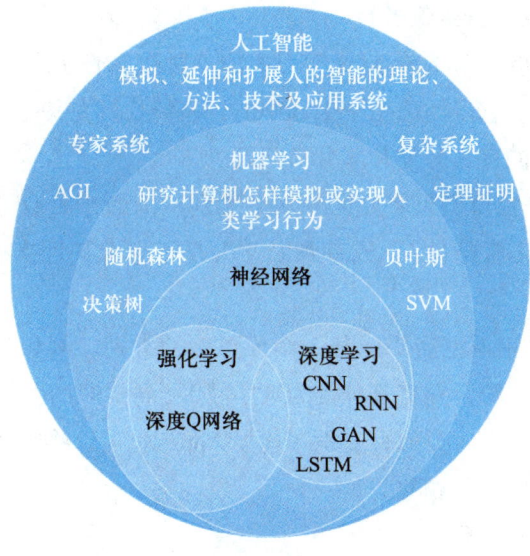

图 6-2 主要概念之间的关系

6.2.1 监督学习

监督学习（supervised learning）是机器学习中最基础且应用最广泛的方法。它通过学习带有正确答案的数据来提升预测能力。就像学生在准备考试时，不仅要做很多练习题，还要知道每道题的正确答案，以确保自己做对了。通过反复练习这些题目，学生逐渐学会如何解决类似的问题。在监督学习中，模型的学习过程与此类似。它学习的是一组带有正确分类标签的数据（可以理解为题目和答案），并通过这些数据训练自己。当模型遇到新的数据时，它能够根据之前学到的知识预测新的答案。监督学习过程如图 6-3 所示。

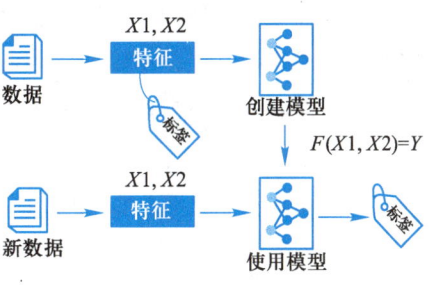

图 6-3 监督学习过程

在监督学习中，输入的数据通常被称为"训练数据"。每组训练数据都有一个明确的标记或结果。模型的学习过程就是将预测结果与这些训练数据中的真实结果进行比较。如果模型的预测不够准确，算法会自动调整，直到它能更好地预测新数据。这个过程就像学生在做练习题时，检查自己做对了没有，错了的地方会不断修正，直到做对为止。

监督学习适用于那些目标明确、历史数据充足的任务，主要应用场景有两类，即判断类别归属（分类任务）以及预测具体数值（回归任务）。

1. 判断类别归属（分类任务）

分类任务（classification）是监督学习中的一种基本任务，目标是将数据划分到预先定义好的类别中。它广泛应用于生活中的许多场景，尤其是那些需要明确区分不同类别的场景。常见的有二分类和多分类问题。

① 二分类问题是指模型只需要区分两个类别。例如，模型可以判断一封邮件是"垃圾邮件"还是"正常邮件"，或者判断某人是否患有某种疾病，结果是"患病"或"未患病"。

② 多分类问题是指模型需要区分 3 个或更多的类别。例如，在车牌识别中，模型需要识别图像中的字符，并将其分类为数字"0"到"9"、英文字符"A"到"Z"以及某些特定的中文字符。类似百度识图这类 App，也可以将图片识别并归类为不同的类别（如动物、建筑物、植物等）。

（1）分类任务的常用算法

逻辑斯谛回归（logistic regression）算法，虽然名字中带有"回归"，但实际上它是一种用于解决二分类问题的统计学习方法。该算法由 David Cox 在 1958 年提出，它通过数学函数将输入特征转换为 0 到 1 的概率值，再根据设定的阈值进行分类。下面通过具体的例子来详细阐述逻辑回归的应用及其局限性。

最典型的例子就是垃圾邮件判断。在电子邮件服务中，逻辑斯谛回归算法可以分析邮件的内容、发件人地址、邮件标题等特征，将这些特征输入到逻辑斯谛回归模型中，模型会输出一个 0 到 1 的概率值，表示该邮件是垃圾邮件的可能性。设定一个阈值（如 0.5），当概率值大于阈值时，将该邮件判定为垃圾邮件；反之，则判定为正常邮件。通过这种方式，逻辑斯谛回归算法能够有效地帮助用户过滤掉大量的垃圾邮件，提升邮件服务的用户体验。

虽然逻辑斯谛回归算法在二分类问题中表现出色，且计算效率高，但它对数据的要求较高，需要数据具有近似线性可分的特性。当分类边界呈现复杂曲线时，逻辑斯谛回归的准确率就会受到限制。

（2）分类模型的评估

常用的评估指标包括准确率、精确率、召回率、F1 分数等。

① 准确率（accuracy）。准确率表示模型正确分类的比例，是最基础的指标。计算方式是正确分类的样本数除以总样本数。例如，如果一个模型在测试集上的准确率是 90%，说明它在 100 个样本中正确分类了 90 个，错误分类了 10 个。

② 精确率（precision）。精确率表示模型预测为某个类别的样本中，有多少是真正正确的。举个例子，如果模型预测的垃圾邮件中有 80% 是实际垃圾邮件，那么精确率就是 80%。

③ 召回率（recall）。召回率表示模型能找出所有实际属于某个类别的样本中的多少。例如，如果实际有 100 封垃圾邮件，而模型找到了 80 封，那么召回率就是 80%。精确率和召回率这两个指标通常一起使用，因为它们提供了对模型在某个类别上的性能的不同视角。在处理类别不平衡的情况时，它们特别有用。

④ F1 分数（F1 score）。F1 分数是精确率和召回率的调和平均数，是一种综合评分，它在精确率和召回率之间找到平衡。F1 分数的范围是 0 到 1，值越高表示模型在精确率和召回率之间的平衡越好。这个指标在类别不平衡的情况下特别重要。例如，在医疗检测中，F1 分数可以帮助我们确保模型既能减少漏诊（高召回率），又能减少误诊（高精确率）。

2. 预测具体数值（回归任务）

回归（regression）主要用于预测一个连续变化的数值，如股票价格波动的预测、房屋价格的预测等。通过估算目标结果的标签与一个或多个特征变量之间的关系，以预测连续数值。常见的回归算法有线性回归、决策树回归和随机森林回归等。

（1）常用算法

① 线性回归（linear regression）。线性回归是最简单的预测模型，用于处理数值型预测问题。它假设输入特征与目标变量之间存在线性关系。它的核心思想是寻找一条最佳拟合直线（在二维空间中）或一个平面（在更高维空间中），使得所有数据点到这条直线或平面的距离之和最小。

假设我们要预测房价，特征可能包括房屋面积、房间数量等。如果这些特征与房价大致呈线性关系（比如"面积每增加 1 m^2，房价上涨 500 元"），那么线性回归就是一个很好的选择。但是，线性回归算法假设数据关系是线性的，当特征之间有多重复杂关联时（比如房价同时受地段、学区、房龄等多因素非线性影响），预测效果会明显下降。

② 决策树回归（decision tree regression）。决策树回归是通过构建一个树状的决策规则来进行分类，非常接近人类的决策过程。树的每个节点代表一个特征的条件判断，每个分支代表一个判断结果的路径，叶节点代表最终的预测值。决策树能够捕捉

非线性关系,并且模型结果容易解释。

假设有一个数据集,记录了某地不同天气条件下的每日最高温度。决策树可能会这样划分:如果季节是夏天,并且湿度低于80%,那么预测温度为30℃;如果湿度高于80%,那么预测温度为25℃。这样的规则很容易理解,也符合大家的日常经验。

决策树回归算法能自动发现特征之间的非线性关系,且决策路径可视化(类似流程图),但容易过度依赖训练数据中的特殊规律(比如偶然出现的异常案例),导致在新数据上表现不稳定。为此,后续发展出了随机森林等改进算法,通过组合多棵决策树来提升稳定性。

③ 随机森林回归(random forest regression)。随机森林回归是决策树回归的升级版,一般是在对数据维度要求相对较低(几十维),同时对准确性要求较高的场景下使用。它是通过建立多棵相互不关联的决策树,通过并行的方式获得预测结果。每棵决策树都能通过抽取的样本和特征得出一个预测结果,通过综合所有树的结果取平均值,得到整个森林的回归预测结果。

例如,股票价格受多种因素影响,包括市场情绪、经济指标、公司业绩等。这些因素之间可能存在复杂的交互关系,随机森林能够捕捉这些关系,并提供更稳健的预测。

(2)回归模型的评估

评估回归模型的主要目的是衡量模型对未知数据的预测能力。常用的评估指标包括均方误差(MSE)、平均绝对误差(MAE)和决定系数 R^2。

① 均方误差(mean squared error,MSE)。均方误差计算的是预测值与实际值之间差的平方的平均值。因为平方项会放大较大误差的影响,因此对异常值(误差)非常敏感。这意味着异常值会对最终的评估结果产生更大的影响。

MSE在没有异常值或异常值较少的情况下表现较好。如果异常值过多,MSE可能会导致模型评估过度偏高或偏低。

② 平均绝对误差(mean absolute error,MAE)。平均绝对误差计算的是预测值与真实值之间的绝对差值的平均,较少受到异常值的影响。由于它不对误差的平方进行加权,因此对大误差(异常值)不像均方误差那样具有过度的敏感性。

MAE对于异常值更稳健,避免大误差对评估结果的影响,适用于异常值较多的情况。

③ 决定系数 R^2(R-squared)。R^2 是用于衡量回归模型对数据变异性的解释程度。R^2 的值介于0和1,其中1表示模型完美拟合数据,R^2 值越接近1,说明模型拟合越好,能够较好地解释数据的变异性。如果 R^2 是0.8,表示该模型解释了80%的变异性。

然而，R^2 有一个潜在问题，也就是它可能会受到异常值的影响。如果数据中存在极端的异常值，R^2 可能会夸大模型的拟合度，因为异常值会严重影响回归线的位置，从而导致较高的 R^2 值，这就给出了一个不准确的模型评估。因此，R^2 在有大量异常值时可能失去其作为模型评估标准的可靠性。因此，使用 R^2 评估模型时，如果 R^2 值异常高，可能要警惕异常值对模型评估的影响。

6.2.2 无监督学习

无监督学习（unsupervised learning）是机器学习中一种不需要"标准答案"的学习方式，就像一个人在没有老师指导的情况下，通过观察和整理杂乱的信息自己发现规律。它使用机器学习算法分析和聚类未标记数据集（称为"簇"的子集）。这些算法发现隐藏的模式或数据分组，而无须人工干预。

无监督学习与监督学习相比，样本集中没有预先标注好的分类标签，也没有预先给定的类别，更不会告诉计算机怎么做，而是让计算机自己去学习如何对数据进行分类，然后对那些正确分类行为采取某种形式的激励。这种学习方式有助于研究者发现一些先前未知的数据规律。无监督学习适用于3类探索性任务：发现群体特征（聚类分析）、简化复杂数据（降维处理）以及挖掘关联规则（模式发现）。

1. 发现群体特征（聚类分析）

聚类分析（cluster analysis）是一种无监督学习技术，主要用于将数据样本划分成多个类别或簇（cluster），使得在同一簇内的数据相似性较高，不同簇之间的数据相似性较低。聚类分析的目标是在不需要预先定义类别的情况下，发现数据中的内在结构和模式。

聚类分析典型应用包括电商平台根据用户的浏览和购买记录自动划分出"母婴用品爱好者""电子产品发烧友"等消费群体（图6-4），生物学家通过基因表达数据发现具有相似特征的细胞类型，新闻网站将海量文章按内容主题自动归类。

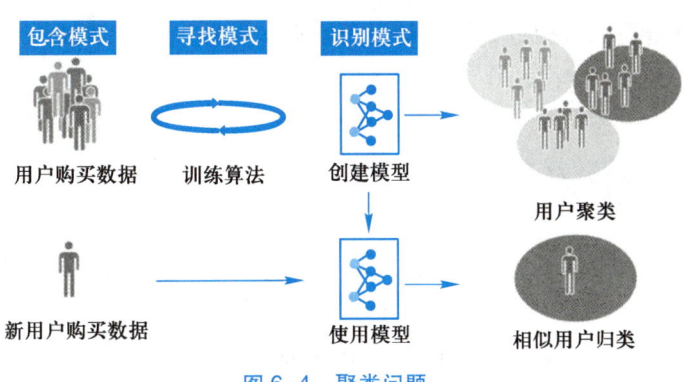

图6-4 聚类问题

K-Means 算法由 MacQueen 在 1967 年提出。它是针对给定的样本集，按照样本之间的距离大小，将样本集划分为 K 个簇。让簇内的点尽量紧密地连在一起，目标是使同一簇内的数据点之间的距离最小。

例如，商场通过顾客的到店频率、消费金额等特征，自动识别出"高频高消费""低频低消费"等客户类型。但需要预先指定分组数量，且对异常值敏感。

2. 简化复杂数据（降维处理）

当数据包含太多冗余信息时使用，就像整理旅行箱时把厚重外套换成轻便衣物，保留必需品的同时减少体积。典型的应用场景包括将百万像素的人脸图片压缩为 50 个核心特征，方便快速比对，把包含上百项指标的财务报表简化为"盈利能力""运营效率"等关键维度。

主成分分析（PCA）由 Karl Pearson 于 1901 年首次提出，后来由 Harold Hotelling 在 1933 年独立发展。它是针对一些维度较高的数据集，通过保留数据集中最主要成分来减少数据的维度。这种方法能够自动识别数据变化最大的方向（主成分），然后将原始数据投影到这些主成分上，同时舍弃次要成分保留核心特征。

例如，在基因研究中，将数千个基因表达维度压缩到 3 个主要成分，就能在三维空间直观展示样本差异。但可能丢失细节信息，需要权衡保留维度数量。

3. 挖掘关联规则（模式发现）

当需要发现数据中隐藏的关联性时使用，就像超市发现"买尿布的顾客常同时购买啤酒"这样的有趣规律。它的典型应用包括常见的个性化推荐系统，医学研究寻找某些症状与疾病的潜在关联，网络安全检测异常行为模式。

Apriori 算法是由 Rakesh Agrawal 和 Ramakrishnan Srikant 于 1994 年提出，是一种在机器学习中广泛应用的关联规则挖掘算法。该算法特别适用于从事务数据库中发掘数据项之间的潜在联系，例如，在电子商务平台中分析顾客的购物习惯。

例如，在一家销售服装和鞋子的电商平台上，当顾客搜索并选择一双黑色正装鞋加入购物车时，系统可能会推荐其他商品，比如袜子。这种推荐机制的背后，很可能就应用了 Apriori 算法，通过分析大量交易数据，识别出鞋子与袜子之间的关联购买模式，从而实现智能推荐。

6.2.3 半监督学习

当获取足够数量的标记数据非常困难或者昂贵，而获取大量非标记数据相对容易时，半监督学习（semi-supervised learning）在监督学习和无监督学习之间提供了一种折中方案。在训练过程中，它使用较小标记数据集指导从较大未标记数据集中进行分类和提取特征。半监督学习可以解决监督学习算法没有足够多标记数据的问题。如果标记足够多数据的成本太高,这也会有所帮助。

半监督学习介于监督学习与无监督学习之间,其主要解决的问题是利用少量的标注样本和大量的未标注样本进行训练和分类,从而达到减少标注代价、提高学习能力的目的。在此学习方式下,输入数据部分被标注,部分没有被标注,这种学习模型可以用来进行预测,但是该模型首先需要学习数据的内在结构以便合理地组织数据进行预测。

应用场景包括分类和回归,算法包括一些对常用监督学习算法的延伸,这些算法首先试图对未标注数据进行建模,在此基础上再对标注的数据进行预测,如图论推理(graph inference)算法或者拉普拉斯支持向量机(Laplacian SVM)等。

6.2.4 强化学习

强化学习(reinforcement learning)是一种类似于监督学习的机器学习模型,但算法不是使用样本数据训练的。强化学习是一种机器学习方法,主要通过智能体(agent)与环境的交互来学习最优决策策略。在强化学习中,智能体通过执行动作,观察环境的变化,并根据这些变化获得奖励信号,从而调整自己的行为以最大化累积奖励(图6-5)。

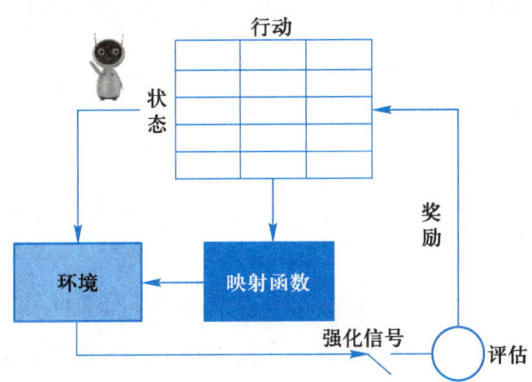

图 6-5　强化学习中智能体和环境间迭代式交互过程

强化学习的核心在于智能体与环境的交互。每一轮交互中,智能体根据当前状态选择一个动作,环境根据这个动作返回新的状态和奖励。奖励可以是正向的(如获得了预期结果)或者负向的(如发生了不利变化),这会影响智能体的未来决策。

智能体的目标是最大化其在多轮交互中获得的累积奖励。为了实现这一目标,智能体必须根据每一轮交互后获得的奖励信息,评估自己的决策是否合适。奖励信号是智能体用来调整未来行为的关键依据,通过反馈机制,智能体不断优化自己的决策策略。此外,智能体不仅关注当前的即时奖励,还会考虑长远的奖赏,即每个动作带来的后续奖励的期望总和。这个过程被称为"奖励评估"或"价值评估",通过这种评估,智能体能够判断哪种决策最可能获得高额的累计奖励。

强化学习的过程就像训练一只宠物。你若希望宠物做出某种行为(比如坐下),那么当它做对了,你就要奖励它,当它做错了,你就不要奖励。通过不断地尝试和反馈,宠物自己学会哪些行为是对的,哪些行为是错的。

强化学习是一种通过与环境交互来学习决策的技术,经常应用于需要动态决策和自我调整的任务中,如游戏训练、机器人控制和动态决策系统。强化学习的一个经典应用是 2011 年 "Jeopardy!" 挑战赛中的 IBM Watson 系统。Watson 通过强化学习算法决定何时回答问题、如何选择问题的优先级以及如何下注,尤其在面对每日双倍投注问题时做出策略决策。这种算法帮助系统在复杂的环境中做出最优选择,最大化其得分。

另一个著名例子是 AlphaZero,它通过自己与自己下棋数百万次,自学了围棋的技巧,并最终击败了 AlphaGo。AlphaZero 的成功展示了强化学习在复杂博弈中的潜力,它通过不断自我对弈、调整策略,最终找到了最优的棋局决策方法。

此外,机械臂也是强化学习的一个应用示例。机械臂通过尝试抓取不同物体,依据反馈信息调整自身动作,最终学会如何精准操控物体。网约车平台也使用强化学习来实时优化派单路径,确保乘客和司机的匹配更加高效。

本书不对强化学习进行详细介绍,对这一部分内容感兴趣的读者,可以再查找相关资料自主学习。

6.3 机器学习的步骤

机器学习的核心在于自动地从数据集中提取规律,并训练出相应的模型,以便对新的数据进行处理。那么,如何有效地学习这些规律呢?首先,需要对现有的数据集进行深入分析,识别其特征,并确定目标任务所归属的问题类别。然后,依据 6.2 节所介绍的多种算法,挑选最适合的算法来训练模型。在实际操作时,机器学习的过程一般可以分为 6 个步骤,如图 6-6 所示。

首先,将数据分为训练集和样本集(已知训练集的类别标记),通过选择合适的机器学习算法,将训练数据训练成模型,通过模型对新样本集进行类别标记。

1. 数据收集

数据的数量与质量决定了机器学习模型的性能和最终预测结果的好坏,这一步非常重要。一旦我们确定了数据源,接下来的步骤就是仔细分析数据的特点,包括数据的类型、分布、维度以及噪声水平等。基于这些分析,我们可以选择最适合当前数据特点的机器学习算法，从而确保模型能够有效地从数据中学习并做出准确的预测。

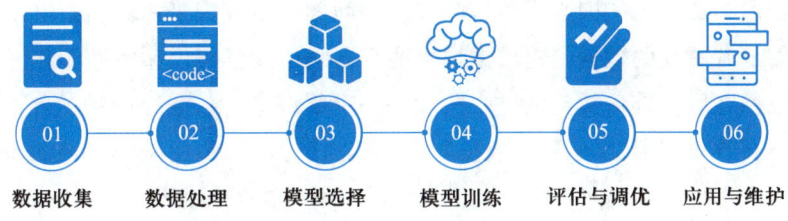

图 6-6　机器学习实操的 6 个步骤

以"肥胖预测"这个任务为例，这里从开放数据平台 kaggle 下载了一个合适的数据集，如图 6-7 所示。这个数据集提供了与个人的人口统计、生活习惯和健康指标相关的信息，包括年龄（Age）、性别（Gender）、身高（Height）、体重（Weight）、身体质量指数（BMI）、物理活动水平（Physical Activity Level）等关键变量，并给出了对应的肥胖类别。

Age	Gender	Height	Weight	BMI	Physical Activity Level	Obesity Category
56	Male	173.5752624	71.98205082	23.89178262	4	Normal weight
69	Male	164.1273058	89.95925553	33.39520945	2	Obese
46	Female	168.0722021	72.93062927	25.81773746	4	Overweight
32	Male	168.4596328	84.88691247	29.91224698	3	Overweight
60	Male	183.5685677	69.0389455	20.48790306	3	Normal weight
25	Female	166.4056273	61.14586775	22.08162832	4	Normal weight
78	Male	183.5663338	92.20852083	27.36434056	3	Overweight
38	Male	142.8750951	59.35974568	29.07896647	1	Overweight
70	Male	178.3606105	57.72074981	18.14404288	2	Underweight
			……			

图 6-7　肥胖预测数据集

6.4 节会详细介绍如何使用 Python 语言来完成这个任务的每一个步骤。在此，先带领大家快速了解机器学习实操的几个步骤，对如何实现机器学习有个初步认知。

2. 数据处理

图 6-7 展示的这个数据集相对工整。然而，在实际应用中很难一开始就收集到这样相对标准的数据。大部分的数据集会有各种各样的问题，这就涉及机器学习中一个非常重要的步骤，即数据处理。这个过程一般包括两类准备工作，即数据预处理和数据集拆分。这些准备工作能够确保数据在训练过程中质量良好，并有效地用于模型的评估和优化。

（1）数据预处理

数据预处理是将收集到的原始数据转换为适合机器学习算法来学习的格式。这个步骤包括许多操作，这里介绍几种主要操作。

① 数据清洗。在4.1.1中已经介绍了原始数据、现场数据与实验数据，无论数据来源于哪里，都有可能因为设备或收集者的问题使得收集来的数据中出现一些空缺的、异常的或者重复的数据。这些数据可能会影响机器学习模型的性能和可靠性，因此在收集数据之后，准备数据的这个阶段，一定要将这些数据处理好。

例如，在收集"肥胖预测"数据集的过程中，如果采用的是问卷调查的形式，若有答题者没有提交身高（Height）这个数据，那么这条数据记录中Height这一项就会出现缺失。处理数据时，可以根据具体情况去处理这个缺失值。假如数据量足够大，就可以直接删除有缺失值的这条记录；假如数据量不够大，每一条数据记录都希望保留，则可以使用一个合适的值（如平均值）来填补缺失数据。

② 特征编码。特征编码是将原始数据转化为适合模型输入的形式的过程。不同的特征类型需要采用不同的编码方法来确保模型能够有效地学习和预测。例如，对于分类变量，独热编码（one-hot encoding）是将分类特征转换为一系列二进制列，每列代表一个类别，常用于处理分类变量。因为它会增加数据的维度，因此适用于类别数量不多的情况。标签编码（label encoding）更为简单直接，是为每个类别分配一个唯一的整数值作为其标识符。例如，"红色"可以被标记为0，"蓝色"为1，"绿色"为2等。然而，这种编码可能会引入顺序性，因此在使用时要谨慎。

此外，还有二进制编码、效用编码、目标编码、连续型特征编码、文本特征编码、时间序列特征编码等多种编码方式。在实际应用中，选择哪种特征编码方式取决于数据的性质、问题的类型以及所使用的机器学习算法。有时还需要尝试多种编码方法并进行比较，才能找到最适合当前任务的最佳解决方案。

③ 特征缩放。收集的数据通常会有多个特征（或变量）。不同的特征会有不一样的数值范围和单位，这个称为特征尺度。在不同的数据集中，特征的尺度可能差异很大。图6-7中，数据集包含年龄（通常范围在0~100岁），还包括物理活动水平，已被划分为4个等级，即1~4。这两个特征的数值范围和尺度差异显著。

许多机器学习算法对于数据的尺度非常敏感。尺度较大的特征可能会在模型中占据主导地位，从而影响对特征重要性的正确评估。也有些算法是假设数据为均匀分布的，特征尺度差异大会违反这一假设。为了解决这些问题，通常会在数据预处理阶段进行特征缩放，将所有特征调整到相同的尺度或范围。

常见的特征缩放方法包括最小—最大缩放（min-max scaling）、标准化（standardization）和归一化（normalization）等。最小—最大缩放是将特征缩放到一个固定的范围，通常是 [0, 1] 或 [-1, 1]。标准化也称为 Z-score 标准化，将特征缩放到均值为0、标准差为1的分布。归一化是将特征向量缩放到单位范数，常用于文本数据或稀疏数据。通过特征缩放，可以确保每个特征对模型训练的贡献更加均衡，提高模型的训练效率和性能。选择哪种特征缩放方法取决于数据的分布和所使用的机器

6.3 机器学习的步骤

学习算法。在实际应用中,通常需要根据具体情况选择合适的方法。

④ 数据选择与合并。数据选择是指从原始数据集中挑选出对分析或建模有用的部分数据。选择哪些数据一般要考虑特征与目标任务的相关性、数据的完整性、多样性等。例如,用图6-7所示的数据集进行肥胖预测时,既有身高、体重,又有BMI。针对这3个特征,考虑到BMI与肥胖的相关性更高,就可以考虑只选择这3项中的BMI参与训练。

数据合并是指将来自不同来源或格式的数据集整合成一个统一的数据集。数据合并过程中要注意数据对齐和格式统一的问题。

数据选择与合并是相互关联的步骤,通常需要根据分析目标和分析过程中的发现进行迭代调整。通过有效地选择和合并数据,可以构建出更准确、更有解释力的数据分析模型。

(2) 数据集拆分

数据集拆分是机器学习和数据分析中的一个基本步骤,它涉及将整个数据集划分为两个或多个子集,以便于不同目的的使用,如模型训练、模型验证和模型测试。常见的拆分方式包括训练/测试拆分、训练/验证/测试拆分、交叉验证,如图6-8所示。

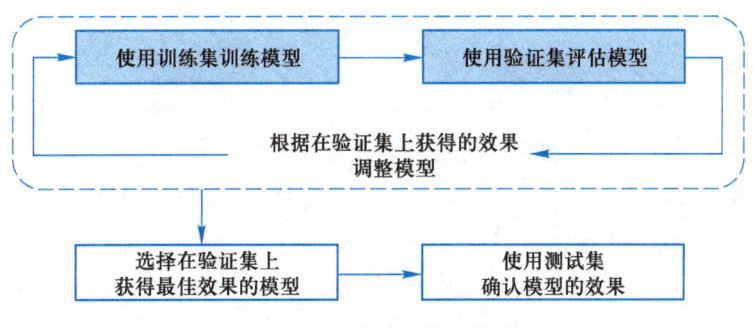

图6-8 拆分数据集的作用

① 训练/测试拆分。将数据集拆分成训练集与测试集两个子集。训练集用于训练模型;测试集是模型训练过程中未见过的数据,用于评估模型性能,模拟模型在未见数据上的表现。训练集和测试集的常见拆分比例为70/30、80/20或90/10。在某些情况下,当模型较简单且超参数(在模型训练之前设置的参数,用于控制训练过程和模型结构,如学习率、神经网络的层数等)调整不复杂时,只使用训练集和测试集进行模型训练和评估也是可行的。这种方法可以减少数据处理的复杂性,但可能不够全面。

② 训练/验证/测试拆分。将数据集拆分成3个子集。其中,验证集用于调整模型的参数和选择最佳的模型设置。验证集帮助监控模型在训练过程中的表现,避免过拟合。训练集、验证集和测试集的常见拆分比例为60/20/20、70/15/15或80/10/10。

③ 交叉验证。交叉验证更有效地利用有限的数据进行模型训练和评估,减少模型性能评估的方差。常见方法有 k-fold 交叉验证、留一交叉验证和分层交叉验证。k-fold 交叉验证是将数据集分成 k 个大小相等的子集。每次将其中一个子集作为测试集,其余 $k-1$ 个子集合并作为训练集。重复此过程 k 次,每次选择不同的子集作为测试集。留一交叉验证是一种特殊的 k-fold 交叉验证,其中 k 等于数据点的总数。每次留出一个数据点作为测试集,其余作为训练集。分层交叉验证是在分类问题中,确保每个子集的类别分布与整个数据集的类别分布相似。

以上过程,就是为机器学习准备数据的过程。数据质量的好坏,直接影响模型的训练效果和最终的预测性能。高质量的数据预处理和合理的数据集拆分是构建有效模型的关键。

3. 模型选择

数据处理完成后,下一步就是选择一个合适的机器学习算法来训练模型。不同的算法适用于不同类型的数据和任务场景,因此,选择合适的算法至关重要。首先,需要明确任务的类型,是分类、回归还是聚类问题。在机器学习库 scikit-learn 1.3 版的官方文档中,提供了一张"机器学习使用地图"(图 6-9),为学习者提供了初步的引导,帮助大家根据任务类型和数据特征选择合适的算法。

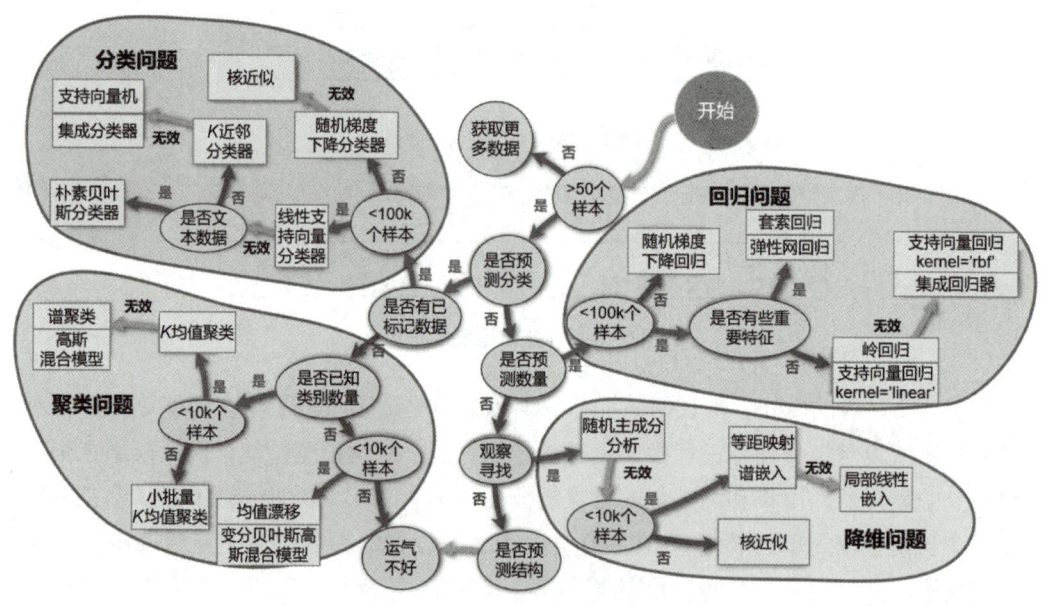

图 6-9 机器学习算法选择地图

对于初学者,建议从简单的模型入手。例如,线性回归或决策树是两种常见的入门模型,既易于理解,又计算简单。比如,预测房价就是一个回归问题,因为价格是一个连续的数值。在这种情况下,可以先尝试使用线性回归模型,它假设房价与特征

(如面积、房间数等)之间存在线性关系。线性回归的参数较少，计算效率高，且结果容易解释。

再如，要判断邮件是否为垃圾邮件，这属于分类问题。在这种情况下，初学者可以尝试使用决策树模型，它通过一系列的条件问题将数据分割成不同的类别，而且决策过程是可视化的，容易理解。通过这些简单的模型，初学者不仅能快速实现相关代码，还能得到初步的结果，为进一步探索更复杂的模型奠定基础。

总之，选择合适的算法不仅能提升模型性能，还能确保其在实际应用中的有效性。理解不同算法的特点，并根据任务和数据的具体情况做出合理选择，是机器学习成功的关键。

4. 模型训练

模型训练是让机器学习模型从一组已知数据中"学习"的过程。在这个阶段，模型会根据输入的数据调整内部参数，以逐步提高其预测准确性。就像人类通过反复练习掌握一项技能一样，模型通过多次迭代来改进性能。

训练的目的是让模型识别数据中的模式和规律，而不仅是"记住"训练数据。这个过程对于模型在新数据上做出准确预测至关重要。模型训练的核心在于教会模型理解和分析数据，使它能够在未来遇到新数据时，依然能够做出合理的判断和预测。

5. 评估与调优

评估与调优是机器学习中非常关键的步骤。在完成模型训练后，需要先评估模型的效果，看看是否达到了预期的性能目标。以线性回归和决策树为例。首先，在 6.2 节中已经介绍了一些常用的模型评估方法，那些评估方法就是在这个阶段使用，用于查看模型在训练集和测试集上的表现。

如果模型在训练集上表现很好，但在测试集上的误差明显增大，这通常是过拟合的迹象，说明模型过于复杂，适应了训练数据中的噪声，而没有学到数据的普遍规律。在这种情况下，可能需要简化模型或者使用一些其他技术。

如果模型在两个数据集上的表现都不理想，可能是欠拟合，说明模型过于简单，无法捕捉到数据中的复杂关系。这时，可以尝试使用更复杂的模型，例如决策树的扩展版本（如随机森林），或者其他非线性模型，如支持向量机来改善模型的表现。

在调优模型时，可能还需要考虑选择合适的超参数。例如，决策树模型有许多可以调整的超参数，比如树的深度和分裂时的最小样本数。通过交叉验证，还可以找出最合适的超参数，从而提升模型的性能。当然，这一部分需要大家拓展学习相关知识，在实践中多练习才能熟练。

总的来说，评估与调优的目标是不断提高模型的泛化能力，确保它能够在未见过的数据上也有很好的表现。通过这些方法，可以确保选定的模型是最适合解决当前问题的，并且能够在实际应用中取得良好的效果。

6. 应用与维护

完成模型的训练和评估后，下一步是将模型应用到实际问题中，进行预测和决策。模型应用的关键是确保它能够处理实际数据，并进行高效的预测。例如，在房价预测中，训练好的线性回归模型可以帮助预测不同区域的房价。但在实际应用中，需要将新的数据输入模型，验证预测效果。如果模型在应用中无法适应新的数据，可能会出现较大的误差，此时就需要重新评估和调优模型。

模型的应用并不意味着一劳永逸。随着时间的推移，新的数据不断产生，环境和条件也可能发生变化，这时模型可能会出现性能下降的情况。因此，模型的维护是一个持续的过程。模型的维护通常包括两个方面。其一，定期监控模型的表现，确保其在实际环境中能够持续有效地工作。可以通过对模型的预测结果进行监控，定期对模型进行评估，看看是否存在预测准确度下降的现象。如果模型的表现不如预期，可能需要进行更新和优化。其二，更新训练数据，定期将新收集的数据加入到训练集中，重新训练模型。随着时间的推移，数据分布可能发生变化，特别是在一些领域，数据变化较为频繁。因此，更新数据和重新训练模型是保持模型性能的关键。

可以说，模型应用与维护是确保机器学习项目长期有效的核心环节。只有持续地监控和更新，确保模型能够适应新的数据和环境变化，该模型才能在实际应用中持续提供准确和可靠的预测。

6.4 机器学习的应用示例

下面使用 Python 语言及相关第三方库来完成一个简单的机器学习预测任务。
作为机器学习的初学者，一开始进行编程练习时，可以使用一些公开数据集。

6.4.1 Python 环境配置

本节的机器学习应用实例使用 Python 语言来实现。本书采用最原始的 Python 编译器和编辑环境 IDLE 进行介绍，有程序设计基础的读者可以选择更高级的集成编程环境 Jupyter Notebook 或 PyCharm，这两个编辑器都很好用，大家在进阶学习中可以使用。

1. 安装 Python 编译器

Python 是解释型语言，需要解释器来解释程序代码。从 Python 官方网站下载 Python 安装程序和解释器程序。

Python 2.7 目前已经停止更新，不建议初学者再接触 Python 2 的程序。Python

3.5 以后的版本不能用于 Windows XP 及更早期的 Windows 版本之上。此外，由于 Python 语言有着强大的计算生态，有数十万个第三方库。第三方库的更新速度不一定能跟上 Python 语言的更新速度，因此，初学时，不建议大家下载最新版本的 Python 安装包。比如，目前最新版本是 3.13.2，大家可以选择 3.12 版本（图 6-10）。

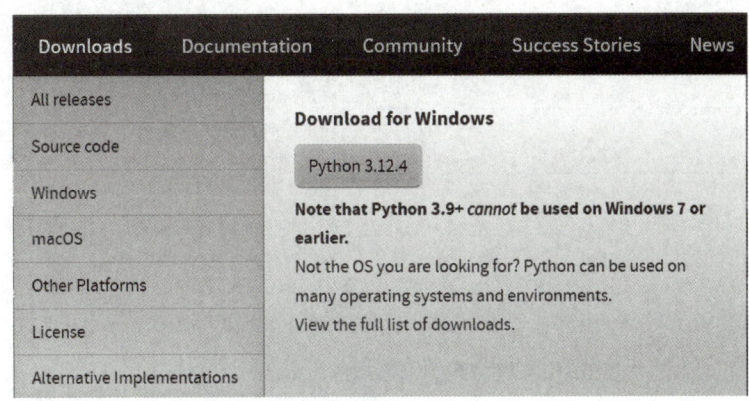

图 6-10　Python 版本

直接下载可以获得 Windows 系统下的可执行安装文件，若为 macOS 或 Linux 系统或希望下载其他版本，可以进入下载页面进行选择（图 6-11）。

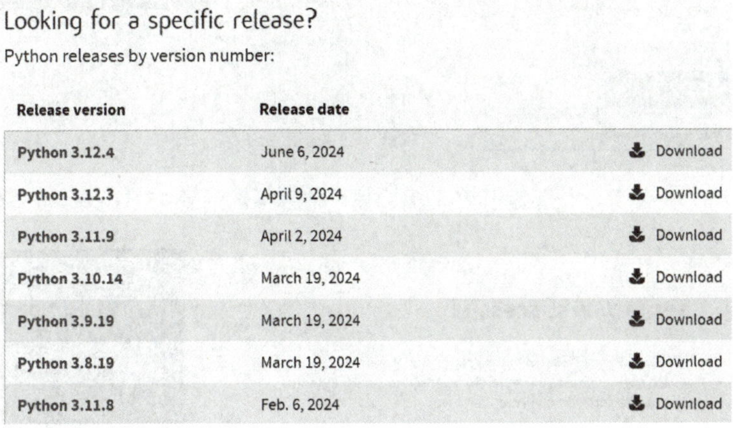

图 6-11　Python 官网下载软件安装包

直接进入 Python 3.12.4 的下载页面（图 6-12）。

在 Windows 下双击下载的 python-3.12.4-amd64.exe 文件，进入安装界面，如图 6-13 所示。

注意：安装界面上最下方 Add python.exe to PATH 复选框默认是没有勾选的，首次安装时，一定要勾选再进行下一步，以确保可以在任何路径下都能调用 pip 等命令。建议初学者直接单击 Install Now 按钮将 Python 解释器安装到默认路径下。尽量避免使用 Customize installtion 命令，因为自定义安装时，容易漏选一些组件或是路径缺少写权限，导致后续安装第三方库时出现权限错误。单击 Install Now 按钮后，等待安装完成。显示图 6-14（a）所示的界面，则表示安装完成。安装结束后，会在"开始"菜单中看到图 6-14（b）显示的内容。

Version	Operating System	Description	MD5 Sum	File Size	GPG	Sigstore	SBOM
Gzipped source tarball	Source release		ead819dab6d165937138daa9e51ccb54	26.0 MB	SIG	.sigstore	SPDX
XZ compressed source tarball	Source release		d68f25193eec491eb54bc2ea664a05bd	19.7 MB	SIG	.sigstore	SPDX
macOS 64-bit universal2 installer	macOS	for macOS 10.9 and later	b6de6aea008605f5d4096014c2ad3c43	44.0 MB	SIG	.sigstore	
Windows installer (64-bit)	Windows	Recommended	f3df1be26cc7cbd8252ab5632b62d740	25.5 MB	SIG	.sigstore	SPDX
Windows installer (ARM64)	Windows	Experimental	f3c2064f11c5f4eee475928a0fc62199	24.8 MB	SIG	.sigstore	SPDX
Windows embeddable package (64-bit)	Windows		8db759b337ac4f6966f52b3662c05dd7	10.6 MB	SIG	.sigstore	SPDX
Windows embeddable package (32-bit)	Windows		19691145551a41114b32a556bb2bcb89	9.4 MB	SIG	.sigstore	SPDX
Windows embeddable package (ARM64)	Windows		0a863fd2485b3057a2eea108f1252160	9.8 MB	SIG	.sigstore	SPDX
Windows installer (32 -bit)	Windows		d9c98b529889aba04ca5ec1c6b5f986f	24.3 MB	SIG	.sigstore	SPDX

图 6-12　根据系统选择对应版本的软件安装包

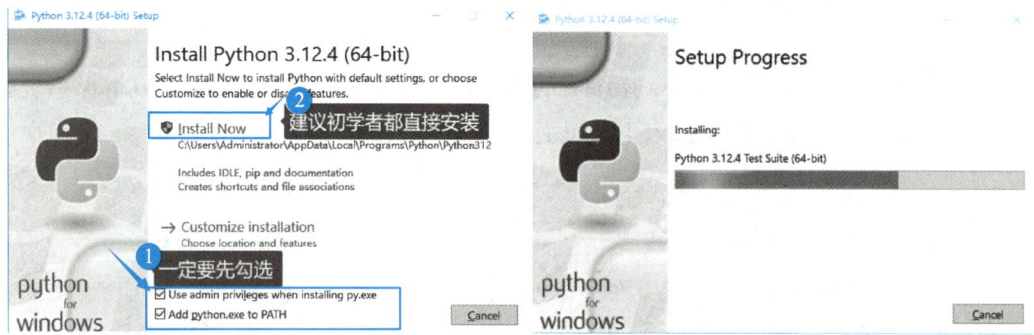

图 6-13　Python 安装过程

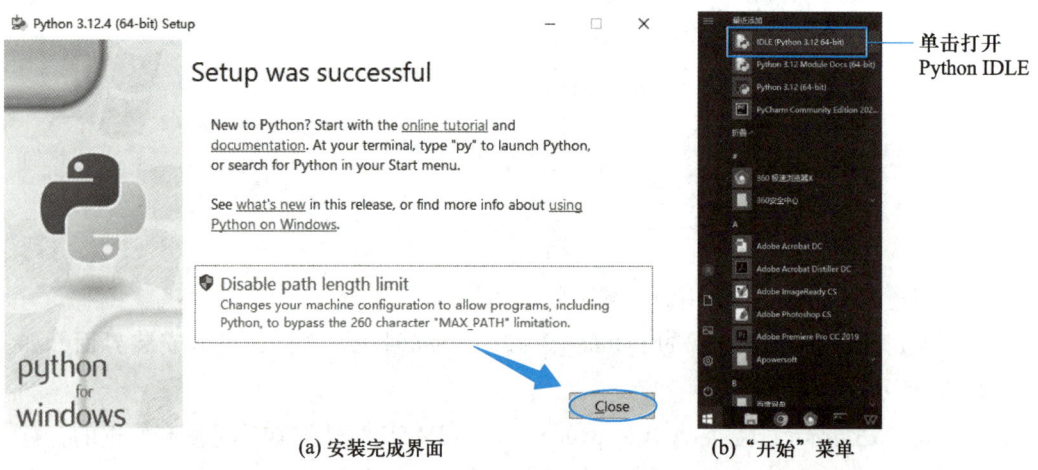

(a) 安装完成界面　　　　　　(b) "开始"菜单

图 6-14　Python 安装完成

2. 运行 Python IDLE

为方便使用，初学者可以使用 IDLE Shell 进行交互式编程训练（图6-15）。

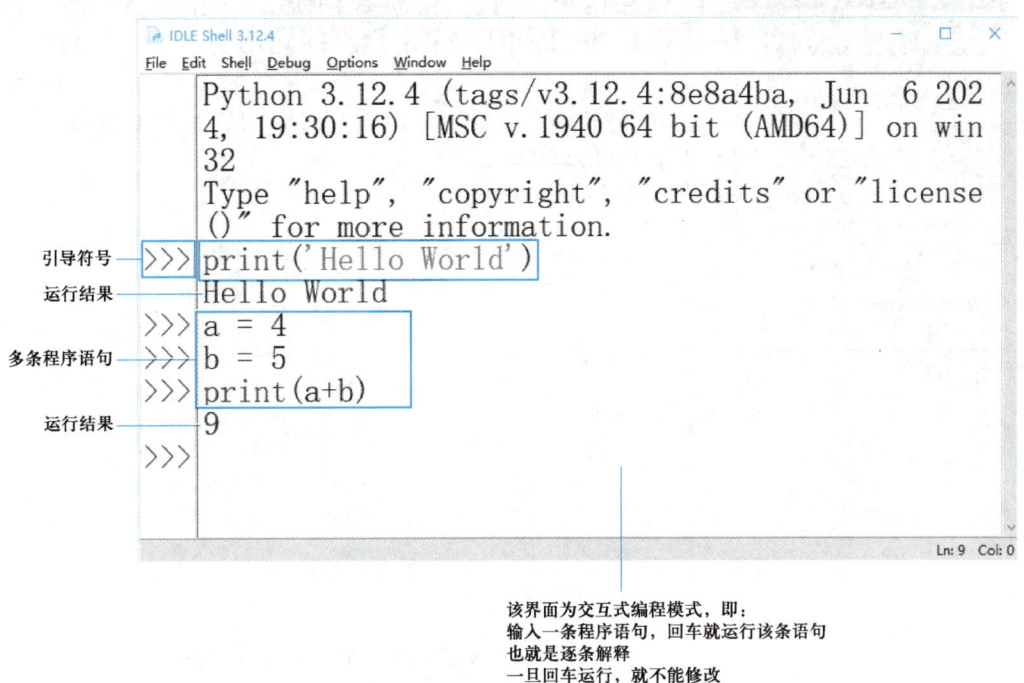

图6-15　Python 交互式编程界面

Python IDLE Shell 中可以直接编写代码，并逐行解释运行，也就是说在这种模式下在">>>"后写的程序语句在接收用户输入的回车命令时会逐句解释执行。这种模式可以用于简单的代码调试和演示，不适合编写程序。与后面用文件式编写程序相比，这种模式下写的程序无法修改，也无法保存成文件，不利于学习和项目开发。

选择 File 菜单中的 New File 命令，可以新建一个空的程序文件，如图6-16所示。

在 IDLE 窗口中，首次编写完程序后，选择 File 菜单中的 Save 或 Save As 命令，将文件保存在磁盘上自己设定的文件夹中（图6-17）。这里尽量避免在默认的系统路径下保存，而应自己新建一个文件夹专门用来存放 Python 程序文件（建议在 D 盘或者 E 盘下新建），并且在文件命名时，尽量做到"见名知意"。

在新建的文件中，编写完程序后，再选择 Run 菜单中的 Run Module 命令或直接按 F5 键，就会执行当前程序，运行结果将显示在交互式界面（即 IDLE Shell 窗口）。保存过的文件，后续每次修改后运行时，都会提示进行保存，如图6-18所示。

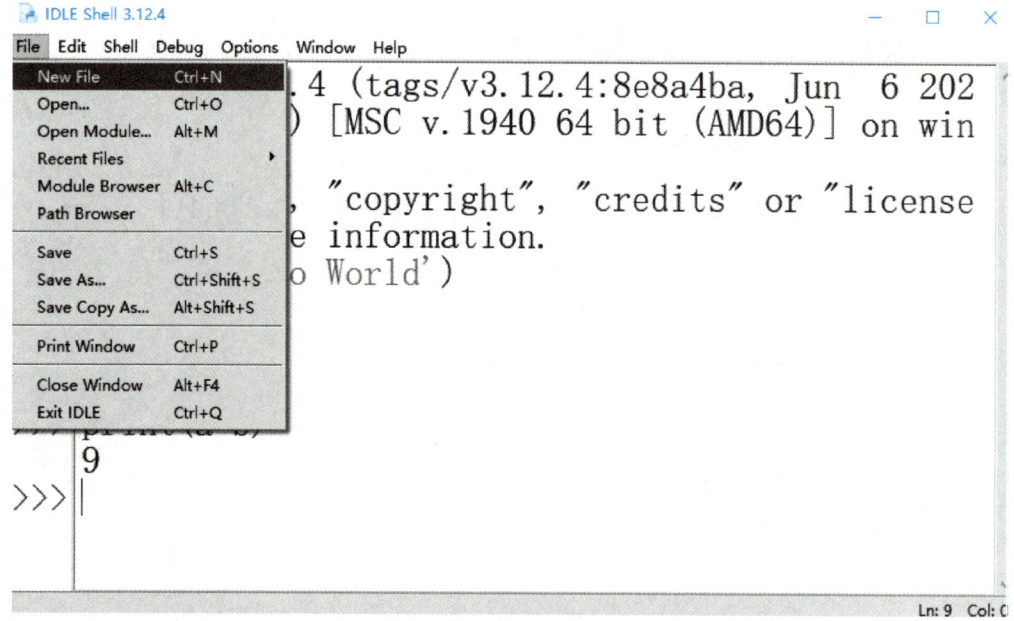

图 6-16　通过 New File 命令进入文件式编程界面

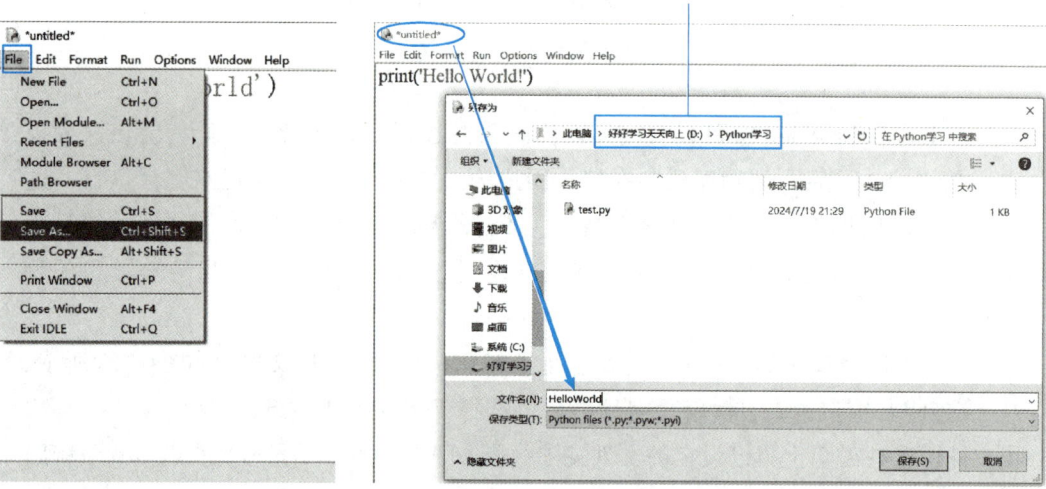

图 6-17　保存新建的 .py 文件

3. 安装第三方库

安装完成后，最好进入命令提示符 cmd 窗口，检查一下第三方库的管理工具 pip 是否安装成功，如图 6-19 所示。

6.4 机器学习的应用示例

图 6-18 运行编写好的程序及查看运行结果

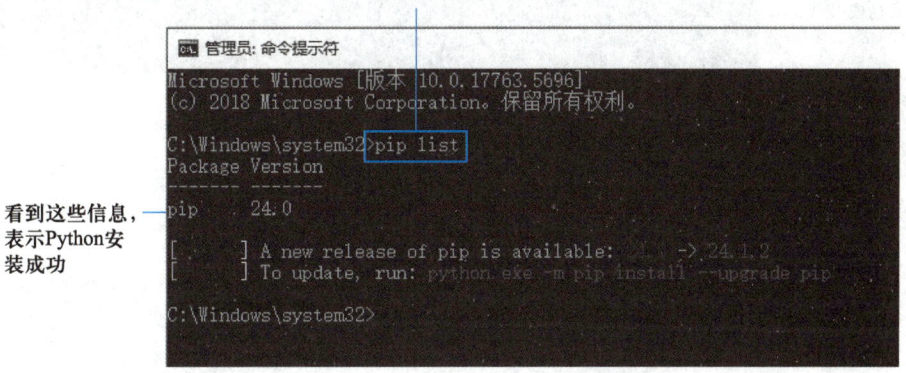

图 6-19 cmd 环境下查看 pip 安装情况

Windows 系统中第三方库一般是在命令提示符 cmd 界面中使用 pip install 命令来安装。例如，安装数据采集第三方库 requests，使用命令"pip install requests"。这样直接安装，经常会出现超时的情况，如图 6-20 所示。

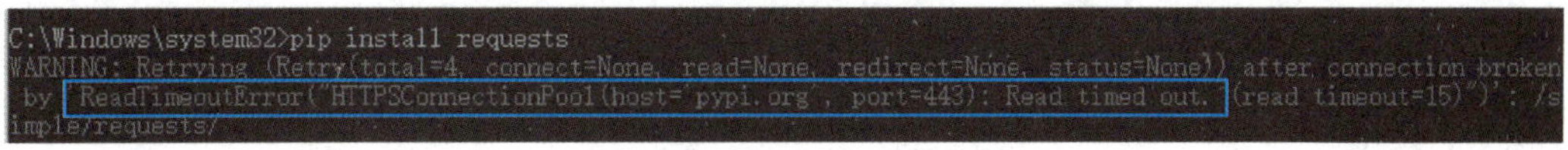

图 6-20 直接安装第三方库可能出现超时错误

超时可能会作为错误处理，报错停止下载安装，也可能先出现超时警告信息，但耐心等待后，还是能成功安装了 requests 库，如图 6-21 所示。

为了提升安装效率，也经常通过镜像网站来安装第三方库，如使用清华镜像下载安装数据处理第三方库 pandas，命令如下：

pip install -i https://pypi.tuna.tsinghua.edu.cn/simple pandas

安装其他第三方库，只需要在上面这条命令的最后，将 pandas 替换为要安装的第三方库名称。例如，要安装机器学习库 scikit-learn，则命令如下：

pip install -i https://pypi.tuna.tsinghua.edu.cn/simple scikit-learn

出现该信息，就表示所装的第三方库已经成功安装了

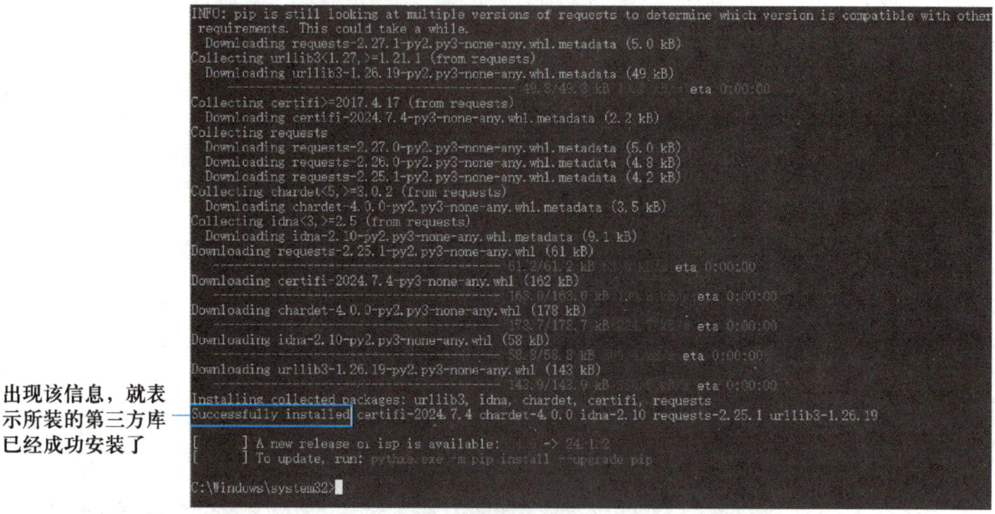

图 6-21　第三方库安装成功界面

这个命令无须记忆，每次需要使用时，可以直接搜索"清华镜像 pip"就能快速定位到该网站，直接复制命令即可，如图 6-22 所示。

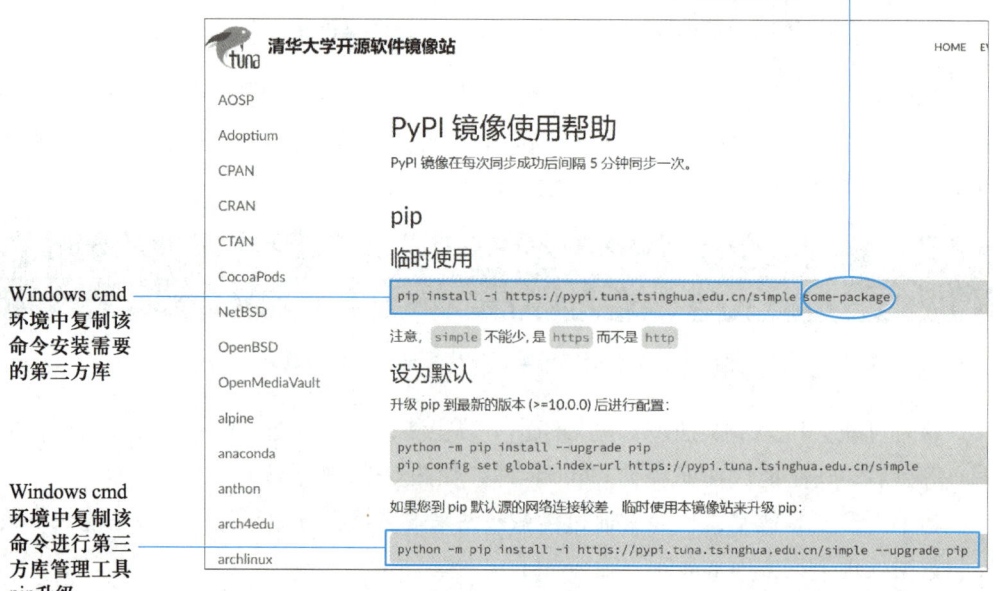

注意：不要复制这个some-package，要安装哪个第三方库，就将对应库的名字放在simple后面这个位置就行，simple后面有空格

Windows cmd 环境中复制该命令安装需要的第三方库

Windows cmd 环境中复制该命令进行第三方库管理工具 pip 升级

图 6-22　清华镜像网站命令介绍

编写机器学习程序之前，需要提前安装的第三方库包括数据处理库 pandas、科学计算库 numpy、机器学习库 scikit-learn。当然，在实践练习中，如果运行程序时，程序报错了，提示没有哪个库，就安装哪个库。安装完后，再运行程序即可。

6.4.2 机器学习编程实例

本实例为一个分类问题，实操过程包括获取数据、处理数据、训练模型、在新样本数据上应用模型来判断这个新样本数据是属于"肥胖""超重""正常体重""偏瘦"中的哪一类。这里，先强调一点，兵无常势，水无常形。虽然 6.3 节中介绍了机器学习的 6 个步骤，在实际数据分析的过程中，不要局限于这 6 个步骤。要根据实际问题的特点，灵活处理。下面，为了让初学者快速体验机器学习的乐趣，可以先将问题简化为 4 个步骤：收集数据，处理数据，模型选择、训练与评估，模型应用。

1. 收集数据

本实例使用的数据集为 kaggle 官网下载的"肥胖预测"数据集，数据示例如图 6-7 所示。该数据集包含 1 000 条数据记录，每条记录都提供了 6 项个人特征信息以及 1 项结果信息，这 7 项信息的解释如表 6-1 所示。

表 6-1 肥胖预测数据集中的特征解释

特征名称（数据集中的列名）	描述
Age	年龄，单位是周岁
Gender	性别，分为男性（male）和女性（female）两类
Height	身高，单位是厘米
Weight	体重，单位是千克
BMI	身体质量指数：根据个人体重和身高得出的计算指标
Physical Activity Level	物理活动水平：将人的体力活动水平进行了分级量化
Obesity Category	肥胖分类：根据体重指数将个体分为 4 种类别：Obese、Overweight、Normal weight、Underweight

2. 处理数据

从图 6-7 中显示的数据集样本中可以看出，数据集相对工整，没有看到空值和明显异常值或重复值，显然是经过初步处理的。但这个数据集能够直接进行训练吗？依然不行。

（1）读取原始数据集，观察数据特点

肥胖预测数据集是 CSV 格式，可以用文本文件打开，也可以用 WPS 表格或

Office Excel 打开，无论用哪种方式，都需要先观察这些原始数据。了解数据特点之后，就知道如何编写 Python 程序来读取数据文件了。读取数据的 Python 代码如下：

```
import pandas as pd                                          # 导入数据处理库 pandas
data = pd.read_csv('D:\Python 学习\obesity_data.csv')        # 从文件中读取数据
print(data)                                                  # 查看读取数据是否正确
```

运行程序，读取数据后在 IDLE Shell 中显示的效果如图 6-23 所示。

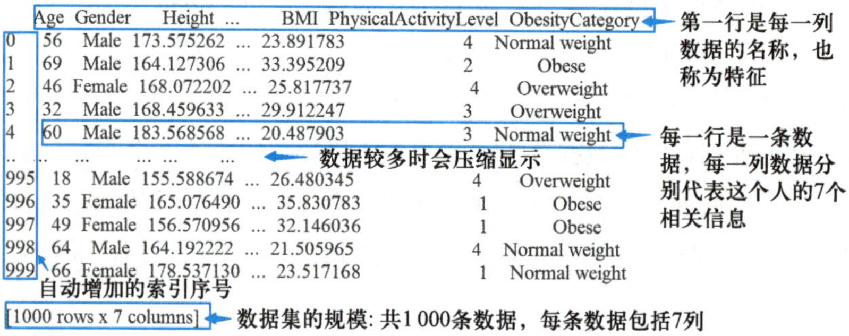

图 6-23 读取原始数据显示效果

（2）根据原始数据集特点进行对应数据预处理

该数据集中，性别（Gender）以及肥胖分类（Obesity Category）这两列数据都是文本类型。通常，在训练模型时，需要将这种有限个类别的数据进行编码处理，转换为数值型数据。例如，这里采用最简单的标签编码方式，将 Male 用 1 表示，Female 用 0 表示；将 Obese、Overweight、Normal weight、Underweight 分别用 4、3、2、1 表示。这个标签编码的过程可以通过以下 Python 代码实现：

```
# 根据预设的规则进行标签编码
data['Gender'] = data['Gender'].map({'Male':1,'Female':0})
data['ObesityCategory'] = data['ObesityCategory'].map({'Underweight':1,'Normal weight':2,'Overweight':3,'Obese':4})
print(data)                                          # 查看数据处理结果是否符合预期
```

再次运行程序，读取数据后在 IDLE Shell 中显示运行结果如图 6-24 所示。

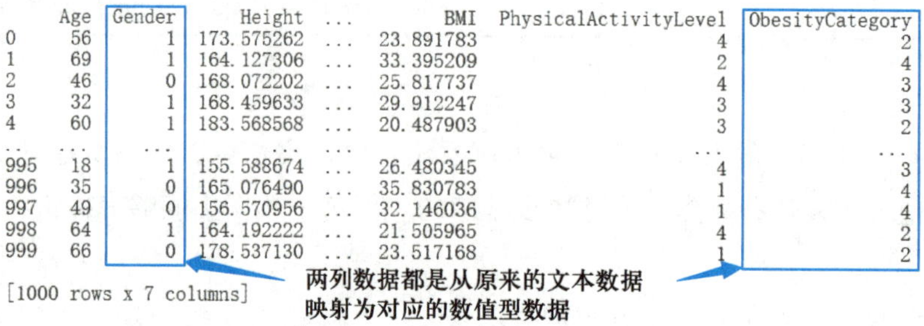

图 6-24 标签编码后的显示效果

3. 模型选择、训练与评估

以肥胖预测数据集为例，数据集中有 6 个特征，包括 Age（年龄）、Gender（性别）、Height（身高）、Weight（体重）、BMI（身体质量指数）、Physical Activity Level（物理活动水平），目标标签是 Obesity Category（肥胖分类）。根据这些特征，预测一个人是否属于肥胖类别，就属于典型的分类问题。

对于初学者，建议选择一个简单的分类算法，例如逻辑斯谛回归（logistic regression）或者决策树（decision tree）模型。这两个模型的计算量相对较小，易于理解和实现。逻辑斯谛回归模型虽然被称为回归，但实际上是分类模型，适合处理有明确线性关系的分类问题，常用于二分类。它可以通过特征之间的加权和来计算预测结果。在肥胖预测问题中，肥胖分类任务的标签包含 4 个类别（Obese、Overweight、Normal weight、Underweight），这实际上是一个多分类问题。因此，可以使用多项式逻辑斯谛回归（multinomial logistic regression）。多项式逻辑斯谛回归能够为每个类别输出一个概率，这对于理解分类结果和不确定性很有帮助。

决策树是一种基于树状结构进行决策的模型。决策树通过将数据不断分割成子集，最终找到最佳的分类规则。决策树适用于当特征之间存在复杂的非线性关系时。它不要求特征间有线性关系，能够处理更复杂的数据模式，不需要对特征进行标准化或归一化处理。

基于以上分析，我们先尝试使用多项式逻辑回归模型进行训练。将数据集分为训练集和测试集，并使用训练集来训练模型，最后使用测试集进行评估。代码如下：

```python
# 以下进行模型训练及预测
from sklearn.model_selection import train_test_split     # 用于数据集拆分
from sklearn.preprocessing import StandardScaler         # 用于特征缩放
from sklearn.linear_model import LogisticRegression      # 多项式逻辑斯谛回归模型
from sklearn.metrics import classification_report, accuracy_score  # 用于评估模型

# 选择6个特征作为特征矩阵
X = data[['Age', 'Gender', 'Height', 'Weight', 'BMI', 'PhysicalActivityLevel']]
y = data['ObesityCategory']                              # 设定目标标签

# 数据集划分为训练集和测试集
X_train, X_test, y_train, y_test = train_test_split(X, y, test_size=0.3, random_state=42)
                                                         # 70%训练集，30%测试集

# 特征缩放（标准化）
```

```
scaler = StandardScaler()
X_train = scaler.fit_transform(X_train)
X_test = scaler.transform(X_test)

# 创建多项式逻辑斯谛回归模型
model = LogisticRegression(multi_class='multinomial', solver='lbfgs', max_iter=1000)

# 训练模型
model.fit(X_train, y_train)

# 使用测试集进行预测
y_pred = model.predict(X_test)

# 评估模型
accuracy = accuracy_score(y_test, y_pred)
print(f"模型准确率：{accuracy:.4f}")

# 输出分类报告，查看详细的分类指标
print("分类报告：")
print(classification_report(y_test, y_pred))
```

运行程序，这一部分代码的输出结果如图6-25所示。从输出结果可以看出，模型的准确率为0.9567，即模型的整体正确预测率是95.67%。这意味着模型预测正确的样本占所有样本的比例为95.67%。

```
模型准确率: 0.9567
分类报告：
              precision    recall  f1-score   support

           1       1.00      0.93      0.97        45
           2       0.96      0.96      0.96       114
           3       0.93      0.97      0.95        91
           4       0.98      0.96      0.97        50

    accuracy                           0.96       300
   macro avg       0.97      0.95      0.96       300
weighted avg       0.96      0.96      0.96       300
```

图6-25　模型训练与评估的运行结果

分类报告则给出了模型在每个类别上的precision（精确度）、recall（召回率）、F1-score（F1得分）等评估指标，具体的分类结果的解读如下。

（1）类别1：Underweight（低体重）

① precision（精确度）：1.00，表示所有预测为低体重的样本中，有100%是正确的。

② recall（召回率）：0.93，表示所有实际为低体重的样本中，有93%被正确预

测为低体重。

③ f1-score：0.97，精确度和召回率的调和平均，综合衡量模型的表现。

（2）类别 2：Normal weight（正常体重）

① precision：0.96，表示预测为正常体重的样本中，有 96% 是正确的。

② recall：0.96，表示实际为正常体重的样本中，有 96% 被正确预测为正常体重。

③ f1-score：0.96，表明该类模型预测性能均衡。

（3）类别 3：Overweight（超重）

① precision：0.93，表示预测为超重的样本中，有 93% 是正确的。

② recall：0.97，表示所有实际超重的样本中，有 97% 被正确预测为超重。

③ f1-score：0.95，综合性能较好，召回率稍优于精确度。

（4）类别 4：Obese（肥胖）

① precision：0.98，表示预测为肥胖的样本中，有 98% 是正确的。

② recall：0.96，表示所有实际为肥胖的样本中，有 96% 被正确预测为肥胖。

③ f1-score：0.97，显示该类别模型表现非常好，尤其是在精确度方面。

分类报告的第二部分是各项的平均值，解读如下。

① accuracy（准确率）为 0.96，精度为 96%。这意味着在所有类别中，模型的整体表现较好。

② macro avg（宏平均）：宏平均是所有类别精度、召回率和 F1 得分的简单平均，不考虑类别的不平衡。

a. precision：0.97，表示模型在所有类别上的精确度平均为 97%。

b. recall：0.95，表示模型在所有类别上的召回率平均为 95%。

c. f1-score：0.96，综合考虑了精确度和召回率，宏平均 F1 得分为 96%。

③ Weighted avg（加权平均）：是对每个类别的结果加权，考虑每个类别的样本数量。

a. precision：0.96，表示加权后的精确度是 96%。

b. recall：0.96，表示加权后的召回率是 96%。

c. f1-score：0.96，综合考虑了加权的结果，F1 得分为 96%。

从分类报告可以看出，模型在每个类别上的预测结果都表现得非常好。总体来看，模型的准确率高达 96%，且各个类别的精确度、召回率和 F1 得分都在 0.93 ~ 1.00，说明模型的预测性能较为均衡，没有明显偏向某一类。特别是在"低体重"和"肥胖"这两类，精确度和召回率都表现出色。

4. 模型应用

根据上一步模型评估的结果，可以看出使用多项式逻辑回归训练的模型表现出色，因此可以直接尝试将该模型应用在新样本上。比如，大家可以参考代码，使用自己的数据来预测自己的肥胖类别。

注意：数据集中有 6 个特征，大家设计的新样本要和这 6 个特征保持一致，包括顺序一致、单位一致。参考代码如下：

```python
# 设计一个新的样本数据, 注意要与特征矩阵 X 保持一致
new_sample = pd.DataFrame({
    'Age': [28],                          # 年龄
    'Gender': [1],                        # 男性
    'Height': [180],                      # 180 cm
    'Weight': [59],                       # 59 kg
    'BMI': [18.20],                       # 体重指数: BMI = weight (kg) / height (m)^2
    'PhysicalActivityLevel': [3]          # 中等运动水平
})

# 使用训练好的模型进行预测
predicted_category = model.predict(new_sample)

# 输出预测的肥胖分类
category_map = {1: 'Underweight', 2: 'Normal weight', 3: 'Overweight', 4: 'Obese'}
predicted_label = category_map[predicted_category[0]]   # 获取标签的实际名称

print(f"预测的肥胖分类为: {predicted_label}")
```

运行程序，这一部分代码的输出结果如下：

预测的肥胖分类为：Normal weight

在解决肥胖预测问题时，我们主要通过 5 个步骤来完成任务：选择模型、训练模型、评估模型、进行预测和展示结果。为了让大家更清晰地理解这个过程，我们将模型的选择、训练和评估结合在一起展示。在这个分类问题的示例中，大家可以亲自体验如何使用 Python 语言进行机器学习和结果预测。

对于初学者来说，模型的选择、训练和评估通常是最具挑战性的部分。为了帮助大家快速入门，可以合理使用大语言模型。只需清晰地描述问题，大模型就能为我们提供有效的解决方案。在使用大模型解决问题时，大家会发现，虽然大模型能够极大提高编写代码的效率，但如果完全不懂 Python 语言，仍然很难对大模型提供的代码进行修改和扩展。因此，除了能够有效利用大模型外，掌握 Python 语言的基本技能也是至关重要的。通过学好 Python 语言，我们可以更加得心应手地使用大模型，并根据自己的需求，进行代码优化和调试，真正实现快速、有效地解决问题。

思考与拓展

1. 随着数据量和计算能力的不断增加，机器学习的应用前景非常广阔。未来机器学习在实际应用中可能会面临哪些挑战，如何解决这些挑战？

2. 泛化能力和过拟合是机器学习中常见的两个问题。请解释什么是"泛化能力"；如何判断一个模型是否存在过拟合现象。在解决过拟合问题时，可以采用哪些常见的方法？

3. 强化学习作为机器学习的一种重要方法，广泛应用于游戏、机器人控制等领域。请举例说明强化学习的典型应用场景，分析为什么强化学习适用于这些场景。

4. 机器学习的成功与否在很大程度上取决于数据集的质量。请讨论数据集的选择与处理如何影响模型的训练和预测效果？在实际应用中，如何获取一个高质量的数据集？

5. 监督学习和无监督学习是机器学习的两种主要方法。请简要比较这两种方法的异同，分别举出一个典型的应用场景，并分析选择不同方法时的考虑因素。

6. 机器学习技术在应用中使用越来越广泛，然而也存在一些伦理问题，如数据隐私、算法偏见等。请思考并讨论机器学习应用中的伦理问题，特别是在医疗、金融等敏感领域，如何避免这些问题的出现。

第 7 章 大模型及其应用

电子教案

大模型(large model)是近年来人工智能领域的重要突破之一。无论是在语言理解、图像生成,还是在医疗诊断、金融分析等领域,大模型都展现出了超强的能力。通过在海量数据上进行预训练,这些模型掌握了不同类型内容的处理能力,可以灵活应对复杂任务。那么,大模型究竟如何运作?为何它能在多个领域取得突破性进展?本章将从技术原理到实际应用,为你揭开大模型的神秘面纱。

本章要点:
① 大模型的特点与构建流程。
② 大模型的核心技术。
③ 大模型的常见应用。
④ 大模型发展面临的挑战。

7.1 大模型概述

过去几年,随着技术的飞速发展,大模型的定义也在不断演进。通常来说,大模型是指基于深度学习技术、具有海量参数规模的神经网络模型。这些模型拥有数十亿甚至数千亿的参数,具备强大的能力来捕捉复杂的数据模式和关系。

7.1.1 大模型的特点

大模型的核心是对海量数据进行学习,捕捉复杂的语言规律和知识,从而具备生成、理解和推理的能力。大模型有以下几个核心特点。

7.1 大模型概述

（1）参数规模巨大

当一个模型拥有大量参数时，它具有高度的复杂性和灵活性。参数数量通常在数亿到数千亿级别，甚至可达到万亿级规模，图7-1展示了几个公开发布参数量级的主流大模型。这些模型通过调整其内部参数来学习数据中的模式和规律。一般认为，参数越多，模型表达能力越强，能捕捉更复杂的语义关系和知识。需要注意的是，参数量的增加并非无限制地提升模型性能。模型的性能还受到训练数据质量、训练方法和计算资源等多种因素的影响。

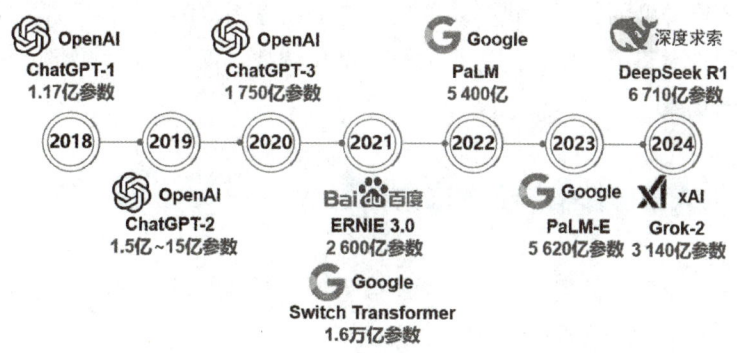

图7-1 公开发布参数量级的主流大模型

（2）海量训练数据

训练数据一般覆盖多领域（图书、文献、网页、代码等），规模可达TB级甚至PB级，使模型具备广泛的知识覆盖。大量的训练数据可以确保模型学习到的是数据的真实分布，而不是偶然出现的特征，减少过拟合现象。同时，模型能够接触更广泛的数据样本，这有助于提高模型在未见过的数据上的表现，即增强其泛化能力。

（3）高计算资源消耗

训练一个大模型，通常需要数千至上万个GPU或TPU协同工作，且训练过程可能持续数周甚至数月。由于大模型需要处理庞大的数据集，并且要调整上亿级别的参数来捕捉数据中的细微模式和特征，这一过程对计算资源的需求极为高昂。随着模型规模的增加，存储需求、内存访问频率和电力消耗也相应上升，进一步推高了整体的计算成本。

（4）涌现能力

涌现能力（emergent ability）指的是，当模型的参数规模达到某个临界点（通常为100亿至1000亿参数）时，模型的性能呈现非线性跃升，表现出一些意外的新能力。例如，在大型语言模型中，当模型规模达到一定程度时，模型可能会突然展现出更高级的语法理解能力、更丰富的语义表达能力，甚至是一些创造性的文本生成能力，这些都是在较小规模模型中难以观察到的。DeepSeek在推理过程中展示的思维链，可以视为涌现能力的一个实例。涌现现象标志着AI从感知能力向认知能力的转变,是通用人工智能实现的一个关键步骤。然而,也有学者认为,涌现能力可能仅是通过训练数据的隐式编程结果,而非真正的"智能突破"。因此,涌现能力的具体机制仍需进一步研究和探讨。

(5) 通用性强

以 DeepSeek、ChatGPT 为代表的通用大模型,在自然语言处理领域展现出卓越能力。它们不仅能进行文本生成,还能完成问答、摘要、翻译、代码编写等多项任务。此外,一些先进的通用大模型具备跨模态工作的能力,能够同时理解和处理文本、图像、音频等不同类型的数据,进一步拓展了它们的应用范围。值得一提的是,这些通用大模型无须针对每个特定应用进行大量定制化调整,仅通过微调或改变提示词,就能快速适应新场景。

7.1.2　大语言模型与多模态大模型

大模型是一个宽泛的概念,涵盖了所有大型、复杂的机器学习模型。大模型主要可以分为两大类:大语言模型和多模态大模型。

1. 大语言模型

大语言模型是指专门针对语言处理任务的大模型,能够执行复杂的自然语言理解和生成任务,展现出高度的上下文感知能力以及跨多个自然语言处理任务的适应性,是当前自然语言处理领域中先进技术的代表之一。由于大语言模型具备强大的语言理解和生成能力,它在多个领域都有实际应用,主要包括文本生成、对话交互、语言翻译、代码编写等。

(1) 文本生成

大语言模型能够根据输入的提示,自动生成高质量的文章、报告、摘要、归纳总结等文本内容。例如,可以让 AI 帮忙撰写论文摘要、新闻报道、文章大纲或者生成有吸引力的广告文案。当需要阅读一篇长篇论文或新闻,AI 可以自动提取关键内容,生成简要摘要,比如,上传一篇 20 页的论文,AI 可以快速总结出论文的核心观点与结论。

(2) 对话交互

大语言模型可以像人一样进行对话,被广泛应用于智能客服、语音助手等领域。例如,电商平台的 AI 客服可以自动回答用户的订单查询、退货政策等问题。比如,询问"请问我可以如何退货?",AI 会给出清晰的退货流程。此外,许多手机和智能设备都配备了智能语音助手,如百度的小度、华为的小艺、苹果的 Siri 等,可以帮助用户设置提醒、查找信息、安排日程等。

（3）语言翻译

大语言模型可以实现高质量的语言翻译，甚至能理解语境，提高翻译的准确性。例如，百度翻译、Google 翻译，不仅能翻译单词，还能翻译整篇文章，并优化语法，使其更符合目标语言的表达习惯。还有一些会议和视频会议软件（如讯飞、Zoom）已经开始使用 AI 实时翻译，让不同国家的人可以相互沟通。

（4）代码编写与调试

大语言模型可以帮助程序员编写代码、优化代码，并进行错误调试。像 DeepSeek、GitHub Copilot、ChatGPT 都可以根据需求生成 Python、Java、C++等代码，用户只需输入"写一个冒泡排序的 Python 代码"，AI 就会自动生成完整代码。如果代码出现错误，AI 还可以帮助分析错误，并提供优化建议。

2. 多模态大模型

在计算机领域，模态可以理解为信息的不同呈现形式。例如，文本通过文字排列来传达语义，这是一种模态；图片通过像素构建视觉内容，这是另一种模态；音频则通过声波特性传递声音信息，同样也是一种模态。多模态大模型（multimodal large model）能够接收并处理来自不同来源和形式的数据，如文本、图像、音频、视频等，并将这些不同模态的数据转换成模型内部可以理解的统一表示形式，从而实现跨模态的信息融合和理解。多模态大模型的核心能力是整合不同类型的信息，因此它在多个领域都有重要的应用，主要包括多模态信息检索、多模态情感分析和多模态对话系统。

（1）多模态信息检索

多模态信息检索是指模型可以根据一种模态的信息（如文本）来查找另一种模态的信息（如图片或视频）。例如，百度的搜图功能，当看到一朵漂亮的花，想知道它是什么花时，只需要拍照上传这朵花的照片，系统会自动找到类似的图片，并提供相关的文字描述。还可以输入一段文字，比如"蓝色的运动鞋"，搜索引擎不仅返回网页，还能够直接展示蓝色运动鞋的图片。

（2）多模态情感分析

多模态情感分析是指模型结合文本、语音、表情、肢体动作等信息，来准确判断人的情绪。例如，社交媒体平台可以用多模态大模型分析视频博主的语气、表情以及字幕内容，判断他们的情绪是开心、愤怒还是悲伤，更全面地理解用户意图和情感状态，从而给出更准确的情感标签或对应决策。AI 客服在与用户交流时，不仅能够分析文字内容，还可以结合语音的语调、语速来判断用户的情绪。比如，通过判断客户是否不满，来决策是否需要调整回复方式。

（3）多模态对话系统

多模态对话系统让 AI 具备同时理解语音、文字、图片甚至手势的能力，使人机交互更加自然。例如，在电商平台上，可以用语音说"我想找一双红色球鞋"，也可以拍一张自己喜欢的款式的照片，AI 就可以根据描述或图片推荐最符合需求的商品。在智能汽车中，可以对车载 AI 说："我饿了。"，系统不仅会语音回复，还可能在车载屏幕上显示附近的餐馆，并结合导航提供最优路线。

7.1.3　大模型的构建流程

OpenAI 研究员、知名人工智能科学家安德烈·卡帕斯（Andrej Karpathy）在 2023 年微软 Build 开发者大会的技术演讲中，以 GPT 系列模型为例，系统性解析了大模型构建流程（图 7-2）。构建大模型是一个复杂且多层次的过程，通常需要经过 4 个阶段：预训练、有监督微调、奖励建模和强化学习。该流程增强了 GPT 模型在安全性、推理逻辑与意图理解上的表现，被学术界与工业界广泛采纳并迭代发展。

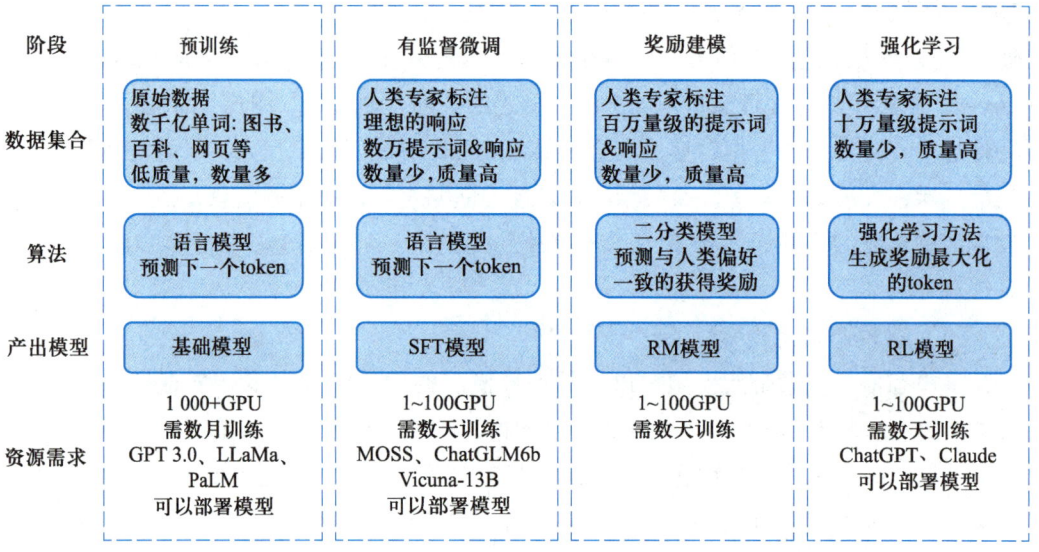

图 7-2　大模型构建流程

微视频：大语言模型构建流程

1. 预训练阶段

预训练（pretraining）是构建大模型的第一个阶段，主要任务是构建一个基础的语言模型。这个阶段会使用到海量数据，包括各种能够获取到的书籍、论文、互联网新闻、百科和其他公开资源的数据。这些数据中包含了丰富的语言知识和信息。通过对这些数据的学习，模型逐渐掌握了语言的基本规则，例如词汇的使用、语法结构以及句子之间的联系。换句话说，预训练阶段帮助模型"了解"语言，就像我们通过不断阅读来学习如何表达和理解语言一样。

预训练的过程非常耗费计算资源，需要大量的计算能力和时间。通常，这一阶段会在超级计算机上运行，使用成千上万的 GPU 协同工作数月之久。虽然这一阶段不需要人工干预，但它为模型理解自然语言打下了基础，使得后续的任务（如问答、翻译、对话等）成为可能。可以把预训练看作是模型的"基础教育"，在这期间，模型学习到的知识非常广泛，但还不具备针对具体任务的能力。

预训练不仅让模型学习到语言的基本结构，还让它能够捕捉到大量的常识和背景知识。比如，通过预训练，模型可能了解到"苹果是一种水果"这一常识，也可能学会如何将上下文中的信息联系起来，理解一句话的含义。虽然这些知识看似零散，但当模型积累到足够多时，就能形成一个完整的语言理解系统。

这个阶段的模型训练是最基础的一步。它通过海量数据让模型具备了初步的语言理解能力，为后续的微调和具体任务的训练提供了坚实基础。大家可以把预训练想象成一个长期阅读、积累知识的过程，这一阶段的成果使得模型在面对各种语言任务时，能够快速而准确地进行反应。

2. 有监督微调阶段

预训练阶段得到的基础模型虽然已经具备了一定的语言理解能力，学习了一些常识，但这些知识是非常广泛的，可能并不完全适用于特定的任务。因此，有监督微调（supervised finetuning）的目的就是让模型在特定任务上表现得更准确、更专业。

在这个阶段，开发者一般会准备一些由人类专家标注好的数据进一步训练，每个样本都包含了明确的输入和对应的正确输出。例如，如果目标是构建一个智能客服系统，开发者就会收集大量真实对话数据，并为每个问题标注出正确的回答。模型在这个过程中会反复比较它的预测结果与正确答案之间的差距，并根据这个差距不断调整内部参数，以便在面对类似问题时能给出更准确的答案。

预训练就像是学生积累了大量基础知识，而有监督微调则可以看作是预训练之后的"专业培训"阶段。这一阶段不仅提高了模型在实际应用中的准确性和稳定性，也为后续的部署和优化打下了坚实的基础。

3. 奖励建模阶段

奖励建模（reward modeling）阶段的主要任务就是建立奖励模型，也就是"评价系统"。在这一阶段，我们不直接教模型如何做出正确决策，而是通过设计一个奖励函数，来告诉模型哪些行为是好的、哪些行为是坏的。分数越高，说明该行为越符合人们期望的目标；分数越低，则说明模型的行为不够理想。这些分数（即奖励信号）反映了模型当前行为的好坏，是后续调整决策的重要依据。奖励建模并不改变模型内部的参数，而是提供了一种评价模型输出质量的方法，帮助后续指导模型如何调整策略。

在预训练和有监督微调阶段，模型学会了基本的知识和技能，但它在面对具体任务时可能还需要进一步的指导。奖励建模正是提供这种指导的一种方式，通过对模型输出的评价,告诉它哪些决策更好,哪些决策需要改进,为后续的强化学习阶段奠定了坚实的基础。

4. 强化学习阶段

强化学习阶段是奖励建模确定评价标准之后,模型开始实际与环境互动、不断试错并改进决策策略的过程。在这一阶段,模型不再依赖预先设定的数据标签,而是通过不断尝试不同的动作,从环境中获得正向或负向的反馈信号。每当智能体采取一个动作后,环境会对这一动作产生反应,返回一个奖励信号,告诉模型这个动作做得好不好。模型利用这个奖励信号来判断自己当前的决策是否合理,并据此调整未来的行为,以期在长远的交互中获得更高的累积奖励。

可以把强化学习想象成训练宠物。当你希望宠物学会坐下时,你不会直接告诉它如何坐下,而是通过不断奖励它正确的行为来引导它。如果宠物做对了,你就给予奖励(如食物);如果它做错了,就不给奖励或进行轻微惩罚。经过反复训练,宠物逐渐学会在特定情境下做出正确反应。同样,在强化学习中,模型通过不断试验不同的动作,逐步了解哪些行为会带来正向反馈,哪些会导致负面结果,从而优化自身决策。

在这个过程中,模型不仅关注每一步的即时奖励,还会考虑未来可能获得的累积奖励。也就是说,它会思考"如果我现在采取这个动作,未来会获得多少奖励?"这种长期考虑使得模型能够学会一个整体的、有效的策略,而不仅是针对眼前情况做出决策。

强化学习阶段的目标是让模型通过与环境的持续互动,不断试错和改进,最终学会在各种情境下都能做出最佳决策。这个过程类似于一个不断探索、不断调整的学习循环,正是这种不断迭代和反馈的机制,使得强化学习在复杂、动态的环境中表现出色,并为解决实际问题提供了强大的方法。

此外,多模态大模型的构建过程与大语言模型基本类似,都有预训练、有监督微调、奖励建模和强化学习这4个阶段。不过,多模态大模型在预训练阶段,会从海量的异种数据源中学习各自的基本规律,比如,从文本中学习语言结构,从图像中学习视觉特征,从视频和语音中捕捉时间序列和声音信息。这种构建过程不仅要求模型具备强大的学习能力,还要求它能够将不同模态的信息有效融合,形成统一的知识表示,从而在复杂任务中发挥出更高的性能。

7.2 大模型的核心技术

上一轮席卷全球的人工智能热潮主要集中在图像领域,也就是计算机视觉。2010

年代初，随着以卷积神经网络为代表的深度学习算法兴起，人脸识别、图像识别和视频检测等技术迅速实现创新。这些技术突破在安防监控、智能手机人脸解锁等早期应用中就已达到商用标准，展示了其商业价值，并对安防、金融和医疗等多个领域产生了深远影响。然而，在文本理解方面，这一时期的技术表现却远未达到预期，处理自然语言的能力始终逊色于人类的基本语言理解水平。

最新一轮人工智能热潮则发源于文本领域，也就是自然语言处理（NLP）。2018年，预训练 Transformer 模型横空出世，这一革新性的技术彻底改变了文本处理的格局。一夜之间，以 GPT 为代表的大语言模型席卷全球，成为技术界和产业界的热门焦点。接下来，详细介绍这一领域的关键技术，大家将能够更好地理解大语言模型为何能在文本领域实现革命性的突破，并推动人工智能技术不断向前发展。

微视频：大模型的技术基础

7.2.1 自然语言处理技术

自然语言就是大家平时在生活中常用的语言或表达方式，而计算机无法读懂自然语言，只能处理数字。大语言模型能够"读懂"自然语言，根本在于 NLP 技术的支持。NLP 就是人类与机器之间沟通的桥梁，通过将人类语言转换为数字化的形式，让机器能够理解、分析和生成人类语言。

1. 基于规则的 NLP

NLP 的历史可以追溯到 20 世纪 50 年代，最早的 NLP 研究工作主要集中在机器翻译。这种方法的核心是依赖语言专家编写的详细语法和词汇规则，试图将源语言的句子结构直接映射到目标语言。

例如，专家可能会制定一条规则，将英语中的"the cat is on the mat"按照主谓宾的顺序转换为中文的"猫在垫子上"，其中"cat"对应"猫"，"mat"对应"垫子"。然而，由于自然语言的复杂性和多变性，这种方法往往难以覆盖所有的语言现象，导致翻译结果生硬且缺乏灵活性，无法适应语言的多样性和上下文的变化。

2. 基于统计的 NLP

进入 20 世纪 90 年代，随着互联网的普及，出现了大量的自然语言文本数据。研究者不再依赖手工编写的规则，而是利用大量语料库来训练语言模型，用统计规律来揭示语言现象。例如，在语音识别任务中，统计模型能够根据音素出现的频率和序列来预测最可能的单词；在文本分类中，模型可以统计特定词汇与文章类别的共现概率，从而对新的文本进行分类。

n-gram 模型是这一时期的代表性技术。它是一种基于历史信息的语言模型，通过统计相邻单词（或字符）共同出现的频率来预测下一个单词（或字符）的可能性。n-gram 模型广泛应用于语言模型、机器翻译和文本生成等任务。

例如，系统通过分析成千上万的双语句子对，可以学习到"the cat is on the mat"这句话中，"the cat"在特定上下文中翻译为"猫"的概率以及"is on the mat"翻译为"在垫子上"的概率。翻译时，系统会根据这些概率来选择最可能的翻译组合，从而生成目标语言句子。这种方法不再依赖固定的规则，而是基于实际数据来动态确定翻译结果，使得翻译更加灵活和自然。

然而，统计方法仍然存在局限性，如对稀疏数据的处理能力有限，且模型参数众多，计算复杂度高。

3. 基于词嵌入的 NLP

词嵌入（word embedding）技术是将语言问题转换为计算问题的重要一步。词嵌入的作用是将不可计算、非结构化的词转换为可计算、结构化的向量，也就是将每个单词转换为一个低维向量来表达。这个向量让计算机不仅能识别单词本身，更能理解人类语言中的深层关系。例如，"猫"和"狗"都属于宠物，"牛"与"羊"常同时出现。那么语义相似的词在向量空间上也会比较相近（图 7-3）。这种表达文本的方式通用性很强，可以用在不同的任务中。

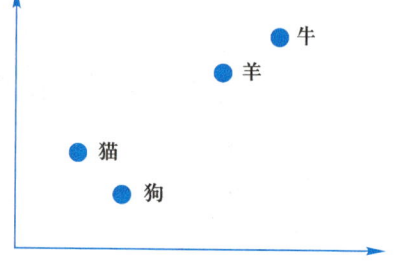

图 7-3　词嵌入技术示例

词嵌入技术将语义关联性转化为空间几何关系，使得机器能够更好地理解和处理自然语言。然而，仅靠词嵌入还不足以完全应对复杂句子的结构和语义，还需要更先进的技术来实现对整个句子乃至更长文本的准确理解和生成。

4. 基于深度学习模型的 NLP

在自然语言处理的发展历程中，深度学习模型的引入标志着从人工规则到数据驱动学习的根本性转变。传统的循环神经网络（recurrent neural network，RNN）通过循环链接处理序列数据。RNN 的隐藏状态（hidden state）将上一时刻的信息传递至当前时刻，使得输出依赖当前输入和前一时刻的状态。如图 7-4 所示，距离越远，前面的内容影响力就越小。如果一个句子很长，到句子末尾时，它将记不住这个句子开头的内容。

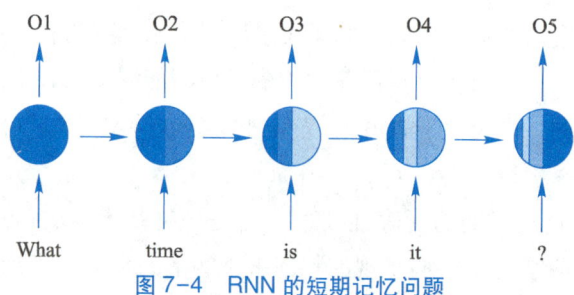

图 7-4　RNN 的短期记忆问题

不难看出，RNN 存在两个关键缺陷。

(1) 长距离依赖问题

随着序列长度增加，早期时刻的信息会逐渐衰减，导致 RNN 模型难以捕捉句首与句尾的关联。例如，"The cat, which chased the mouse for hours, finally fell asleep."这句话中，"cat"与"fell asleep"的关联可能丢失。因为"chased the mouse for hours"这一长串的中间信息可能会干扰或覆盖掉早期的"cat"信息。再如，预测句子"我在湖南出生、长大。即使我的父母都是江苏人，我更喜欢吃＿＿。"中空缺的下一个词时，"江苏"对于预测"吃"后一个词的影响力可能大于"湖南出生、长大"这一关键信息，导致预测不准确。这就是所谓的"长距离依赖问题"。

(2) 顺序处理限制

RNN 必须逐词处理输入数据，无法并行计算，训练效率很低。例如"我从小就非常喜欢阅读，书籍一直是我的良师益友。但是，最近我读的一本书让我非常失望，它的内容毫无新意，让我感觉浪费时间。"，处理这个文本时，RNN 需要按照句子的顺序，一个词接一个词地处理，直到整个序列处理完毕，才能做出情感判断，计算效率较低。而且，RNN 可能难以将"我从小就非常喜欢阅读"这一正面情感信息与"但是，最近我读的一本书让我非常失望"这一负面情感信息有效地结合起来，从而做出准确的情感判断。

为了解决这些问题，长短期记忆网络（long short-term memory network，LSTM）和门控循环单元（gate recurrent unit，GRU）相继被提出。这些模型通过门控机制改进信息流控制。LSTM 通过引入遗忘门来决定丢弃多少旧信息，引入输入门来决定存储多少新信息，引入输出门来决定当前输出，最终实现对信息的选择性保留。LSTM 可以有效传递句首的主语信息至句尾，避免译文歧义。例如，在翻译"He saw a bat with his son"时，"bat"正确翻译为"球拍"而非"蝙蝠"。这一进步极大地增强了 NLP 系统对语言的理解深度，并在诸如机器翻译、文本生成、情感分析等复杂任务上实现了性能上的飞跃。

以机器翻译为例，LSTM 模型能够"记忆"句子前半部分的关键信息，从而在翻译过程中确保信息的完整传递，避免了重要细节的丢失。相较于早期的基于规则和统计的 NLP 方法，基于深度学习的模型展现出了显著的性能优势。然而，尽管 LSTM 和 GRU 在处理长距离依赖关系方面有所改进，但它们仍然具有一定的局限性。

(1) 顺序依赖

在处理序列数据时，必须按照顺序一个词一个词地处理。这种顺序依赖性使得 LSTM 和 GRU 无法高效利用 GPU 的并行计算能力。正是由于无法同时处理多个词，导致模型训练过程中的计算效率较低，难以充分发挥现代硬件的潜力。

(2) 长序列瓶颈

面对一些特别长的序列数据（如万字长文）时，LSTM 和 GRU 容易遇到信息衰减问题。随着序列长度的增加，早期输入的信息在传递过程中会逐渐减弱，可能导致重要信息的丢失，进而影响模型对长文本的理解和表示。

(3) 全局上下文缺失

LSTM 和 GRU 在捕捉全局上下文信息方面存在不足，无法动态权衡序列数据中不同位置上词汇的重要性。例如，在理解反讽语气时，往往需要结合整个文本的上下文信息。但由于 LSTM 和 GRU 在处理文本时难以充分考虑全局信息，就可能导致对这类复杂语义的误解。

正是在这样的背景下，最终催生了 Transformer 架构。2017 年，谷歌团队在论文"Attention is All You Need"中提出了 Transformer 架构。这一创新性的设计摒弃了传统的顺序处理方式，转而采用并行计算的方式，使模型能够同时关注文本中的每个位置，并通过计算每个位置与其他位置之间的关联程度，来捕捉文本中的长距离依赖关系。

7.2.2 Transformer 架构

Transformer 架构的提出，彻底改变了 NLP 领域的处理范式。它犹如拥有无数双敏锐的眼睛，能够同时审视文本的多个部分，并迅速捕捉到各个词之间的复杂关联。无论文本的长度如何，Transformer 都能保持高效的处理速度，同时确保保留完整的关键信息。这一架构的提出，不仅解决了长距离依赖问题，还显著提升了模型的训练效率。如今，Transformer 架构已成为各大顶尖大模型的坚实基础，也为人工智能的全面发展注入了强劲动力。

1. 编码器—解码器结构

Transformer 架构主要由两部分组成：编码器和解码器（图 7-5 (a)）。这一构成可以形象地比作一个高效的翻译团队。编码器如同一位精通多国语言的译员，负责将原始文本深度解析，并转换成一种富含语义的内部语言表示；而解码器则如同另一位才华横溢的译员，能够精准地理解这种内部语言，并将其转化为流畅的目标语言表达。这种明确的分工与协同工作机制，使得 Transformer 在处理语言转换任务时表现出色。

一般来说，可以根据任务的具体需求，灵活地调整编码器和解码器的数量和配置。编码器和解码器分别由多个相同的层堆叠而成（图 7-5 (b)）。通过堆叠多个编码器和解码器，模型能够学习更复杂的函数表示，捕获更深层次的语义信息和结构特征，处理更复杂的任务。

7.2 大模型的核心技术

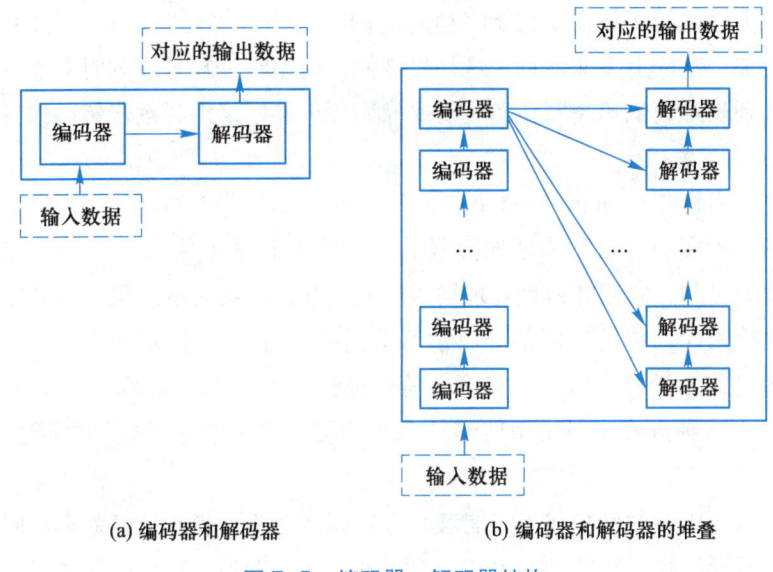

图 7-5 编码器—解码器结构

(1) 编码器 (encoder)

编码器的核心任务是对输入的文本序列进行深入处理,将其转换为富含信息的内部表示。具体而言,编码器会将每个词映射为一个多维向量,这些向量不仅蕴含了词语的基本含义,还融入了其在句子中的位置信息以及与其他词语的关联关系。通过这种精细的表示方式,编码器能够全面捕捉输入文本的语义内涵和结构特征,为解码器生成高质量输出提供坚实的信息基础。

(2) 解码器 (decoder)

解码器则在编码器生成的内部表示的基础上,逐步构建目标文本序列。在每一步生成过程中,解码器都会仔细参考编码器的输出,同时考虑已经生成的部分文本内容,以预测下一个最合适的词语。这种逐词递进式的生成方式确保了最终输出的文本不仅与原始输入紧密相关,而且在语法、语义和连贯性方面都达到高标准。

通过编码器和解码器的紧密配合和高效协作,Transformer 架构能够快速完成从输入数据到输出数据的复杂转换任务。这种精妙的设计使得 Transformer 能够应对各种复杂的任务。

2. 自注意力机制

自注意力机制(self-attention mechanism)是 Transformer 的核心技术之一。简单来说,就是模型在处理某个词时,不仅注意这个词本身以及它附近的词,还会注意这个文本序列中所有的词,然后给予每个词不一样的注意力权重(attention weight)。这些权重是在训练过程中通过大量文本学习逐渐习得的,反映了模型在处理每个输入词时分配的注意力有多少。

自注意力机制的优势在于它能够动态地调整对输入序列中不同位置的关注程度，从而捕捉更加丰富的上下文信息。这种机制使得模型在处理长序列时更加有效，因为它能够捕捉到长距离依赖关系，而不需要像循环神经网络那样逐步传递信息。

3. 多头注意力机制

多头注意力机制（multi-head attention mechanism）是对自注意力机制的进一步扩展。它通过引入多个"头"来增强模型的表达能力和学习能力。每个头都是一个独立的自注意力机制，它们并行地处理输入序列，并输出各自的结果。这意味着每个头都可以关注输入序列中的不同部分，学习不同的特征。每个头独立执行自注意力运算，得到各自的注意力输出。这些输出随后被拼接在一起，形成一个更丰富的表示（如长向量）。这种方式使得模型能够从多个角度、多个表示子空间中捕捉到更全面的信息。

多头注意力机制的优势在于它能够并行处理多个头，提高计算效率。同时，由于每个头学习不同的特征，模型的表达能力得到了显著增强。这种机制使得模型在处理复杂序列数据时更加灵活和准确，能够在多个任务中取得优异的性能。

4. 位置编码

尽管自注意力机制能够精准捕捉词语之间的语义关联，但它无法感知词语的排列顺序。例如，当面对"狗追猫"和"猫追狗"这两个语序相反的句子时，它无法推导出动作的发起者。

为了让 Transformer 能识别输入数据的位置关系，研究者们引入了另一个核心技术——位置编码。简单来说，位置编码的作用就是给每个输入数据贴上一个专属"位置标签"，这个标签代表着该数据在整个序列中的位置。位置编码通常以一串数字的形式呈现，实现方式多种多样，其中最常用的便是利用正余弦函数（sin 和 cos）来为每个位置生成唯一的编码。

这些位置标签对模型理解句子至关重要。通过它们，模型能够清晰感知单词的排列顺序以及单词间的距离，从而准确把握句子的结构和语义，确保自然语言处理的准确性。例如，在句子"狗追猫"中，模型依据位置编码就能明白"狗"是动作的发出者，"猫"是"追"这个动作的对象，避免出现理解偏差。

7.3 大模型的常见应用

微视频：大模型的应用

大模型正逐步渗透人们生活的方方面面，从日常生活到学术研究，从娱乐休闲到专业工作，大模型的应用场景日益丰富，为各行各业带来了前所未有的变革与机遇。接下来为大家介绍几个典型的应用场景，感受大模型是如何重塑人们的工作与生活方式的。在使用各类大模型时，大家可以选用手机端 App，也可以使用计算机登录官方网站使用大模型。国内常见大模型及其功能如表 7-1 所示。

表 7-1　国内常见大模型

大模型名称	功　　能
DeepSeek	自然语言理解、文本生成、代码生成、逻辑推理、数学计算等
百度文心一言	文本生成、知识问答、图像生成、语音识别等
豆包	多模态能力、智能对话、文本生成、知识问答、图像生成、语音识别等
Kimi	长文本处理、代码生成、文本生成、多语言翻译、机器翻译等
智谱清言	自然语言处理、智能问答、知识检索等
阿里云通义千问	文本创作、智能问答、商业文案生成等
科大讯飞星火	语音识别、语言技术、智能翻译等
腾讯元宝	游戏开发、自然语言处理、图像生成等
商汤日日新	图像识别、视频分析、自然语言处理等
剪映即梦 AI	图片生成、视频生成、视频 AI 编辑等

7.3.1　提示词及设计技巧

无论使用哪个大模型，提示词的重要性都不言而喻。提示词（prompt）是用户与大模型交互的核心工具，其设计和表述直接影响生成结果的准确性、相关性和实用性。提示词的本质是向模型传递任务意图的"语言指令"，是用户需求的载体。尽管大模型具备强大的语义理解和生成能力，但其输出质量高度依赖提示词的精确性，原因在于模型本身缺乏人类的主动意图推断能力。它无法自主识别模糊需求背后的深层目标，只能根据输入文本的表层信息进行概率化生成。如果提示词过于笼统（如"写一篇关于人工智能的文章"），模型可能因缺乏具体方向而生成泛泛而谈的内容；反之，如果提示词能明确任务目标、限定输出范围并提供结构化指引（如"从伦理挑战、技术突破、社会影响 3 个维度，用高中生可理解的案例，撰写一篇 800 字科普文章"），加上一些限制之后，模型则更易生成符合预期的内容。

提示词的重要性主要体现在 3 个方面：意图传递效率、生成可控性和知识引导深度。

首先，精确的提示词能缩短模型理解需求的时间成本。例如，在学术写作中，提示词"比较莎士比亚与汤显祖戏剧中女性角色的塑造差异，需引用至少两部作品对白"。这个提示词不仅限定了比较对象,还明确了分析维度和证据类型,相较于"分析戏剧人物"的模糊指令,显著提升了生成内容的聚焦度。

其次,提示词可通过约束条件增强结果的可控性,如指定输出格式("用分点列表回答")、风格要求("模仿海明威的简洁文风")或排除特定内容("避免使用专业术语"),这些限制能有效规避模型生成冗余或偏离主题的信息。

此外,提示词能激活模型的深层知识关联。通过嵌入领域关键词(如"基于认知语言学理论")、提供参考范例或分步推理指令("先解释概念,再推导公式,最后举例说明"),用户可引导模型调用特定知识模块,从而生成更具专业性和逻辑性的内容。

然而,提示词设计并非简单的"指令堆砌",而是一种需要平衡创造力与规则性的技能。优秀的提示词往往没有固定的模式,可以根据具体的任务目标,包含若干部分(表7-2)。

表7-2 提示词组成部分

名称	作用	举例
指令	明确告诉模型需要做什么	"撰写一篇新闻报道"或"生成一份商品描述"
上下文	提供了任务的相关背景,帮助模型更好地理解指令的背景和细节	事件发生的地点、时间、涉及的人物或特定的背景信息、角色等
格式	定义输出应该呈现的样子,可能是特定的文本结构,如列表、段落或特定的文体	"列出3个原因"或"使用五言绝句"
示例	可以从示例中学习到任务的期望样式和质量标准,帮助模型理解如何将指令和上下文结合起来,以产生合适的输出	
填充信息	又称模板,使得提示词能够针对不同的场景和需求进行定制,可以根据具体情况或用户输入替换提示词中的可变部分(如名称、地点、日期等)	"你好,{姓名}!请你在{日期}前往{地点}报到。"

本质上,提示词工程就是将人类思维转化为机器可解析的语言,其终极目标不是追求"完美提示",而是建立人机协作的高效对话机制,使大模型从"随机文本生成器"进阶为"目标导向的智能协作者"。下面通过示例对比的方式,让大家体会何谓"好的提示词",何谓"不好的提示词"。

(1)明确目标和背景信息

在编写提示词时,首先要明确希望模型完成的具体任务。提供足够的背景信息可

7.3 大模型的常见应用

以帮助模型更好地理解,从而生成更符合需求的内容(表7-3)。

表7-3 明确目标和背景信息示例

不好的提示词	解释一下量子计算。
好的提示词	假设你正在给一位计算机科学专业的学生讲解量子计算,请用简单易懂的语言解释量子比特的概念及其与经典比特的区别。

对比说明:第一个提示词没有设定具体的受众和场景,可能导致生成的内容过于专业或过于简单;而第二个提示词设定了具体的受众和场景,有助于生成更加合适的内容。

(2)使用具体和详细的指令

尽量使用具体和详细的指令,而不是模糊不清的要求。明确的指令可以帮助模型更好地理解用户的意图(表7-4)。

表7-4 使用具体和详细的指令示例

不好的提示词	描述一下这个手机。
好的提示词	请描述这款智能手机的主要功能、设计特点以及与竞品相比的优势。

对比说明:第一个提示词没有给出具体的产品信息和需要关注的方面,可能生成的内容不够全面;而第二个提示词详细指出了需要描述的具体内容,有助于生成更完整和有用的信息。

(3)逐步细化问题

对于复杂的问题,可以采用逐步细化的方式,先从宏观角度提问,再逐步深入细节(表7-5)。

表7-5 逐步细化问题示例

不好的提示词	请写一篇关于人工智能发展历程的文章。
好的提示词	请简要概述人工智能的发展历程。 请详细描述人工智能在20世纪90年代的主要进展。 请分析近年来深度学习技术对人工智能发展的影响。

对比说明:第一个提示词要求一次性完成大量内容,可能导致生成的内容杂乱无章;而第二个提示词通过分步骤的方式,逐步引导模型生成结构清晰、内容丰富的文章。

(4)利用示例和模板

提供示例或模板可以帮助模型更好地理解预期的输出格式和风格(表7-6)。

表 7-6　利用示例和模板示例

不好的提示词	写一封感谢信。
好的提示词	请参考以下示例，写一封感谢信。示例：亲爱的××，感谢您在我最困难的时候给予的支持……

对比说明：第一个提示词没有提供任何参考，可能导致生成的内容不符合预期；而第二个提示词提供了示例，有助于生成更加符合要求的感谢信。

（5）限制生成长度

明确指定生成内容的长度，避免模型生成过长或过短的内容（表 7-7）。

表 7-7　限制生成长度示例

不好的提示词	写一篇关于环保的文章。
好的提示词	请写一篇关于环保的文章，字数控制在 800 到 1 000。

对比说明：第一个提示词没有指定长度，可能导致生成的内容过长或过短；而第二个提示词明确了字数范围，有助于生成适当长度的文章。

（6）保持简洁明了

尽量保持提示词简洁明了，避免冗余和复杂的句子结构（表 7-8）。

表 7-8　保持简洁明了示例

不好的提示词	我希望你能帮我写一篇关于健康饮食的文章，这篇文章应该包括一些基本的营养知识以及如何制定健康的饮食计划，最好还能有一些实用的建议，比如如何选择食物和准备餐食。
好的提示词	请写一篇关于健康饮食的文章，包括基本营养知识、制定饮食计划的方法和实用建议，如食物选择和餐食准备。

对比说明：第一个提示词过于冗长且结构复杂，可能导致模型难以理解；而第二个提示词简洁明了，更容易被模型理解并生成高质量的内容。

（7）避免歧义

确保提示词中的词语和表达方式不会引起歧义，特别是对于多义词和容易混淆的概念（表 7-9）。

表 7-9　避免歧义示例

不好的提示词	苹果的价格是多少？
好的提示词	苹果公司最新产品的价格是多少？

对比说明：第一个提示词没有明确指出"苹果"是水果还是手机；而第二个提示词明确了领域，有助于生成更加准确的解释。

（8）多次迭代优化

如果第一次生成的结果不满意，可以通过多次迭代来优化提示词，逐步调整以达到最佳效果（表7-10）。

表7-10 多次迭代优化示例

第一次尝试	请写一篇关于人工智能的文章。
第二次尝试	请写一篇关于人工智能的文章，重点讨论其历史发展和未来趋势。
第三次尝试	请写一篇关于人工智能的文章，重点讨论其历史发展、当前应用和未来趋势，字数控制在1 000字左右。

对比说明：通过多次迭代，逐步明确主题、重点和长度要求，最终生成的内容会更加符合预期。

大家需要在实践中摸索、感悟如何明晰、准确、具体、巧妙地选择与安排提示词语，有效地与大模型交流，使之较好地完成目标任务，这是技术，也是艺术。当然，未来可能会有更友好的交互形式，或者理解能力更强的大语言模型产品。

7.3.2 内容生成

1. 文本生成

大家最熟悉的任务，应该就是让大模型生成文本内容。因为大模型在训练过程中，读取了海量的文本数据，在某种程度上来说，它的知识面和信息检索速度比人类要好很多。大模型可以根据给定的主题、部分初始内容等信息，深度挖掘并调用在海量数据训练过程中所学习到的语言模式和丰富知识，从而生成逻辑连贯、表达流畅的文本。从引人入胜的故事到意境优美的诗歌，从严谨专业的学术论文到吸睛的营销文案，大模型正以前所未有的灵活性和创造力，重塑着信息时代的文本生成格局。

但是，大模型生成的文本有时可能会显得"空洞"或"不够准确"。比如，它可能会因为缺乏具体的提示而生成一些"套话"，或者因为对某些专业领域的理解不够深入而出现错误。这就需要大家学会如何"引导"大模型，让它生成更高质量的文本。

如果要求以"未来城市生活"这一主题写一篇文章，试想一下，你会给大模型输入怎样的提示词呢？以下是3种不同的提示词示例：

（1）简单指令型提示词

示例："写一篇关于未来城市生活的文章。"

优点：简洁明了，直接传达任务意图。

缺点：生成的文本可能较为宽泛，缺乏细节和深度，容易出现"流水账"式的描述。

（2）详细背景型提示词

示例："在未来的城市中，科技高度发达，人们的生活方式发生了巨大变化。请描述未来城市生活的主要特点。"

优点：通过提供背景信息，引导模型生成更具体、更符合主题的内容。

缺点：如果背景信息过多，可能会限制模型的创造力，使其生成的内容过于局限。

（3）风格指定型提示词

示例："以科幻小说的风格，写一篇关于未来城市生活的短文，重点描述城市的交通和居住环境。"

优点：明确的风格和重点要求可以让生成的文本更具特色和针对性。

缺点：如果对风格或重点的描述不够清晰，模型可能会误解意图，导致生成内容偏离预期。

大家可以使用任何一个大模型，来感受一下输入不同信息的提示词，得到的文本会有多大的不同。图7-6展示的是不同风格的提示词在百度文心一言生成的文本。

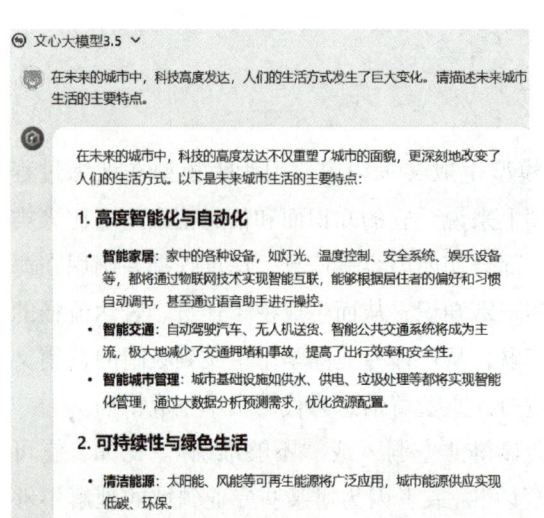
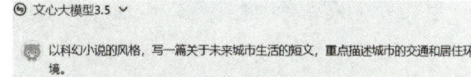

图7-6　文本生成示例

2. 文生图

文字以其精准的表达和丰富的内涵，能够清晰地阐述复杂的概念和深邃的思想；而图像则以其直观的视觉冲击力和生动的形象，能够瞬间抓住人们的注意力，传递情感和氛围。将文字与图像完美融合，一直是人类追求的目标之一。如今，大模型文生图的功能,能够根据文字描述绘制出栩栩如生的图像,将抽象的文字转化为具象的画面,为没有任何绘画技巧的普通人,带来了艺术创作与表达的可能性。

豆包是由字节跳动公司推出的智能助手,于 2023 年 8 月正式发布,具备出色的多模态能力,尤其在文档阅读、编辑、语音通话、代码编写、图片生成等方面表现卓越。这使得豆包能够满足用户在不同场景下的需求,无论是企业办公还是内容创作,都能提供高效便捷的 AI 支持。此外,豆包还具备快速响应和大容量输出的特点,进一步提升了用户体验。2024 年 12 月豆包升级文生图能力,支持一键生成指定文本。用户可以在生图提示词中加入文本要求(图 7-7)。需要注意的是,对文生图模型而言,如何在图像中精准生成文本一直是难题,尤其是中文文字,经常出现乱码。原因是相比英文字母,汉字字符结构更复杂,且字符数量要多两个数量级。

图 7-7 豆包文生图示例

3. 科研绘图

科研绘图也是文生图的一种,是指在科学研究中,借助图形、图像可视化呈现、解释和说明科研数据、概念、原理等信息的专业绘图,要求内容准确契合科学事实与数据,简洁精准地传达信息,严格遵循学科规范和标准。科研绘图目的明确,能够将抽象复杂的研究内容直观化,辅助科研人员理解分析,助力成果的传播与交流。在学术场合,科研绘图能够展示研究成果,提升影响力;在合作研究中,科研绘图还能打破沟通障碍,促进交流。在教学过程中,科研绘图有助于培育学生科学思维与创新能力。

Kimi 智能助手于 2023 年 10 月首次发布,可以直接绘制多种图形,如流程图、思维导图、序列图、甘特图、类图、饼图、柱状图等，用于不同的场景和需求。这些图形可以根据具体需求进行调整和扩展，帮助用户更清晰地表达和展示信息。Kimi 生成流程图有 3 个版本，分别是 CODE、经典和手绘。

图 7-8 是生成了"计算 1 到 100 的累加和"流程图的 CODE 版及其说明。CODE 版是 Mermaid 格式，Mermaid 是一种基于文本的图表绘制语言，它融合在 Markdown 文档中，使用户能够通过编写代码来生成专业美观的各类图表。在支持 Mermaid 格式的网站或软件复制粘贴 Mermaid 格式代码，可以编辑修改并一键生成流程图。

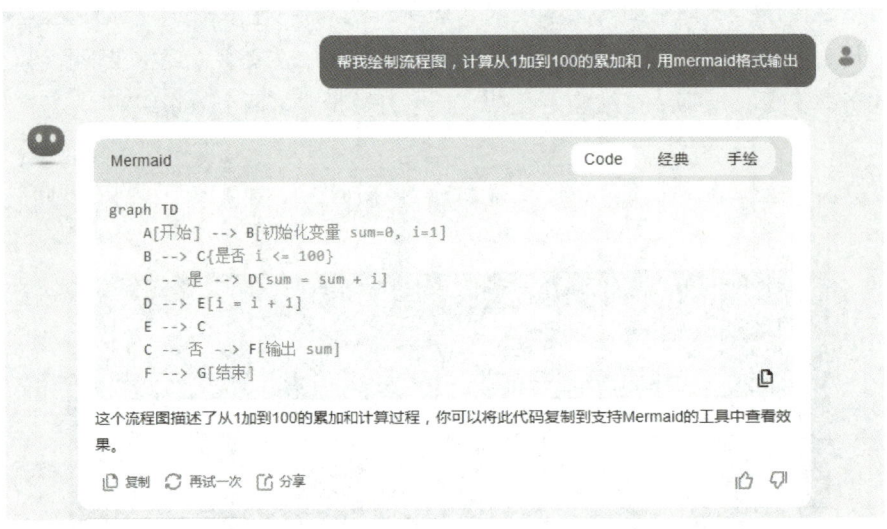

图 7-8　Kimi 绘制流程图——CODE 版示例

与其他大模型不同的是，Kimi 除了能生成流程图的 Mermaid 格式代码，还能直接生成经典版（图 7-9）和手绘版流程图，单击右下角"复制"或"下载"按钮后可以直接使用该流程图图片。

4. 文生视频

视频作为一种强大的信息传播媒介，以其生动的画面、丰富的细节和强烈的感染力，迅速占据了人们日常生活的中心舞台。然而，视频制作往往需要专业的设备、技术知识和大量的时间投入，这使得许多创作者望而却步。随着人工智能技术的飞速发展，大模型的文生视频功能为我们带来了新的希望，它显著降低创作门槛，普通人无须专业技能与复杂软件操作就能创作。这不仅突破了传统思维局限，还能在短时间内完成视频生成，极大提高创作效率。

大模型的文生视频功能凭借其独特优势，深度融入内容创作、广告营销、教育教学、游戏开发等多个领域，极大地拓展了视频创作的边界，为各行业带来了全新的发展机遇与变革动力，未来也必将在更多场景中发挥重要作用，持续推动行业创新与进步。

7.3 大模型的常见应用

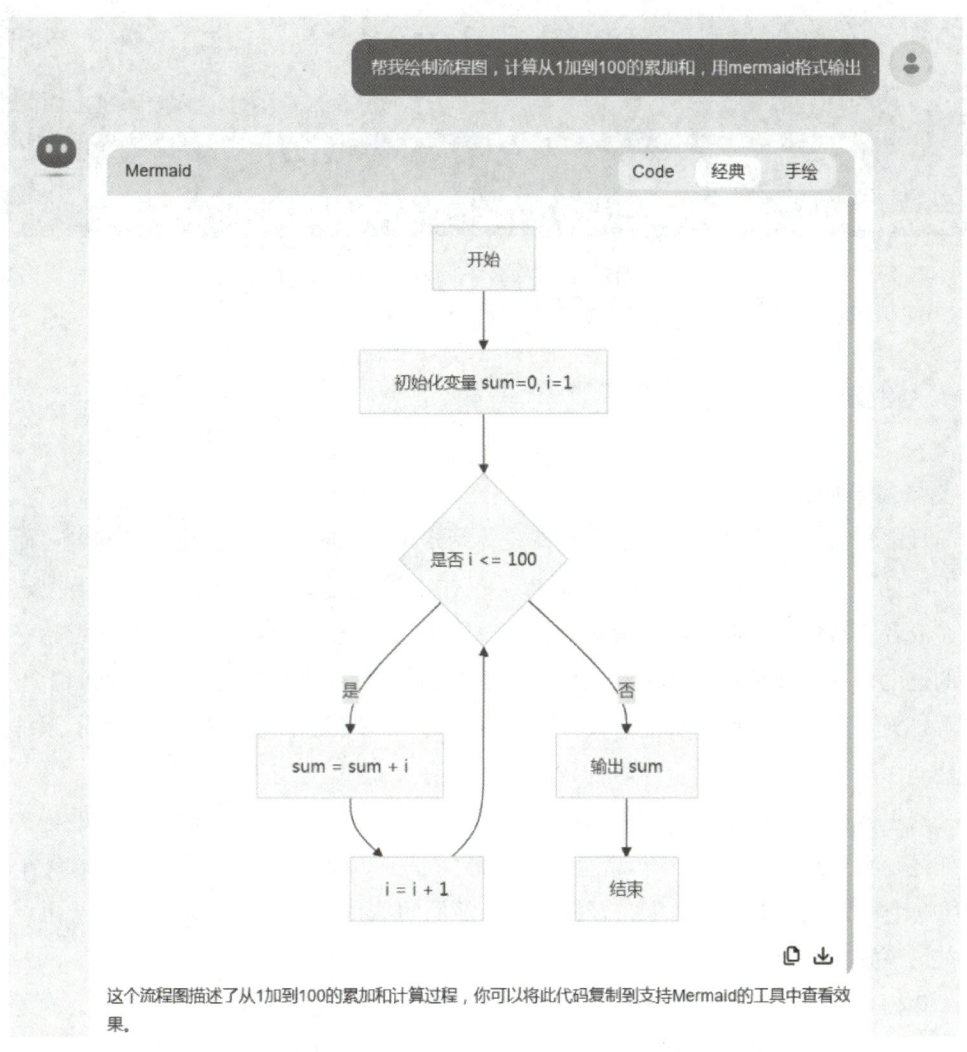

图 7-9　Kimi 绘制流程图——经典版示例

即梦 AI 是由字节跳动公司于 2024 年 8 月正式推出的一站式 AI 创作平台，支持通过自然语言及图片输入，生成高质量的图像和视频。在 AI 绘画方面，用户只需输入简单提示词，就能生成精彩图片（图 7-10），还能对现有图片进行背景替换、风格联想等创意改造。智能画布功能支持本地素材上传，用户可在交互式画布上自由拼接，进行分图层 AI 生成、扩图、局部重绘等操作。AI 视频生成功能十分强大，支持多种生成模式，能根据单图、双图或纯文本描述生成视频，还提供 AI 对口型、镜头控制、速度控制等编辑功能。故事模式则提供一站式生成故事分镜、镜头组织管理、编辑等功能，大幅提升创作效率。

图 7-10　即梦 AI 文生图示例

7.3.3　信息检索与理解

1. 智能问答系统

日常生活中，无论是学习、工作还是休闲娱乐，随时都可能冒出各种问题，而寻求准确且迅速的答案成为一种迫切需求。以往，人们可能习惯使用百度这类搜索引擎，或者请教他人。但如今，大模型彻底改写了人们获取答案的方式。它能以超乎想象的速度，准确理解用户问题，提供快速、准确的解答，同时支持多轮对话和上下文理解，为用户带来了更加智能、高效、个性化的问答交互方式。这不仅提升了系统的性能和用户体验，还为各个领域的发展提供了有力支撑。

阿里云推出的通义千问，发布于 2023 年 4 月，无论是寻求知识解答、进行文案创作还是需要编程辅助，用户都能获得满意的服务。企业、开发者可以将通义千问 API 这个强大而灵活的工具集，轻松地融入他们的项目和服务当中，从而创造出更加智能、高效的解决方案。

该模型的突出特点包括多轮对话能力，支持复杂语境下的准确回应；强大的逻辑推理功能，能够帮助用户解决问题或做出决策；对多种语言的支持，满足国际用户的需求。此外，通义千问还具备免费使用、高度智能化及广泛适用性等优势，成为学术研究、工作辅助及日常生活中的得力助手。如图 7-11 所示，可以通过与大模型的多轮对话得到问题答案。

2. 长文档解读

在当今数字化时代，信息如同潮水般汹涌而来，文档作为知识和信息的重要载体，遍布于人们生活的各个角落。从学术论文到商业报告，从新闻稿件到个人笔记，文档承载着人类智慧的结晶。然而，面对海量的文档数据，如何高效地提取、分析和利用其中的信息，成为一个亟待解决的问题。大模型的出现为我们带来了新的希望。这些基于深度学习技术构建的智能系统，如同拥有超凡洞察力的"阅读者"，不仅能够快速阅读并理解长篇大论，还能够深入文档的每一个角落，精准地提炼关键信息、识别逻辑关系，甚至进行深度的语义分析。下面以智谱清言为例进行介绍。

7.3 大模型的常见应用　　　171

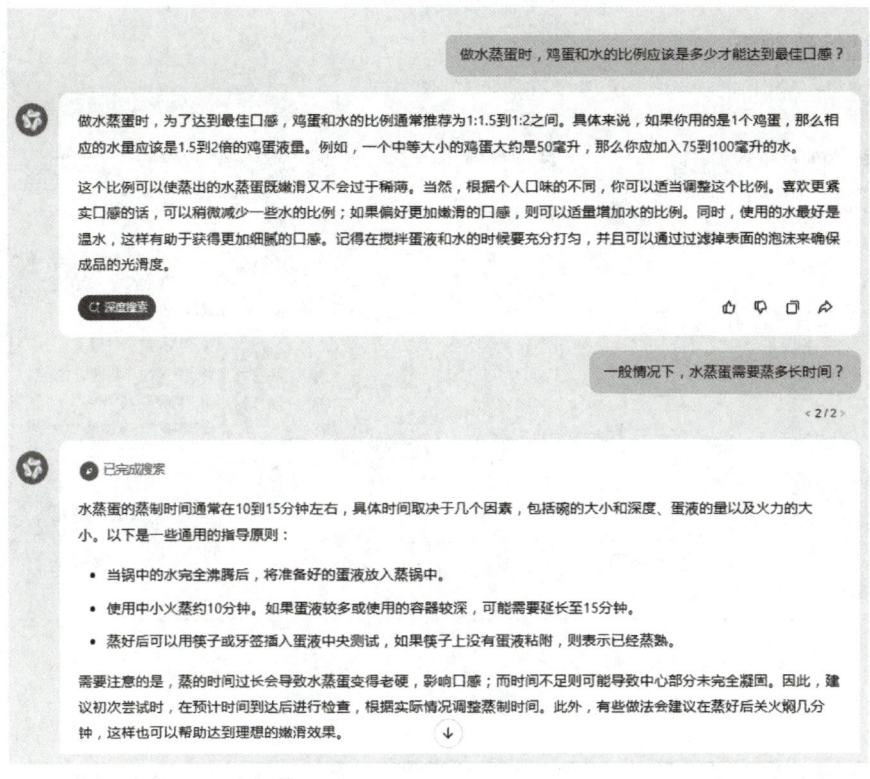

图 7-11　通义千问智能问答示例

智谱清言是由北京智谱华章科技有限公司研发并推出的生成式人工智能助手，该产品于 2023 年 8 月正式上线，支持语音、键盘、手写等多种输入方式。智谱清言拥有卓越的语言理解和生成能力，能够执行通用问答、多轮对话、虚拟对话等任务，并提供创意写作、代码生成等服务。2024 年 7 月，智谱清言上线了"清影智能体—AI 生视频"功能，具备文本生成视频、图像生成视频的能力。9 月，智谱清言推出了视频通话功能，实现了文本、音频和视频三大模态的实时交互推理。

单击"长文档解读"按钮，按要求上传文件（图 7-12），即可开始长文档解读。

在工作台中，中间为文档预览区，右边为 AI 对话区，直接对话式搜索询问。智谱清言可以提供以下功能：

① 文档提问：针对文章内容提问，从文章中准确读取、总结相关内容。

② 文档总结：提炼文档主要内容，比如要点总结、大纲、知识点、关键字等。

③ 文档翻译：选择文中内容，进行英文翻译。

例如，上传《中国公民健康素养——基本知识与技能释义（2024 版）》.pdf（共 66 页，36 000 余字）。智谱清言可以对文档输出核心观点、总结以及对用户的提问基于文档进行回答（图 7-13）。

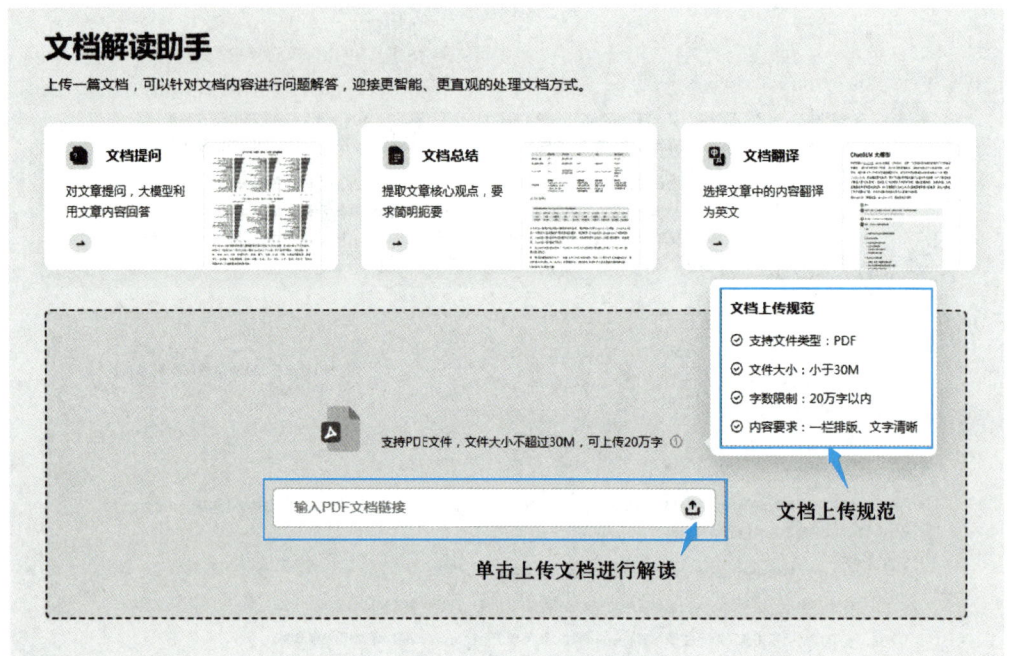

图 7-12　智谱清言长文档解读提交

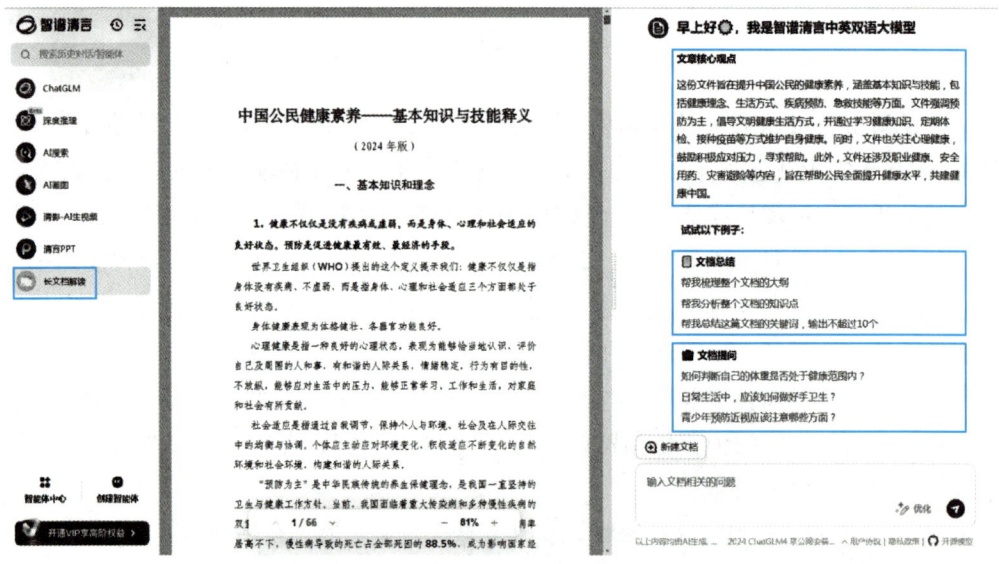

图 7-13　智谱清言长文档解读——文档总结和提问

另外，智谱清言还能自定义选择文档的文字，选中后会弹出 5 个选项：引用、改写（润色美化、精简语言、扩展丰富、通俗处理）、解释、总结、翻译（支持中、英、日、韩、法、德六国语言翻译），单击相关选项后，在输入框单击"发送"按钮，即可得到相应回复（图 7-14）。

7.3 大模型的常见应用

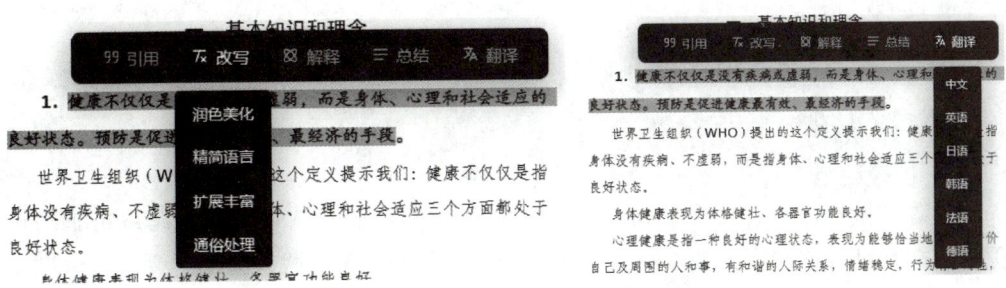

图 7-14　智谱清言长文档解读——改写和翻译

3. 机器翻译

随着全球化进程的加速，不同语言之间的沟通需求愈发迫切。在这样的背景下，大模型在智能翻译领域闪耀登场。它打破了语言的壁垒，让信息得以在不同语种的人群间自由流通。

大模型在语言理解方面表现卓越。它突破了传统机器翻译依赖预先设定规则和统计模型的局限，通过大量文本训练，精准把握语义。对于包含隐喻、习语等复杂语义的句子，例如"The early bird catches the worm."这类表达，大模型能够理解"early bird"并非字面意义，而是"抓住机会、抢先行动的人"，从而准确翻译（图 7-15）。同时，它还具备强大的上下文感知能力。以"bank"一词为例，在不同语境中，如"He went to the bank to deposit money."和"They walked along the bank of the river."，大模型可依据"deposit money"和"river"等上下文线索，正确判断"bank"的含义，分别译为"银行"和"河岸"。

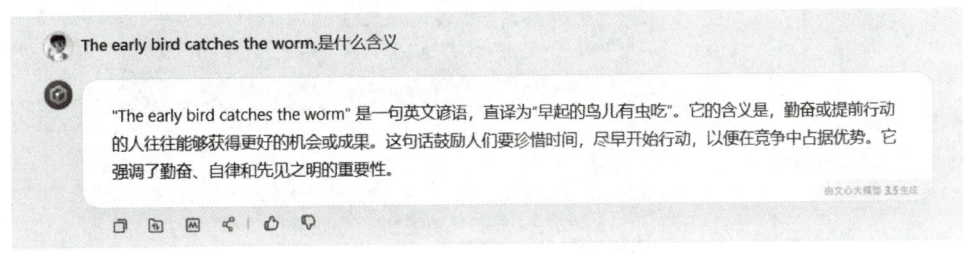

图 7-15　文心一言多语种翻译

从翻译质量和自然度来看，大模型优势明显。它生成的译文更贴合目标语言表达习惯，有效避免传统机器翻译中译文结构生硬、语法错误等问题。大模型还能够精准解析句子结构，将其准确翻译，并合理调整译文结构，确保通顺易懂。

另外，大模型基于多语言文本训练，能同时支持多种语言对的翻译，如英语—法语、英语—德语、法语—德语等。与传统机器翻译系统需为每种语言对单独构建模型和训练数据不同，大模型能利用多语言学习过程中获取的共性与联系，高效实现跨语言转换。

7.3.4 数据分析

1. 情感分析

情感分析也称为意见挖掘或情绪 AI，是识别和提取文本数据中情绪或情感的过程。它能帮助我们洞察人们对特定话题、产品、服务、事件或人物的感受。大模型正以前所未有的力度重塑我们理解和解析人类情感的方式，以其深度的语言理解能力和细腻的情感识别技巧，提供了一种新的工具来解读和量化人类情感。从社交媒体上的一条简短推文到电商平台上的一则产品评价，这些看似平常的文字背后，隐藏着消费者对品牌的喜好、公众对时事的态度以及个体情绪的微妙波动。大模型不仅能够捕捉这些情感的微妙差异，还能进行精准分类、趋势预测乃至情绪引导，为市场营销、社会心理学研究乃至个人心理健康管理开辟了全新的可能。

Kimi 是由月之暗面科技有限公司开发的一款智能助手，于 2023 年 10 月 9 日首次发布。它具备强大的长文本处理能力，能够一次性处理最多 200 万字的内容，并支持多种文件格式，包括 PDF、DOC、XLS、PPTX 等。此外，Kimi 还具备智能搜索和高效阅读功能，能够整合信息并提供详尽的答复。它支持多达 100 种语言的对话，尤其擅长中文和英文。

使用 Kimi 非常便捷，用户只需将文本输入对话框或上传文件，Kimi 即可快速给出回答或分析结果（图 7-16）。

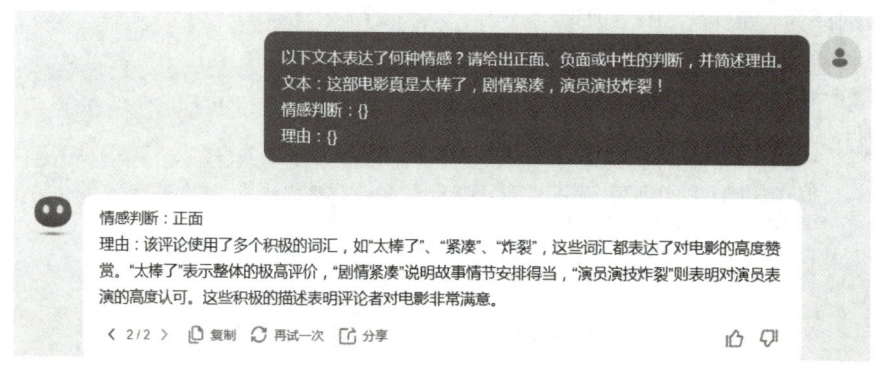

图 7-16　Kimi 情感分析

2. 数据分析

在大数据时代，信息的爆炸式增长为数据分析领域带来了前所未有的挑战与机遇。作为人工智能领域的核心技术之一，大模型以其强大的自然语言处理能力，正逐渐成为数据分析中的重要工具。通过理解和解析海量文本数据，大模型能够在众多场景中发挥关键作用，为企业决策、市场研究、情感分析等领域提供高效、精准的数据支持。

大模型的数据分析功能打破了技术壁垒，让没有任何编程经验的人也能轻松进行数

7.3 大模型的常见应用

据分析。编程对于许多人来说是一项挑战,因此,智谱清言的设计注重用户体验,采用直观的图形化界面,通过拖放和点击等简单操作,无须编写代码,无须理解编程逻辑,就能将复杂的数据分析过程转化为简单的步骤,让每个人都能轻松成为数据分析专家,实现数据分析、编程、图表制作和文件处理等,享受数据分析带来的便利和乐趣。

(1) 上传数据

在智谱清言的首页下方输入框中,输入"@",选择"数据分析"智能体(图7-17)。

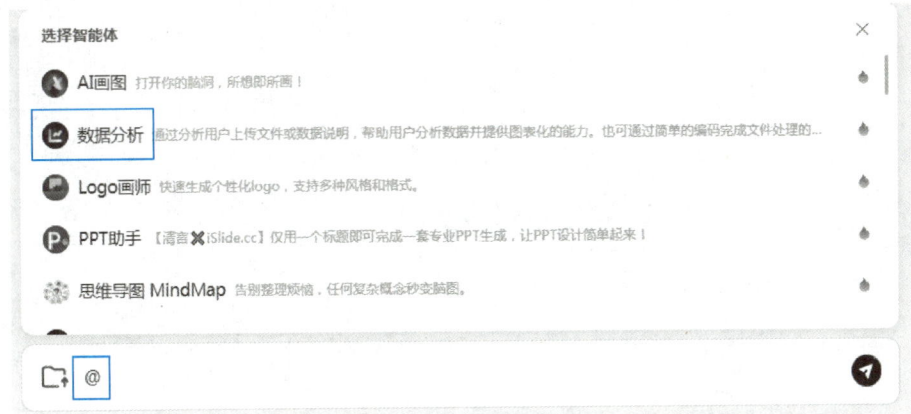

图7-17 智谱清言数据分析

在输入框中选择"本地文件选择"选项或者从"云知识库选择"提交数据文件(图7-18(a))。每次最多分析10个文件(每个文件不超过100 MB)。例如,提交"1万条身高体重数据.csv"文件,包含了10 000条数据,每条数据都由Gender、Height和Weight构成(图7-18(b))。

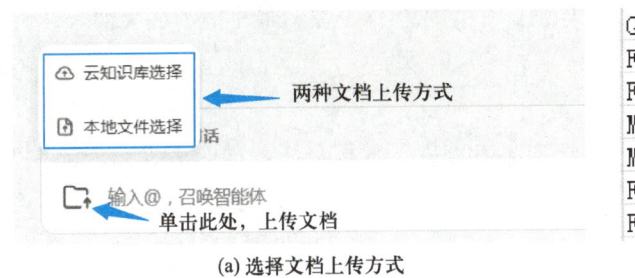

Gender	Height	Weight
Female	168	72
Female	153	47
Male	160	60
Male	175	76
Female	149	56
Female	166	84

(a) 选择文档上传方式   (b) 数据结构

图7-18 智谱清言数据分析——数据提交

(2) 数据读取

上传成功后,智谱清言可以自动整理文件核心内容(图7-19)。

单击图7-19中"执行"部分的"代码生成"按钮,可以查看智谱清言生成的Python代码,不仅代码质量高,还包含了注释,如图7-20所示。有Python编程基础的人也可以根据这些代码进一步巩固提高编程能力。

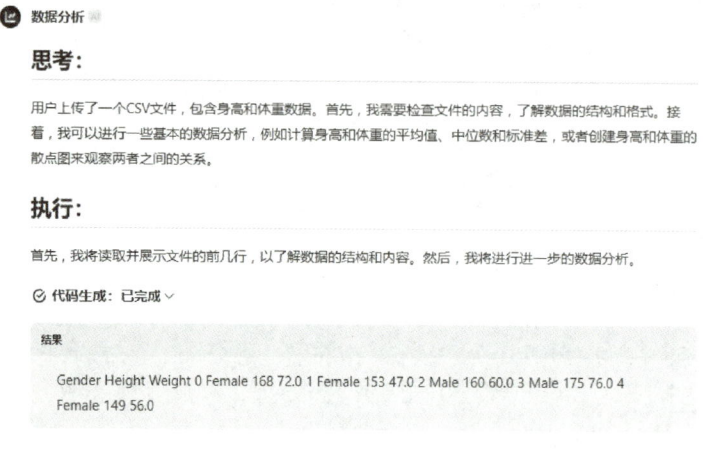

图 7-19　智谱清言数据分析——自动分析

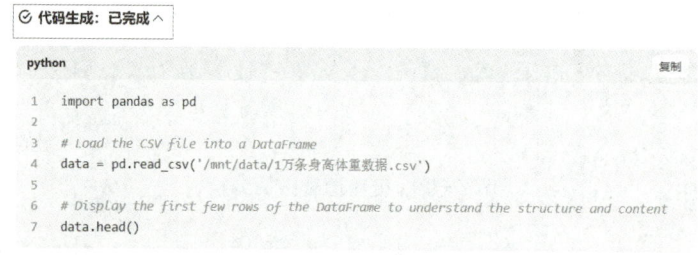

图 7-20　智谱清言数据分析——代码生成

智谱清言还可创建身高和体重的散点图（图 7-21（a）），以观察两者之间的关系。另外，对数据集进行一些基本的描述性统计分析，以更好地了解数据集的分布和特征，其中包括计算身高和体重的平均值、中位数和标准差、最小值和最大值等统计量（图 7-21（b））。

（3）数据分析

可以根据需求，编写提示词，要求智谱清言进行数据分析，如图 7-22 所示，提示它对该数据集进行处理，新建一列 BMI，计算每个人的 BMI 指数，并以表格的形式展示处理后的数据。

还可以进一步要求智谱清言按要求将 BMI 的数值归类，并将分类结果作为新列添加到数据表中，如图 7-23 所示。

（4）数据可视化

智谱清言能将数据以直观的视觉形式（如图表、图形等）呈现出来，以帮助用户快速理解数据的模式、趋势、关系和异常值等重要信息，从而更有效地进行数据分析、决策和沟通。智谱清言通过提示词获取数据类型、时间范围、图表类型等关键要素，再结合对

7.3 大模型的常见应用

话历史或附加信息（如用户提供的数据字段说明），自动生成代码，自动执行，输出可视化图表，还能给出一些简单的分析总结。如图 7-24 所示，画出了 BMI 的分布图。

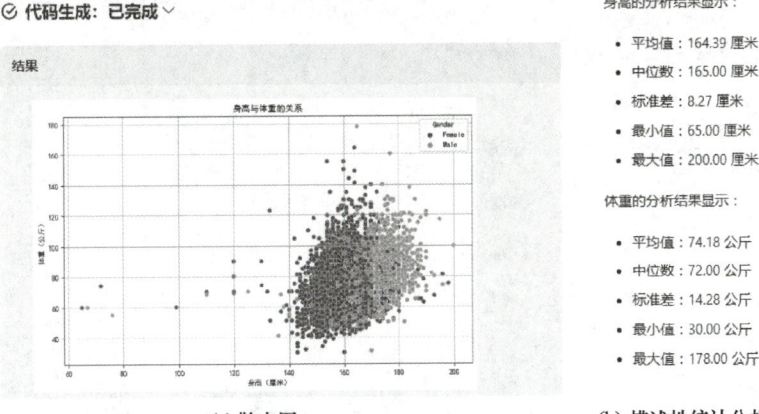

(a) 散点图　　　　　　　　　　　　(b) 描述性统计分析

图 7-21　智谱清言数据分析——散点图和描述性统计分析

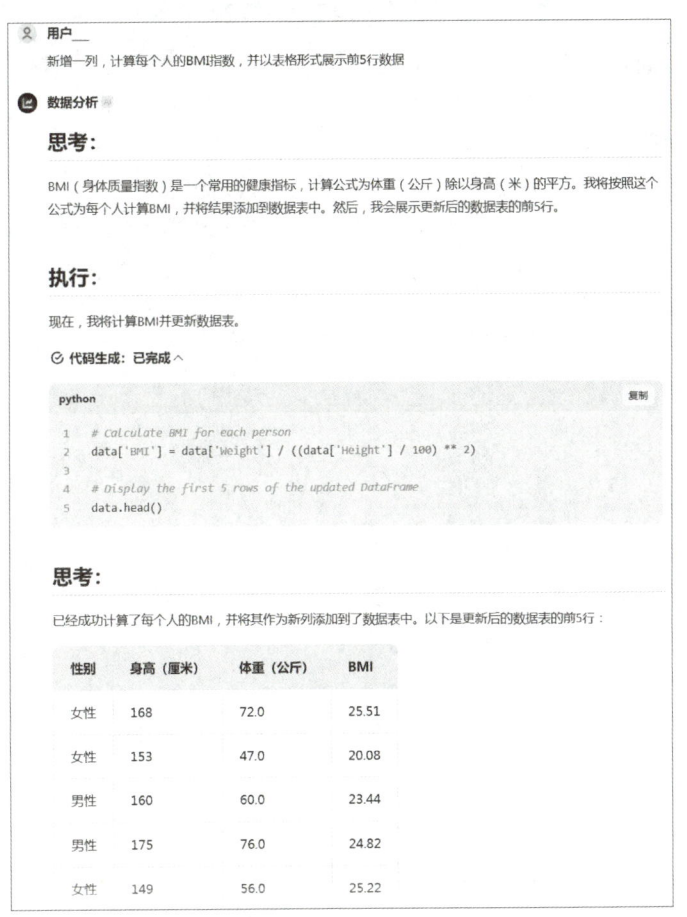

图 7-22　智谱清言数据分析——新增 BMI 指数列

用户___

再新增一列，按下面规则将BMI列的数值转换成对应汉字：BMI小于18.5，为体重过轻，BMI在18.5—24.9，为正常体重，BMI在25.0-29.9，为超重，BMI在30.0-34.9，为一级肥胖，BMI在35.0-39.9，为二级肥胖，BMI 大于40.0，为三级肥胖。以表格形式展示前5行数据

性别	身高（厘米）	体重（公斤）	BMI	BMI分类
女性	168	72.0	25.51	超重
女性	153	47.0	20.08	正常体重
男性	160	60.0	23.44	正常体重
男性	175	76.0	24.82	正常体重
女性	149	56.0	25.22	超重

思考:

已经成功根据BMI值将每个人归类，并将分类结果作为新列添加到了数据表中。以下是更新后的数据表的前5行：

图 7-23 智谱清言数据分析——BMI 分类

用户___

请画出BMI分类的分布图

数据分析

思考:

为了展示BMI分类的分布，我将创建一个条形图，显示每个BMI分类的人数。这将帮助我们直观地了解数据集中不同BMI分类的分布情况。

执行:

现在，我将创建并展示这个条形图。

思考:

条形图显示了不同BMI分类的分布情况。从图中可以看出，正常体重的人数最多，其次是超重和体重过轻的人。一级肥胖、二级肥胖和三级肥胖的人数相对较少。

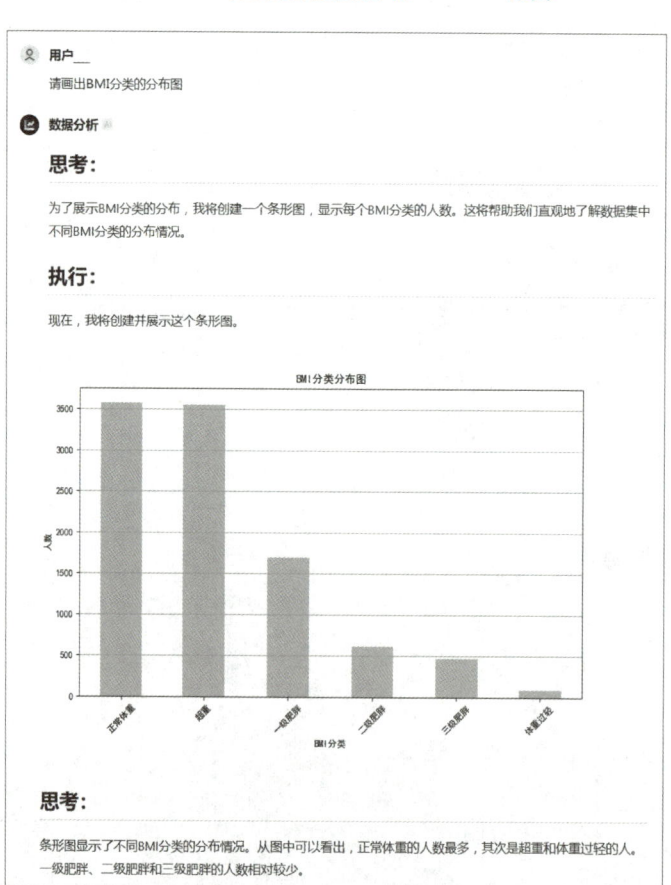

图 7-24 智谱清言数据分析——数据可视化

7.3.5 其他应用

1. 代码自动生成

在软件开发流程中，代码编写历来消耗大量时间与精力。大模型的引入，对此环节产生了革命性影响。借助自然语言处理技术，开发者能以自然语言精确表述功能需求，大模型随即迅速解析并生成相应代码片段乃至完整软件模块。此举不仅显著提升了开发效率和代码质量，还为编程教育提供了有力支持，帮助初学者快速掌握编程技能，同时降低了对专业编程能力的依赖，拓宽了非技术背景人员参与软件开发的途径。

DeepSeek 是由杭州深度求索人工智能基础技术研究有限公司开发的一款先进的大模型。2025 年 1 月 20 日，DeepSeek 发布了 DeepSeek-R1 模型，并同步开源模型，引发了全球关注。DeepSeek 的核心优势在于高性能的大模型，在自然语言处理和推理任务中表现出色，性能比肩 OpenAI 的 o1 正式版。此外，DeepSeek 具有高性能、低成本、多模态能力等特点，并坚持开源策略，推动技术普惠，使其在商业应用中更具性价比。用户可通过明确提问、运用高级指令、进行多轮对话等方式高效使用。

DeepSeek 允许用户通过简单的交互操作来获取高质量的代码，能够实现代码的自动化生成（图 7-25）、智能补全与建议、错误检测与修复、性能优化、代码理解和重构、协作与知识共享以及支持集成和部署等功能。

2. 智能知识管理

信息爆炸的时代，你是否也深陷"知识过载"的漩涡？想象一下，为了准备各种报告和论文，你可能需要同时处理老师上传的 PPT 课件、教材电子版或参考文献 PDF、实验课的数据表格、手机相册里的黑板板书照片、微信群里转发的公众号文章链接、B 站收藏的科普视频，甚至还有小红书里偶然发现的实验攻略。这些学习资料分散在计算机文件夹、云盘、社交软件以及各类 App 中，如同毫无规律的拼图碎片，杂乱无章。

这种跨平台、多模态的知识整合工作，对于初涉科研的学生而言，无疑是一项艰难的挑战。当你急需某一知识点时，那种焦虑感便会扑面而来。你或许清楚记得老师在课上提到过某个理论，可当你心急如焚地翻遍聊天记录、云盘文件，却怎么也找不到。常常是资料收集得越来越多，可论文写作的思路却愈发混乱，完全理不清头绪。

大模型带来的变革正在打破这种困境。它能像拥有"数字感官"的知识管家，自动解析 PDF 中的图表数据，提炼公众号长文的观点脉络，甚至理解视频中的关键论述，更突破性的是具备跨文档语义理解能力。这种智能化的知识管理不仅提升效率，而且重构人与知识的关系。当大模型帮助我们承担了信息分类、关联、提炼这些

"搬砖活"，我们可以将精力聚焦于批判性思维和创造力的知识再生产。就像蒸汽机解放了人类的肌肉力量，大模型正在释放我们的大脑潜能，让我们有更多的时间去思考和创新。通过大模型的助力，知识真正成为推动个人成长和组织进化的动力。

```
帮助初学者设计一个图片二值化的Python代码

以下是一个专门为初学者设计的图片二值化 Python 代码示例。代码简单易懂，注释详细，适合初学者学习和实践。

from PIL import Image

# 图片二值化函数
def image_binarization(input_path, output_path, threshold=128):
    """
    将图片转换为黑白二值图
    :param input_path: 输入图片路径
    :param output_path: 输出图片路径
    :param threshold: 二值化阈值（0-255），默认 128
    """
    try:
        # 打开图片
        img = Image.open(input_path)

        # 将图片转换为灰度图
        gray_img = img.convert("L")
            # 对灰度图进行二值化处理
        # 如果像素值大于阈值，设为白色（255），否则设为黑色（0）
        binary_img = gray_img.point(lambda x: 255 if x > threshold else 0)
        # 保存二值化后的图片
        binary_img.save(output_path)
        print(f"图片已成功二值化并保存至: {output_path}")
    except FileNotFoundError:
        print(f"错误：找不到文件 {input_path}")
    except Exception as e:
        print(f"处理过程中发生错误: {str(e)}")

# 主程序
if __name__ == "__main__":
    # 输入图片路径（请替换为你的图片路径）
    input_image = "input.jpg"
    # 输出图片路径
    output_image = "output_binary.jpg"
    # 二值化阈值（0-255，默认 128）
    threshold = 128
     # 调用二值化函数
    image_binarization(input_image, output_image, threshold)
```

图 7-25 DeepSeek 代码自动生成

7.3 大模型的常见应用

2024年10月，腾讯公司推出以知识库为核心的AI智能工作台ima.copilot，简称ima，为用户提供了一个集搜索、阅读、写作于一体的高效工作平台。2025年2月11日，ima接入DeepSeek-R1模型，用户在使用搜、读、写和知识库时，可以选择腾讯混元大模型或DeepSeek-R1模型。目前，ima已上线Windows端、Mac端和微信小程序（图7-26）。计算机端用户可通过ima官网下载Windows或Mac客户端。手机端用户可以通过微信搜索"ima知识库"小程序，一键登录。

图7-26　计算机端选择对应版本下载ima.copilot

下载ima.copilot的安装包后，根据提示，可以非常便捷地安装ima.copilot。安装完毕后，看到图7-27所示的界面，即可开始使用。

图7-27　ima.copilot首页

ima适用于高效知识管理，特色功能如下。

（1）智能问答

ima创新性给出了"基于全网"和"基于知识库"两种问答模式（图7-28）。"基于全网"模式是搜索包括微信公众号生态内容在内的全网信源进行问答，确保信息全面性和准确性。该模式解决了传统搜索引擎无法搜索微信公众号文章的问题。"基于知识库"模式则仅利用用户知识库内的私有内容生成针对性搜索和回答，不引用外部信息，突破通用模型的局限。ima还支持截图提问，系统自动OCR识别并解析内容。

图 7-28　ima 智能问答

（2）知识库管理

用户可以直接将保存的笔记、ima 内的问答结果、公众号文章、网页、文件、微信聊天记录等一键导入 ima 知识库（图 7-29），集中存储，打破"知识孤岛"，并通过智能问答功能获取结构化的回答。ima 还支持多层级分类与自定义标签功能，用户可根据主题、项目或场景灵活搭建知识框架。经过知识库的长期积累，越用 ima，ima 就会越懂你，最终成为你的"第二大脑"。

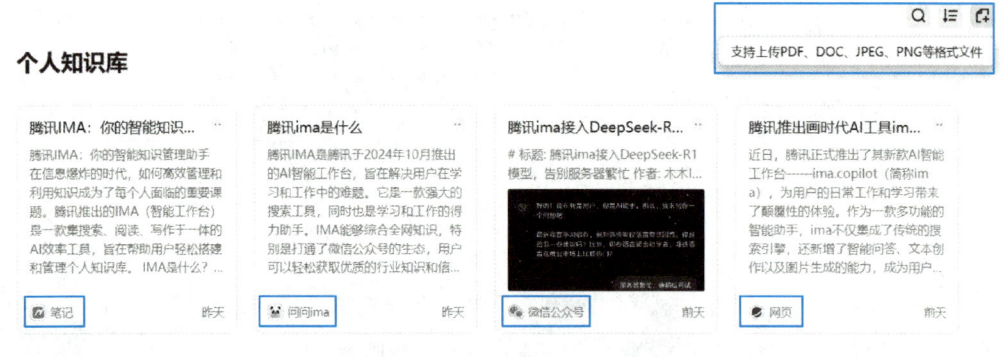

图 7-29　ima 个人知识库

ima 知识库不仅是个人的"第二大脑"，还能成为团队间的"共享大脑"。知识库还支持多人共建共享，创建人可以通过链接或二维码将知识库分享出去，邀请其他人加入。团队的工作成果、学习资料等可长期积累并共享，形成组织内部"智慧资产"。团队成员还可共同标注重点内容，确保知识管理集中化，减少沟通成本。管理员还可灵活设置知识库权限，设置不同成员的编辑与查看权限（如仅查看、可编辑），控制内容修改范围，保障核心知识的安全性和保密性。

此外，ima 知识库接入 DeepSeek-R1 模型之后，用户可以利用其强大的推理能

7.3 大模型的常见应用

力,对知识库中的内容进行深度分析和提问。例如,用户可以要求模型找出文档中违背常识的观点,或对知识库中的多篇文件进行综合分析,生成图表或总结。这种深度整合和智能化处理,真正实现了用户专属知识库,极大提升了个人知识管理的效率与专属性。

(3)智能写作辅助

和其他具有智能写作辅助功能的工具一样,ima 提供论文、作文、文案等模板,支持扩写、缩写、翻译等功能。另外,ima 可直接调用用户知识库中的文档或本地文件作为素材,还可以整合微信公众号优质内容,生成针对性内容,更贴合用户的实际需求(图 7-30)。

图 7-30 ima 智能写作辅助

(4)智能笔记

ima 笔记能高效便捷地记录、整理和管理信息。除了直接单击首页右侧的"笔记"按钮新建空白笔记,还可以在与 ima 对话过程中、浏览网页或阅读文档时,用鼠标划词,高亮显示感兴趣的内容,单击"记笔记"按钮,一键将选中内容写入新建空白笔记或已有笔记中(图 7-31),避免了手动复制粘贴的麻烦。笔记会保存在个人知识库中,随时可以查看,也可以通过输入斜杠来快速唤起智能写作辅助,对笔记进行编辑修改。ima 笔记还提供了丰富的编辑和格式化工具,如文本记录、图片插入和待办清单创建等,使得笔记更加生动有趣且实用。ima 笔记还能通过鼠标划词,快速启用对话框来进行 AI 解读、AI 改写、翻译或问答等。尤其是 AI 解读功能,一旦选中词语,就会在笔记右侧弹出窗口,为用户解读该词语的含义和背景。这种"边搜边记,边问边看"的特点,提升了学习的便捷性和效率。

图 7-31　ima 智能笔记

（5）跨端实时同步

ima 支持多端使用（含 Windows 端、Mac 端以及微信小程序端）。用户在这些不同终端之间切换使用时，无须手动在不同设备间传输文件，节省了时间成本，工作流程高效顺畅。特别是微信小程序"ima 知识库"让信息收纳和分享更便捷。用户不仅可以看到以前在个人计算机上创建的知识库内容，还可以将手机端的微信聊天文件、本地相册等资料导入到知识库中。在微信中浏览文件、网页、公众号、收藏等内容时，用户只需选择用"ima 知识库"打开，即可一键将其收纳到个人知识库中。用户还可以在小程序中分享和加入知识库，单击底部的对话框输入问题，进行"基于全网"或"基于知识库"的 AI 问答。ima 打破了设备和平台的限制，让用户真正实现了随时随地办公和学习。ima 支持在个人计算机、手机和平板等设备上实时更新知识库内容，确保了数据的一致性。即便处于离线状态，用户也能够正常编辑和添加内容，一旦网络恢复就自动同步。

7.4 大模型的挑战与局限性

大模型作为近年来人工智能领域的重大突破，凭借其强大的语言理解和生成能力，在众多领域得到了广泛应用。然而，任何技术都不是完美无缺的，大模型也不例外。它在为人类带来便利的同时，也面临着诸多挑战与局限性。这些挑战与局限性不仅影响着模型的性能和应用范围，还可能引发一系列社会问题和伦理困境。

7.4.1 计算资源需求

大模型的训练和运行对计算资源有着极高的要求。一些超大规模的语言模型训练一次的成本可达数百万美元。在训练阶段，需要使用大量的 GPU 集群长时间运行，以处理海量的数据和复杂的神经网络计算。这不仅涉及高昂的硬件购置成本，还伴随着持续的电力消耗成本。即使有了足够的硬件支持，训练过程也可能持续数周甚至数月,给科研机构和企业的时间规划带来不小考验。即便在模型训练完成后的推理阶段,对于实时响应的应用场景,如智能客服、实时翻译等,也需要强大的计算资源来持续保障快速准确的输出,这对于许多资源有限的企业和开发者来说,是一道难以跨越的门槛。

7.4.2 大模型幻觉问题

大模型幻觉问题一直是大语言模型在生成文本时存在的问题。这一问题主要表现为模型生成的事实不准确、逻辑不一致或完全虚构的内容。尽管这些内容在表面上可能看似合理且有说服力,但对大模型在实际应用中的可靠性构成威胁。这一幻觉问题不是新现象,最初在机器翻译系统中已被提出。在大模型环境下,这个问题变得更为复杂。产生这种幻觉的原因多种多样,包括训练数据中的错误或不准确信息、模型自身的推理能力不足以及在推理阶段受到的技术随机性影响。这些因素共同导致模型在生成文本时可能偏离真实世界的知识和数据,从而引发幻觉现象。

幻觉会降低用户对大模型的信任。为了缓解大模型幻觉问题,研究者们提出了多种策略。一方面,提高训练数据的质量是关键,通过从多种来源收集数据、进行数据清洗和去噪以及消除数据偏差,可以减少模型学习到错误信息的可能性。另一方面,优化模型结构和推理策略也是重要的探索方向。例如,采用检索增强生成(retrieval-augmented generation,RAG)技术,为模型提供特定领域的数据信息输入,以及构建高质量的提示词来明确任务和目标。这些措施在一定程度上都能提升模型的可靠性和实用性,降低幻觉问题的发生概率。

7.4.3 算法偏见与数据安全

大模型的训练数据来源于广泛的互联网文本,这些数据中不可避免地包含了各种人类社会存在的偏见。例如性别偏见,在某些文本中对男性和女性职业的描述可能存在刻板印象;还有种族偏见,对不同种族的特征描述可能存在片面性。当模型基于这些带有偏见的数据进行学习时,会将这些偏见反映在生成的文本中。另外,即便数据本身无偏见,算法设计或参数调整不当也可能引入新的偏见。例如,某些优化策略可能更偏向于某些类型的输入或输出。这可能导致在一些应用场景中,如招聘筛选、贷款审批等,对特定群体产生不公平的对待,影响社会公平与公正。

大模型的训练依赖大量用户数据,其中可能包含个人隐私信息。一方面,数据在收集、存储和传输过程中面临被泄露的风险。一旦发生数据泄露事件,将对用户的个人隐私造成严重损害。另一方面,恶意攻击者可能利用模型的漏洞,通过精心构造的输入，获取模型训练数据中的敏感信息，或者对模型进行操控，使其输出恶意内容，如虚假新闻、有害指令等，从而对社会秩序和安全构成威胁。

7.4.4 透明性与可解释性

大模型通常基于深度神经网络构建，具有庞大的参数和复杂的结构，其决策过程和推理机制难以用简单直观的方式进行解释。当模型生成一个输出结果时，很难确切知道它是基于哪些具体的知识和推理路径得出的。这在一些对决策可解释性要求较高的领域，如医疗诊断、金融风险评估等，成为一大障碍。医生难以信任一个无法解释诊断依据的模型建议，金融从业者也不敢贸然依据无法理解的模型预测进行投资决策。因为缺乏透明性与可解释性，用户对大模型没有足够的信任感，导致用户对模型的使用产生抵触情绪，从而影响模型的推广和应用，进而限制了大模型的广泛应用。

另外，由于缺乏可解释性，当模型出现错误或异常行为时，开发者难以快速定位问题所在，从而增加调试和优化的难度。这不仅影响模型的性能提升，也增加模型开发和维护的成本。

总的来说，大模型在计算资源需求、偏见与公平性问题、数据隐私与安全以及透明性与可解释性等方面均面临显著挑战和局限性。随着技术的不断发展，科研人员和企业正在积极寻求解决方案，以克服这些难题并推动大模型的广泛应用和健康发展。

思考与拓展

1. 查阅资料，在自己的计算机上完成 DeepSeek 的本地部署。

2. 大模型的发展会如何影响就业市场？哪些职业可能会受到冲击，哪些职业又会迎来新的机会？哪些技能会变得更重要，如何提升自己的"不可替代性"？

3. 模型生成的文本、代码、图像等内容的版权属于开发者、用户还是模型？

4. 大模型如此优秀和全面，你在写作业、写报告时会完全依赖它吗？你是如何平衡效率和独立思考？人类的"创造力"是否会因为大模型被削弱？如果大模型做得比人类更好，人类的价值体现在哪里？

5. 大模型可以通过对话和互动为用户提供情感支持和陪伴，类似于一个智能的"倾听者"和"安慰者"。那么人类是否会越来越孤独？有些人愿意和大模型而不是真人朋友聊天，这会带来什么社会问题？

6. 大模型能预测你的行为（比如推荐你买什么、看什么），你还能"自由选择"吗？大模型替你做了"最优决策"，但这是否剥夺了你试错和成长的机会？

7. 大模型误诊、误判导致医疗事故、交通事故，责任应该由谁承担？开发者、医生、驾驶员还是大模型本身？

8. 大模型的广泛应用是否会改变人们对信息的信任？如何确保大模型生成的信息是可靠的？大模型是否有可能被恶意利用或产生误导性输出，比如偏向某种文化视角？大模型是否会促进文化多样性，还是会导致文化同质化？

9. 当大模型给出一个建议或决策时，你是否希望知道为什么它会这样建议？例如，一个健康咨询模型建议你进行某种检查，你是否想知道它是基于什么理由提出的？

10. 我与大模型的对话记录是否属于隐私数据？大模型是否对我的数据进行了匿名化处理？如何确保我的个人信息不会被识别？国家在这方面有哪些法律法规？

第 8 章

具身智能

在人工智能的研究领域中，具身智能（embodied AI 或 embodied intelligence）正逐渐成为研究的前沿。这一概念强调的是，智能不仅源于信息处理或算法，还包括通过身体感知环境并在其中实施行动的能力。与传统的"离身智能"不同，具身智能强调智能体的身体和环境在认知过程中的重要性。具身智能的研究不仅推动了人工智能的发展，也对机器人技术、认知科学等领域产生了深远影响。本章将深入探讨具身智能的基本概念、关键技术以及最新的应用。通过学习具身智能，将了解如何将人工智能与物理世界相结合，探索智能体如何通过感知和行动来完成复杂任务。这一领域的研究不仅具有前沿性和挑战性，也为未来在专业领域的发展开阔了视野。

本章要点：
① 具身智能的基本概念与发展历程。
② 具身智能涉及的关键技术。
③ 具身智能的常见形态与典型应用。
④ 具身智能的发展挑战与伦理。

8.1 具身智能的概念与发展

现实世界中，人们可以用指尖感受物体的冷暖，用双眼捕捉斑斓的色彩，用耳朵聆听悠扬的旋律。这些都是通过身体部位（手指、眼睛、耳朵）来感知世界的。如果没有身体，人们就无法直接感受这个世界。所以，身体的感知和体验是人们认识世界不可或缺的部分，这就是"具身"的意义。

8.1.1 具身智能的基本概念

具身智能是指智能体通过物理身体与环境的互动，进而实现感知、理解、决策和行动的能力。具身智能的核心在于"本体—环境—智能"三要素的动态关系。

1. 本体

本体（body）是具身智能的基础，它指的是智能体（如机器人、智能设备等）的身体结构和感知能力。身体不仅是智能的"容器"，更是智能行为的"执行者"。例如，一个机器人能够通过其传感器感知周围环境，通过其机械臂或轮子与环境互动。身体的结构和功能直接影响智能体如何感知世界、如何行动以及如何与环境进行有效交互。

2. 环境

环境（environment）是智能体所处的外部空间，它是智能体感知和行动的对象。环境可以是物理世界（如房间、街道）或数字世界（如计算机网络）。环境为智能体提供了信息来源和行为目标，同时也限制了智能体的行动范围。例如，一个在工厂车间工作的机器人需要适应复杂的工作环境，而一个在家庭中服务的机器人则需要应对日常生活的各种场景。这种环境的多样性要求智能体具备较好的适应性和灵活性，能够根据不同的环境条件调整自己的行为策略。

3. 智能

智能（intelligence）是具身智能的核心目标，它指的是智能体通过身体与环境的互动所表现出的适应性、学习能力和自主决策能力。智能不是孤立的计算能力，而是通过身体与环境的紧密联系实现的。例如，一只鸟的飞行智能不仅来自大脑的控制，还来自于翅膀的结构和空气动力学的环境条件。一个智能体可以通过感知环境中的变化，调整自己的行动策略，从而更好地完成任务。这种智能行为的产生依赖身体的感知和运动能力，同时也需要环境提供的信息和反馈。

具身智能的"本体—环境—智能"三要素并不是孤立存在的，而是相互作用、相互影响的。身体的结构和功能决定了智能体如何感知和与环境互动；环境的复杂性和多样性则反过来影响智能体的行为策略和学习过程；而智能就是在身体与环境的互动过程中涌现的结果。想象一个机器人需要在迷宫中找到出口。它的身体（传感器和运动能力）决定了它如何感知迷宫的墙壁和通道；环境（迷宫的布局）则提供了挑战和目标；而智能（寻找出口的能力）则是在身体与环境的互动过程中不断学习和优化的结果。

目前，具身智能的本体主要以机器人及智能穿戴设备等智能终端的形式为主。通过集成多模态感知系统，使本体能够通过视觉、触觉、听觉等多维感知通道与环境进行交互。一个具身智能体，它可以像人一样用眼睛（摄像头等视觉设备）看到周围的物体，用耳朵（麦克风等听觉设备）听到声音，用皮肤（传感器）感觉到物体的温度、硬度等。然后，它会像人一样去思考这些信息是什么意思，比如看到一个杯子，它会知道这是用来喝水的东西。最后，它还能根据这些理解去做出相应的行动，比如把杯子递给需要的人。

除了通过感知设备实时收集外部信息之外，具身智能的本体（以下简称智能体）与环境的实时互动也是非常重要的。智能体不断调整自身的决策逻辑与行动策略，从而实现对复杂、动态情境的学习与适应。以自动驾驶汽车为例，它在复杂路况中行驶时，会根据自身传感器实时获取的道路信息，动态调整车辆的行驶速度、方向和制动力度，以确保车辆安全且高效地前行。在面对崎岖的山路或拥堵的城市道路时，车辆的摄像头和雷达系统会实时监测前方障碍物的距离以及当前的车速，同时结合高精度地图数据，智能规划最优行驶策略。每一次成功避开障碍物或应对突发情况的经历，都能让自动驾驶系统通过机器学习算法积累经验，从而在未来遇到类似场景时能够更加精准地做出决策，从容应对各种复杂路况。

具身智能不是虚拟世界里的抽象存在，而是以实体形式真正参与到现实生活的每一个环节，具身智能体不仅"懂"世界，还能够"触摸"世界，进而"塑造"世界。它们以实体为载体，在真实的物理世界中通过亲身体验来构建对世界的认知，不断从经验中学习，优化自身行为策略，实现智能的提升。

8.1.2 与传统人工智能的区别

传统人工智能（如 ChatGPT、图像识别系统）将智能视为一种脱离物理实体的抽象计算过程，其能力建立在符号化数据与算法模型的静态匹配上，而较少涉及与物理环境的直接交互。然而，这种设计存在一定的显著局限性。例如，早期的自动驾驶系统，主要依赖预先设定的导航规则和高精图数据来指引车辆行驶。当实际道路因施工导致临时改道时，地图数据未能及时动态更新，系统就很难灵活应对这些突发状况。主要原因是早期的感知设备难以实时识别施工现场的警示标识、路障或者指挥人员手势等，无法像人类驾驶员那样灵活解读现场的重要信息，进而导致车辆行驶出错。在 2007 年的 DARPA（Defense Advanced Research Projects Agency）自动驾驶城市挑战赛中，许多车辆在模拟施工区域出现了过度保守行为，也就是完全停车，而没有调整预定路线进行绕行。

这种局限性被称为离身性（disembodiment），是指智能系统不依赖实时感知和环境互动，而是依赖预先设定的规则、逻辑或离线数据进行推理和决策。它使得传统的人工智能系统在面对未知或动态变化的环境时往往表现不佳。相比之下，现代自动驾驶技术采用了先进的传感器、机器学习算法以及实时数据分析,极大地增强了车辆适应复杂多变环境的能力。

有人认为,具身智能只是给传统人工智能加上一个机器人外壳。但实际上,具身智能绝非物理实体与智能算法的简单拼接。具身智能强调智能行为是通过身体与环境的动态交互而涌现的。具身智能体(如机器人)不仅具备强大的计算能力,还拥有能够感知和操作物理世界的物理身体。它们通过传感器(如摄像头、激光雷达、触觉传感器)实时获取环境信息,并通过执行器(如机械臂、轮子、关节)与环境进行互动。具身智能的"身体"不仅是执行命令的工具,更是智能生成的载体。例如,新一代智能驾驶系统通过整合车载摄像头、雷达等多种传感器的数据,与车辆的动力系统和制动系统实时联动,实现行车控制。这标志着从依赖"预设规则"的传统方式向具备"具身应变"能力的转变,这正是具身智能突破传统人工智能局限的关键之一。

2025年2月,比亚迪推出"天神之眼"高阶智能驾驶辅助系统(DiPilot)。该系统采用了多种传感器的融合技术,包括激光雷达、毫米波雷达、高清摄像头等,综合各类传感器的优势,消除单一传感器的盲点,能够精准实时地感知车辆周围环境。例如,在极端天气下,暴雨、暴雪会遮挡道路标识,路面状况也会变得湿滑复杂。智能驾驶辅助系统就能通过传感器实时感知到雨滴、雪花对光线的折射变化,以及车轮与地面摩擦力的细微改变,进而做出相应的驾驶决策,保障行车安全。系统不仅能够识别道路上的行人、车辆和障碍物,还能在复杂路况下动态调整行驶路径,像人类司机一样基于即时环境反馈做出避让决策,而这恰恰是传统人工智能仅凭数据训练难以实现的。

简言之,传统人工智能是"思考者",具身智能是"行动者"。前者在虚拟世界中通过数据与算法构建智能,后者在物理世界中通过身体与环境的碰撞涌现智能。这种区别不仅塑造了两者的技术路线(传统人工智能追求更大规模的数据训练,具身智能聚焦更精细的传感器与执行器协同),更决定了其应用边界。当人们需要一个能写诗歌的虚拟助手时,传统人工智能足矣;但若想打造一个能在养老院扶起跌倒老人的机器人,唯有具身智能才能跨越从"知道"到"做到"的鸿沟。

8.1.3 具身智能的发展

具身智能的发展可以追溯到20世纪中叶,甚至更早。它从理论探索开始,经历了多个阶段的技术积累与突破,展示了人工智能从专注抽象计算向能够与物理环境交互的实体发展的演进路径。

1. **早期探索阶段(20世纪50年代—20世纪90年代)**

在此期间,研究者开始探讨关于身体如何影响认知的问题。经典的工作包括控制论的研究、感知与动作系统的理论构建以及对自然智能体（如人类和动物）的行为研究。这些早期的研究工作提出了许多重要概念，例如自主性、适应性和学习能力等，这些都是现代具身智能的核心要素。

机器人学真正作为一个独立领域出现是在 20 世纪 60 年代。具身智能的初步理念在机器人研究中得到了体现。1960 年，世界上首台工业机器人 Unimate（图 8-1（a））由乔治·德沃尔（George Devol）和约瑟夫·英格伯格（Joseph Engelberger）创立的 Unimation 公司开发完成，并于 1961 年首次在通用汽车的生产线上安装使用。Unimate 被用于执行重复性和高精度的任务，如物料搬运和焊接等工作，大幅提高了生产效率。

世界上首台采用可移动、可感知的机器人是 Shakey（图 8-1（b）），由美国斯坦福国际研究所（现称为 SRI 国际）在 1966 年至 1972 年间研发。Shakey 配备了摄像头和碰撞传感器，可以在复杂的环境中导航。由于当时计算机的处理能力相对有限，Shakey 在执行任务时往往需要较长时间进行计算和规划。即便如此，它在感知环境、规划路径和执行动作等方面都展示了初步的自主能力。Shakey 项目是结合了机器人学、计算机视觉和自然语言处理的研究，是第一个将逻辑推理和物理行为相结合的项目。

"具身认知"是与具身智能密切相关的一个概念。它是在 20 世纪中后期通过众多研究者在不同领域的长期探索逐步形成的。它挑战了传统认知科学中将心智视为独立于身体和环境运作的观点。这一理论主张认知过程不仅涉及大脑的信息处理，还与身体的感觉运动系统以及个体所处的物理和社会环境紧密相关。1980 年，乔治·拉科夫（George Lakoff）和马克·约翰逊（Mark Johnson）合著的《我们赖以生存的隐喻》（*Metaphors We Live By*）一书中提出了许多关于身体体验如何塑造人类思维的重要观点，这对具身认知理论的发展产生了重要影响。

1983 年，哈尔滨工业大学设立机器人研究所，是我国最早开展机器人技术方面的研究单位之一。1985 年，哈尔滨工业大学与当时风华机器厂（现称为航天科工集团的风华公司）协作，自行研制我国第一台焊接机器人"华宇 I 型"（图 8-1（c））。

这一时期，研究人员开始设计具备初步感知与交互能力的机器人。基于行为的机器人学（behavior-based robotics）创始人之一，罗德尼·布鲁克斯（Rodney Brooks）指出智能不需要复杂的推理或高级的认知，而是可以通过简单的感知和行动规则实现的。他提出"反应式机器人"（reactive robot）的概念，认为机器人应该直接感知环境并根据感知结果实时行动，而不是依赖复杂的内部模型或预编程指令。1989 年，他设计的六足机器人 Genghis（图 8-1（d））无须中央处理器，仅通过腿部传感器的简单反馈就能穿越复杂地形，这直接挑战了当时人工智能领域主流的"大脑优先"认知模式。

  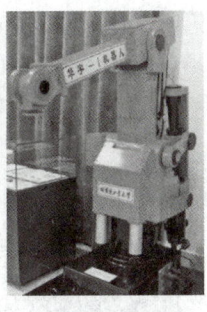 

(a) 首台工业机器人 Unimate　　(b) 首台可移动机器人 Shakey　　(c) 焊接机器人"华宇I型"　　(d) 六足机器人 Genghis

图 8-1　早期探索阶段代表性机器人

另一位机器人学领域的先驱汉斯·莫拉维克（Hans Moravec）同样主张智能需要通过身体与环境互动来实现。他强调机器人必须具备物理世界的感知能力（如视觉、触觉）以及在环境中自主导航的能力，才能真正展现出智能行为。他的研究推动了机器人视觉和自主导航技术的发展，加深了人们对机器人如何感知和理解周围世界的理解。

这一阶段，尽管当时机械制造工艺和计算技术的限制难以实现复杂的具身智能系统，但这些早期学者的观点与探索研究不仅加深了人们对具身智能的理解，还为后续技术进步奠定了基础。

2. 技术积累阶段（20世纪90年代—2021年）

这一时期，机器人技术逐渐成熟。1999年，索尼公司推出首台犬型机器人爱宝（AIBO）（图 8-2（a）），利用一片晶片，让机器狗能够像真狗一样做出各种有趣的动作，如摆尾、打滚，分辨对它称呼和责备，成为宠物机器人的开创性产品，推动了具身智能在消费级市场的探索。2000年，本田公司推出仿人机器人 ASIMO（图 8-2（b）），能跑能跳，可以上下台阶、开瓶倒茶倒水，充分展示了机械设计与运动控制算法的初步融合，为后续人形机器人的发展提供了重要的技术借鉴。

波士顿动力公司成立于1992年，专注于设计和制造高级动力机器人的工程与机器人设计，是具身智能机器人领域的典型代表。波士顿动力的产品包括机器狗、轮式机器人以及人形机器人。其中，四足机器人 Spot（图 8-2（c））与人形机器人 Atlas（图 8-2（d）），获得中国工程院等单位在北京发布的2023全球十大工程成就之一。2016年发布的 Spot，是波士顿动力公司的第一台商业机器人，能够适应各种环境，执行多种任务，还可用于探索人类无法到达的区域，制作所探索区域的3D地图，并利用手臂进行取样。

波士顿动力公司的人形机器人以高度动态的运动能力和先进的感知系统著称。2013年，波士顿动力公司正式将人形机器人命名为 Atlas。从此每隔6个月左右，就会发布一个新的 Atlas 视频，展示机器人奔跑、跳跃、跳舞、跑酷或旋转等动作。Atlas 在一段时间内成为全球最先进的人形机器人之一，并在一定程度上推动了人形机器人技术的发展。

(a) 犬型机器人AIBO　　(b) 仿人机器人ASIMO　　(c) 波士顿动力Spot　　(d) 波士顿动力Atlas

图 8-2　技术积累阶段代表性机器人

这个阶段，具身智能从"单一行为执行"逐步转向"多任务泛化""产业化应用"，开始向商业应用和大规模生产方向发展。例如，扫地机器人逐渐走进了人们的生活，在家庭环境中自主移动并完成清洁工作。仓储物流行业开始使用移动机器人与机械臂来实现搬运、分拣的自动化和智能化。在医疗健康领域中，手术辅助机器人（如达芬奇手术系统）被用于辅助外科医生进行精确度极高的微创手术，康复机器人（如外骨骼机器人）被用于帮助行动不便的人进行康复训练、恢复行走能力。这些探索应用，经过了长时间的研究、测试以及不断的反馈迭代，共同推动着具身智能逐步从实验室走向现实世界。

3. 技术突破阶段（2022 年至今）

2022 年以后，得益于大模型技术的快速发展，具身智能也取得了突破性进步。尤其是多模态大模型，让具身智能体能够同时处理语音、视觉、触觉等多种信息，实现更高效的"人—机—环境"的交互。

2023 年，斯坦福大学李飞飞团队推出 VoxPoser 模型（图 8-3（a）），将大语言模型和视觉语言模型接入机器人，实现通过自然语言指令与机器人交互，可将复杂指令转化为具体行动规划，并具备很强的抗干扰能力。传统的机器人操作通常需要大量的训练数据和特定的预设指令集，而 VoxPoser 的核心优势在于其零样本学习能力。该模型能够直接将人类的自然语言指令转化为具体的行动规划，无须额外的数据收集或训练过程。例如，用户可以简单地说"打开顶部抽屉并小心花瓶"，机器人便能理解任务要求，识别抽屉和花瓶的位置，并规划出相应的操作路径。

2024 年，特斯拉 Optimus Gen-2 人形机器人（图 8-3（b））展示抓握生鸡蛋的精细操作。捏取鸡蛋需要精确的力量控制，以避免捏破鸡蛋或使其滑落。Optimus Gen-

2 的指尖触觉传感器阵列可检测 0.1 N 的力度变化，配合视觉识别判断鸡蛋裂纹风险。同时，它也展示了精确的力量控制和触觉感知能力，在感知、决策和执行方面的高度协调性和适应性，为具身智能的研究和应用提供了宝贵的经验和启示。

同年，我国追觅科技公司推出全球首款具身智能扫地机器人 X30（图 8-3（c）），通过三维语义地图识别宠物粪便并自主避让，其环境理解能力来自视觉—激光雷达—地面震动传感器的多模态融合。

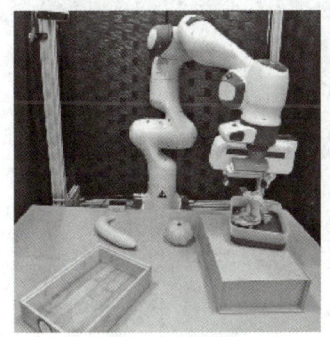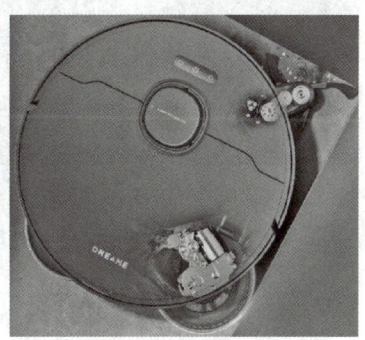

(a) VoxPoser模型　　　　(b) 特斯拉Optimus Gen-2　　　　(c) 追觅扫地机器人 X30

图 8-3　技术突破阶段代表性机器人

2024 年，人形机器人迎来爆发期。它们的外形和动作更加接近人类，能够在复杂的人类生活环境中执行各种任务，如协助人类进行家务劳动、在灾难救援场景中发挥作用等。尤其是这一时期大模型（如 GPT-3）技术的发展，为具身智能实现自然语言理解和生成提供了新的可能性。

2024 年 3 月 13 日，Figure 发布了由 OpenAI 大模型驱动的 Figure 01，不仅能够理解并响应人类的指令，而且能同时执行环境感知、语言理解、动作规划与执行等多个任务，展示了在复杂、多任务环境中高度灵活性与自主性。与执行固定命令的传统机器人不同的是，Figure 01 具备了初级思考和推理的能力，也就是说，大模型已经成为 Figure 01 的大脑。在其演示视频中，Figure 01 展示了不错的智能，能够理解周围的环境并与人类流畅互动。首先，当实验人员提到"想吃东西"时，Figure 01 能够从面前的物品中选出苹果递给实验人员（图 8-4（a））。接下来，实验人员将收纳筐中的几团垃圾倒在它面前的物品中间，同时要求它解释之前为何拿苹果，Figure 01 一边将垃圾挑拣出来放回收纳筐（图 8-4（b）），一边解释为何选择苹果。最后，实验人员询问它餐具应如何处置时，它自主进行了整理，将杯子和盘子都妥善放置在沥水架上（图 8-4（c））。

2025 年蛇年春晚的舞台上，宇树科技的 Unitree H1 人形机器人"福兮"首次亮相，带来了全球首次大型全 AI 驱动的全自动集群人形机器人表演，展现了科技与传统文化的完美融合。

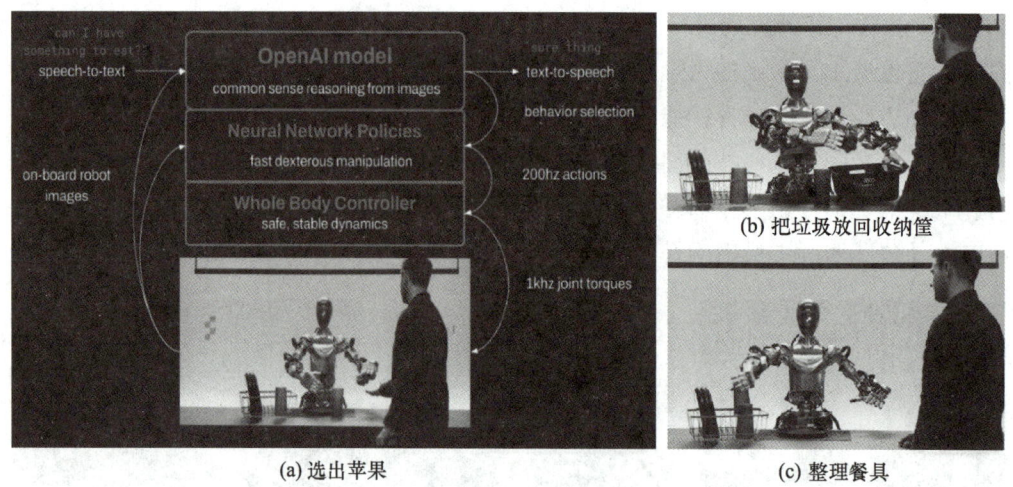

图 8-4　Figure 01 演示视频截图

具身智能从"早期探索"到"技术积累",再到"技术突破",这个发展过程是技术与现实需求交织的产物。从早期仿生机器人的基础研究,到如今人形机器人产业的蓬勃发展,具身智能正逐步从"机械执行"转向"自主认知"。这一演进既得益于大模型技术的突破,也离不开跨学科协作和产业资本的有力推动。或许,在不久的将来,人类将真正步入"具身智能文明"时代。

8.2 具身智能的关键技术

具身智能体要在真实世界中自如行动,必须具备类似于人类的观察、思考和应变能力,这些能力对应感知、认知与决策过程。具体来说,具身智能体通过摄像头和各类传感器实时感知环境,构建环境模型;基于任务目标与环境变换进行智能决策与动态规划;同时,能够持续学习、优化认知模型;最终能够精准执行复杂任务,并实时反馈执行信息,以不断适应和优化自身行为。

8.2.1 感知与传感技术

大家有没有想过,智能体是怎么观察周围环境的?又是怎么理解人们的指令,然后做出反应的?这一切都离不开感知与传感技术,也就是具身智能的"超级感官"。这些技术通过一系列精密的硬件设备实现,如同人类的"眼睛""耳朵"和"皮肤",赋予智能体感知、理解周围环境的能力。

8.2 具身智能的关键技术

1. 智能体的视觉感知

智能体的视觉感知来自各种摄像头和传感器,它们能够帮助智能体"看见"周围的东西。

① 双目摄像头:主要负责提供物体的色彩和深度信息(图 8-5(a))。双目摄像头是模拟人类的两只眼睛,通过融合两只眼睛获得的图像,观察它们之间的差别,获得物体的深度感,从而实现双目立体视觉。这是计算机视觉的一种重要形式,能够帮助智能体了解物体的三维几何信息以及离自己有多远的距离信息。

② 激光雷达:也称为光学雷达(图 8-5(b)),是一种高精度传感器,通过发射激光束测量目标的位置和速度。它具备探测精度高、范围广、稳定性强的特点,广泛应用于自动驾驶、地形测绘、气象监测等领域。对于智能体而言,激光雷达能提供精确的三维环境信息,支持导航、避障和场景理解,并帮助构建更准确的环境模型,提升自主决策能力。然而,它的性能受环境因素影响较大,在雨、雪、雾、霾等恶劣天气下,激光束可能被遮挡或散射,影响探测效果。

③ 红外传感器:一种利用红外线辐射来检测和测量物体温度、距离等信息的传感器,能够在低光或无光环境下稳定工作。相比可见光传感器,红外线受环境光干扰较小,抗干扰性强。此外,红外传感器还能够进行热成像,通过检测热辐射差异识别隐藏在视线之外的物体或特征(图 8-5(c)),为具身智能体补充了重要的感知,广泛应用在安防监控、医疗诊断、军事侦察等领域。

(a) 双目摄像头　　　　　(b) 激光雷达　　　　　(c) 红外传感器穿过烟雾成像

图 8-5　智能体视觉感知设备示例

④ 毫米波雷达:一种基于毫米波频段(30~300 GHz)工作的雷达传感器,通过发射毫米波并接收反射信号,探测目标的位置、速度和角度。其波长介于微波和红外线之间,具有穿透力强、分辨率高、抗干扰能力强等优点。与激光雷达和红外传感器相比,毫米波雷达在雨、雪、雾等恶劣天气条件下仍能稳定工作,能够穿透烟雾、灰尘等遮挡物,提供可靠的环境感知信息。此外,它能够进准测量目标的距离和速度,弥补视觉传感器在动态环境下的不足,广泛应用于自动驾驶、交通监控、航空航天等领域。

2. 智能体的听觉感知

智能体的听觉感知来自麦克风,能让智能体"听见"周围的声音。

① 麦克风：一种能够将声音信号转换为电信号的传感器，是智能体实现听觉感知的基础设备。它具有结构简单、使用方便、灵敏度高等特点，能够捕捉环境中的各种声音信息。麦克风为智能体提供了基本的听觉能力，使其能够感知到周围环境中的声音事件，如人声、警报声、车辆声等。通过对声音识别和分析，智能体可以判断声音的来源、类型和情感，从而做出相应的反应和决策。

② 麦克风阵列：由多个麦克风按照特定几何结构排列组成的传感器阵列，旨在提高声音信号的采集质量和处理能力。与单个麦克风相比，麦克风阵列具有更高的灵敏度和更强的抗干扰能力。通过波束形成、噪声抑制和声源定位等信号处理技术，麦克风阵列能够有效区分不同方向的声音，提高声音信号的清晰度和可识别性。它让智能体能够更准确地感知和分析复杂环境中的声音信息。例如，HEARBO 是由日本本田研究所（Honda Research Institute Japan）开发的一款专注于听觉场景分析的机器人（图 8-6）。它拥有超级听觉能力，通过麦克风阵列和其他传感器捕捉声音，并利用算法对声音场景进行分析，能够定位声音来源和解析声音的细微差别。此外，麦克风阵列还可以与智能体的其他感知设备（如摄像头、激光雷达等）协同工作，实现多模态感知和信息融合，进一步提升智能体的感知能力和智能水平。

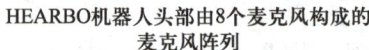

HEARBO机器人头部由8个麦克风构成的麦克风阵列

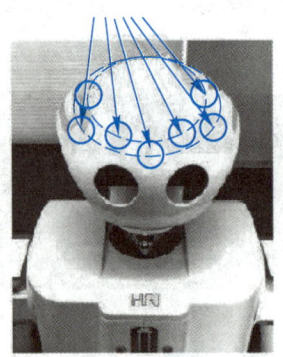
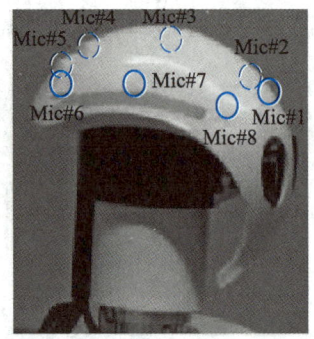

图 8-6　智能体听觉感知应用示例

3. 智能体的触觉感知

智能体的触觉感知来自多种类型的传感器，通过直接接触或微小压力变化感知物体的形状、硬度、温度和纹理等信息。

① 压力传感器：通过敏感元件感知到施加在传感器表面的力，并将其转换为电信号。这种传感器具有高灵敏度和快速响应的特点。压力传感器能够提供关于物体接触力度、分布和动态变化的信息，使智能体能够精确控制抓取力度（图 8-7（a））、检测碰撞并实现安全避障。通过压力传感器的反馈，智能体能够在执行任务时更加灵活和自适应。

② 位移传感器：用于测量智能体与物体接触时的位移变化。这种传感器能够精确地检测微小的位移，并提供关于物体位置、运动轨迹和变形的信息。位移传感器在智能体进行精密操作、物体定位（图 8-7（b））和运动跟踪等方面发挥着关键作用。通过与压力传感器等其他触觉感知设备的融合，位移传感器进一步增强了智能体对环境物体的理解和互动能力。

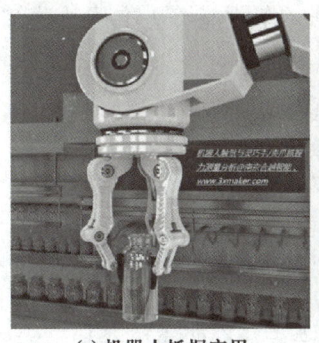 

(a) 机器人抓握应用　　　　　　(b) 机器人定位抓取

图 8-7　智能体触觉感知应用示例

③ 温度传感器：为智能体获取温度信息的传感器，在识别物体热特性、进行温度控制以及人机交互中的温度反馈等方面具有重要应用。通过温度传感器的信息，智能体能够更好地适应不同温度环境，执行涉及温度敏感任务的复杂操作。

④ 纹理传感器：专门用于检测物体表面的纹理特征的传感器。它能够分析表面纹理引起的信号变化，并提供关于物体表面粗糙度、质地和形状的信息。纹理传感器在智能体识别不同材质的物体、进行表面质量检测和精细操作等方面发挥着重要作用。通过与其他触觉感知设备协同工作，纹理传感器进一步提升了智能体对物体表面特性的感知和理解能力。

⑤ 硬度传感器：用于测量物体的硬度，为智能体提供关于物体机械性质的信息。它能够检测硬度引起的信号变化，在智能体进行物体分类、材料识别和机械加工时发挥着重要作用。通过硬度传感器的信息，智能体能够更好地适应不同硬度的物体，执行涉及材料处理的复杂任务。

4. 传感器融合

在复杂多变的现实环境中，单一传感器往往难以全面、准确地感知信息。比如，摄像头易受光线干扰，激光雷达无法识别颜色，麦克风难以定位声源。传感器融合的核心思想就是"取长补短"，也就是通过结合不同传感器的优势，弥补各自的缺陷。就像是把从"眼睛""耳朵"和"手指"得到的信息融合在一起，形成一个更完整、更可靠的感知环境。此外，它增强了智能体感知的健壮性。这里的"健壮性"（robustness）指的是智能体感知系统在面对各种不确定因素、干扰或变化时，仍能保持稳定、准确和可靠性能的能力。具体来说，即使某个传感器失效或受到干扰，其他传感器仍能提供有效信息。传感器融合赋予了机器类似于人类的"多感官协同"能力，让它们能在复杂、动态的环境中，像人类一样"看"得清晰、"听"得明白、"触"得真切，从而做出更智能的决策。

例如，在自动驾驶领域中，车辆通常配备有多种传感器，包括摄像头、激光雷达、毫米波雷达等。通过融合这些传感器的数据，车辆能够更准确地感知周围环境，实现安全、稳定驾驶。再如，在嘈杂工厂中，机器人通过视觉识别设备状态、听觉捕捉异常声响、力觉感知机械臂负载，最终判断是否需要停机检修。这种融合能力，正是机器从"自动化工具"迈向"自主智能体"的关键一步。

8.2.2 环境建模与学习

要实现"自主智能体"，只通过传感器融合进行数据的简单叠加，肯定是远远不够的。这些数据需要被进一步处理和分析，智能体才能将这些零散的数据整合成一个有意义、可理解的环境模型，为后续科学决策和行动提供支持。如果传感器是智能体的"感官"，负责感知外界信息，那么环境建模与学习是智能体的"大脑"，负责将感知到的信息转化为对环境的理解。

1. 环境建模

想象一下，当我们走进一个陌生的房间时，会迅速观察门窗的位置、家具的样式、布局等信息，会在脑海中构建出这个房间的"环境地图"。对于智能体来说，环境建模就是类似的过程。通过各类传感器获取原始环境数据，这些数据经过处理和转换，用于构建成智能体能够理解的环境模型。一般包含以下3类建模过程：

① 几何建模：智能体通过传感器获取的环境数据，如距离、角度等，来构建环境的基本几何结构。这个过程就像用线条和形状勾勒出房间的轮廓。

② 语义建模：除了要知道物体的形状之外，智能体还要理解这些物体是什么。例如，识别出门、窗、椅子、桌子等。这个过程就像在房间地图上标注出每个物体的名称和功能。通过这些物体识别和场景理解，智能体能够更深入地理解其所处环境。

③ 动态建模：由于环境是动态变化的，智能体必须能够实时或近实时地更新环境模型，以反映当前的环境状态。这个过程需要智能体有良好的学习与适应能力。

2. 学习与适应

对环境建模之后，智能体便拥有了对周围环境的初步理解。然而，面对动态多变的环境，仅依靠静态的环境模型是远远不够的。智能体在实际应用中会遇到各种不可预测的情况，如行人突然改变方向、前方车辆突然刹车等。静态的环境模型无法捕捉这些动态变化，因此智能体必须具备动态适应的能力。这种能力使得智能体能够实时更新其环境模型，预测动态物体的行为，并快速做出相应的决策。"交互—观察—学习"这一过程是智能体在动态环境中实现学习与适应的一种典型方式。

① 交互：智能体通过传感器或其他方式主动与环境进行互动。例如，自动驾驶汽车通过摄像头和雷达感知周围车辆和行人的位置和速度。这种交互帮助智能体获取实时的环境信息。

② 观察：在与环境互动的过程中，智能体通过传感器收集大量的环境数据，如图像、深度信息、声音、雷达信号等。智能体需要对这些数据进行处理和分析，以提取有用的信息。例如，自动驾驶汽车需要识别出图像中的行人、车辆的位置，判断行驶方向和速度等。

③ 学习：智能体利用收集到的数据，通过机器学习等方法，更新自己的知识库或行为策略。例如，自动驾驶汽车通过分析大量的驾驶数据，包括不同路况、天气条件及交通场景，学习并优化决策算法，从而能够在各种复杂环境下做出安全、高效的驾驶决策。

④ 优化与适应：通过持续的学习，智能体能够不断改进自身行为，以便更好地适应环境的变化。例如，扫地机器人通过学习房间的布局和障碍物位置，动态优化清扫路径，从而提高清扫效率。

当然，智能体的学习与适应过程并非是一次性的，而是一个循环往复、持续优化的过程。在与环境交互的过程中，智能体实时捕捉环境的变化，持续学习和优化，逐步提升自身对环境的适应能力。

8.2.3 决策与规划

当智能体通过传感器"看清"周围环境，通过环境建模与学习具备"理解"周围环境的能力之后，还需要做出决策并规划行动，才能实现特定的目标。这一过程就像是人类大脑在分析情况后，做出决定并制定行动计划。

1. 决策

决策就是从多个选项中做出最优选择的过程。基于环境模型、学习经验以及预设的目标与约束，智能体会从一组可能的动作中选择一个最佳动作来执行。例如，自动驾驶汽车通过十字路口时，会综合考虑红绿灯状态、行人位置、交通规则以及其他车辆的动态等多方面因素，进而决定是"加速通过"还是"停车等待"。同样，仓储机器人在接收到多个订单时，会依据订单的优先级、货物位置、搬运效率以及相关规则来判断"先处理哪个订单"。

为实现智能决策，大致可以分为规则驱动与学习驱动两大策略。

① 规则驱动：通过预先定义的"如果……那么……"逻辑链进行决策，例如，

自动驾驶汽车如果检测到行人就减速。这种方法简单直接，决策过程的可解释性强，但灵活性有限，适用于规则明确、环境变化不大的场景。

② 学习驱动：利用强化学习、深度学习等技术，通过学习海量数据或与环境互动，让智能体从实际经验中自主学习，做出决策。例如，AlphaZero 通过自我对弈学习围棋策略，不断提高决策水平。这种方法决策过程可能较为复杂，可解释性相对较弱，但却能够更好地适应复杂、动态的环境。

2. 规划

规划的本质就是将抽象目标细化为具体、可执行的动作指令。在这个过程中智能体必须综合考虑效率、安全性与可行性等多重因素，确保每一步行动都是围绕目标展开。规划技术涵盖了任务规划、路径规划、运动规划等多个方面，确保智能体能够在复杂多变的环境中高效、精准地执行任务。

① 任务规划：当目标需要多个步骤协同完成时，任务规划便成了关键。它将复杂的任务分解为一系列具体、可执行的动作或子任务。它帮助智能体在整体层面上确定任务的执行顺序和资源分配，从而实现预定目标。例如，一个家庭服务机器人接到"准备一份早餐"的指令，它需要自主将任务分解为多个动作指令：打开冰箱→识别牛奶和麦片→抓取碗具→倒入食材→端到餐桌。通过任务规划，智能体能够在复杂的环境中找到最优的任务执行流程，确保资源的合理利用，从而提高任务完成的效率和成功率。

② 路径规划：智能体在物理或虚拟环境中找到从起点到目标点的最优路径的过程。它需要考虑环境的动态变化和智能体的运动能力。路径规划帮助智能体在动态和不确定环境中找到高效的移动路径，避免障碍物，并快速到达目标。例如，无人配送车需要在城市道路上规划从仓库到客户位置的最优路径，避开交通拥堵处和障碍物。

③ 运动规划：对于有复杂形体的机器人，如仿生机械臂或双足人形机器人，规划不仅要确定移动的目标位置（"去哪"），还要精心设计运动方式（"怎么动"）。运动规划需要精确计算每个关节的角度和速度变化序列，确保机器人的动作连贯且符合物理规律。例如，机器人伸手抓取水杯时，智能系统必须避免手臂与桌面碰撞，同时优化能量消耗。在这一过程中，逆运动学发挥着关键作用。它是一种通过已知目标位置反推机器人关节参数的技术，类似于从终点反推回到起点，以确定每个关节应如何运动才能达到预期位置。而轨迹优化技术就像"动作编排师"，在数百万种可能的运动方式中精心筛选出最平滑、最高效的一条运动轨迹。

当然，规划从来不是单一维度的选择。优秀的规划系统必须具备"容错思维"，要提前考虑各种可能的"变数"，比如传感器可能误判障碍物位置，执行器可能因磨损产生误差，甚至任务目标会在中途改变。

此外，还需要权衡一些互相冲突的需求。例如，自动驾驶汽车既要尽快到达目的地，又要保证乘客舒适（避免急刹车），还需降低能耗。工业机械臂既要快速完成任务，又要减少部件磨损。这类多目标优化问题常转化为数学上的帕累托最优求解——就像预算有限时，人们在价格、质量、品牌间找到最佳折中方案。

决策与规划，就像具身智能的"超级大脑"，它将离散的环境数据转化为目标明确的行动智慧。无论是微观的关节转动，还是宏观的任务调度，每一次成功的决策与规划，都在缩小"机器行为"与"人类意图"之间的鸿沟。

8.2.4 动作执行与反馈控制

智能体完成了决策与规划之后，执行与控制是将这些抽象的决策转化为实际物理动作，并实时监测和调整这些动作，以应对环境中的不确定性和动态变化。它是连接智能体"思考"与"行动"的桥梁，确保智能体能够在动态复杂的环境中准确、高效地完成任务。这一过程通常分为动作执行和反馈控制两个部分，两者相辅相成，确保智能体的行动既准确又稳定。

1. 动作执行

动作执行是智能体根据决策和规划生成具体的动作指令，并通过自身的执行机构（如电机、机械臂、驱动器等）完成任务的过程。它是智能体"行动"的直接体现。例如，自动驾驶汽车根据路径规划生成油门、刹车和方向盘转动的指令，驱动车辆移动。工业机器人根据任务规划生成机械臂的运动轨迹，完成精确的装配操作。扫地机器人根据清扫路径规划生成移动指令，驱动轮子转动。

在动作执行过程中，智能体需要考虑自身的物理限制（如运动范围、速度限制）和环境的动态变化（如障碍物、天气条件）。因此，动作执行不仅是简单地"执行命令"，还需要对动作的可行性和安全性进行实时评估。比如，智能体在移动时需要判断路径是否存在障碍物，或者自身是否有足够的能量完成任务。

2. 反馈控制

反馈控制是执行与控制中不可或缺的一部分。它通过传感器实时监测智能体的执行状态（如位置、速度、姿态等），并与预期的目标进行比较，从而调整动作，修正偏差。例如，当自动驾驶汽车偏离预定的车道时，反馈控制会调整方向盘的转向角度，使其回到正确的行驶路径。当无人机在飞行过程中受到风力干扰时，反馈控制会根据高度和姿态传感器的数据，调整螺旋桨的转速，保持飞行稳定。

反馈控制的核心在于"闭环机制"，就是通过持续地监测和调整，确保智能体的实际动作与规划的目标保持一致。这种闭环机制能够帮助智能体在动态环境中快速响应变化，修正误差，从而实现更精准、更稳定的动作执行。

执行与控制是智能体实现自主能力的关键环节。它不仅将抽象的决策转化为具体的物理动作,还通过实时反馈确保动作的准确性和稳定性。无论是自动驾驶汽车、工业机器人,还是智能家居设备,执行与控制都是实现智能体高效、可靠完成任务的重要保障。

通过动作执行和反馈控制的协同作用,智能体能够在复杂的环境中灵活应对不确定性,实现更高效、更智能的行动。

8.3 具身智能的常见形态与典型应用

8.3.1 具身智能体的形态分类

具身智能体通常被称为机器人,具有多种形态。它们通过感知环境并与之互动,执行特定任务,从而展示具身智能的特点。机器人除了人们最熟悉的"车形""人形"和"犬形",还可以根据任务需求或设计目的,呈现出多种多样的形态和功能。这些机器人能够根据环境的变化进行调整,执行一系列任务,如物体导航、抓取、互动等。下面就根据一般的形态分类,为大家介绍一些常见的机器人。

1. 轮式机器人

轮式机器人(wheeled robot)通常指的是基于轮式底盘设计的机器人。主要组成部分一般包括底盘、动力系统、传感器、控制系统以及任务执行模块(如抓取手臂、摄像头)等。通过这些组成部分,轮式机器人(图8-8)能够感知周围环境、规划路径、执行任务,并与其他设备或人类进行互动。与传统的工业机器人相比,现代轮式机器人因其灵活的移动性和较低的制造成本,已经广泛应用于运输、巡逻、物流、自动驾驶等领域。

图 8-8 轮式机器人示例

在一些大型场馆、工厂和机场等场所,轮式机器人被广泛应用于安防和巡逻任务。除了执行常规巡逻任务,这些机器人还发挥着重要作用,可以去到一些人类难以到达的地方执行任务,或者完成一些危险的工作。轮式机器人通过搭载传感器和摄像头,能够自主巡逻并实时监测环境中的异常情况。当机器人发现潜在的安全隐患时,它们能够立即通过采集到的实时数据向监控人员发出警报或生成报告。利用激光雷达、高清摄像头和红外传感器等多种感知设备,轮式机器人能够精确识别异常行为、可疑人物或设备故障等情况,从而及时采取行动或通知相关人员。

轮式机器人已经成为现代仓储物流中心的得力助手。它们能够高效地穿梭于货架之间,精准搬运货物,实现货物的自动化分拣与运输流程,大大提高了物流效率,降低了人力成本。根据具体需求,物流机器人又可有多种形态,包括超薄穿梭型、可升降型和叉车型等,每种类型都有其独特功能,可实现在立体库上对货物进行托取、运送、放置等操作。

在室内服务方面,酒店、餐厅、商场等场所常常能看到它们忙碌的身影,迎宾、引导顾客、送餐等工作都完成得十分出色,给人们的日常生活带来了诸多便利。

自动驾驶汽车可被视为一种高度复杂的轮式机器人。它具备轮式机器人的核心特征,同时融合了更先进的技术和功能。自动驾驶汽车配备了多种传感器,如摄像头、激光雷达、毫米波雷达、超声波传感器等,用于感知周围环境。通过人工智能算法和高精度地图,它能够实现路径规划、避障、交通规则遵守等功能。自动驾驶汽车还配备智能交互系统,如语音助手、触摸屏等,与用户进行沟通。目前,自动驾驶汽车在交通运输领域的应用日益广泛,涵盖了私人出行、公共交通和物流运输等方面。

轮式机器人的显著优势在于移动速度快,在平坦的地面上能够快速行驶,能够很好地满足一些对时效性要求较高的任务。并且其能耗较低,在相同的能源供应下,能够运行更长的时间,降低了使用成本。然而,由于轮式结构的限制,其地形适应能力较差,在遇到不平整的地面、楼梯、崎岖的山路等复杂地形时,往往难以通行,这限制了它在一些特殊环境下的应用。

2. 足式机器人

足式机器人(legged robot)具体又分双足、四足还有多足等形态,其中双足机器人和多足机器人十分常见,本节对这两类足式机器人重点展开介绍。

(1)双足机器人

双足类人机器人(biped robot)模仿人类的行走方式,具有高度的拟人化外观和行为,能够在人类生活环境中自然地活动,比如参与家庭服务、社交互动等任务。

最受关注的双足机器人是人形机器人(humanoid robot),它是一类高度模仿人类外形和行为的机器人,其设计灵感来自人类的整体身体结构和运动方式,而不仅是腿足形态和功能。人形机器人不仅在外观上模拟人类,更多的是通过其感知、行动和决策能力,在执行任务时模拟人类的智能行为。尤其是近几年,大模型驱动的人形机器人智能化程度快速攀升,能够在多种场景中执行任务。

2025年2月21日，Figure公司发布了一款通用具身智能模型Helix（图8-9）。它是一个通用的视觉—语言—动作（vision-language-action，VLA）模型，能够统一感知、语言理解和学习控制。在这次发布的视频中，Helix首次展示了两个机器人传递物品以及协作完成任务。据Figure公司介绍，Helix使用了一套神经网络权重，能够学习不同的行为（如物品的拾取、抽屉和冰箱操作、机器人之间的互动）。也就是说，配备Helix模型的机器人可以根据自然语言提示，捡起数千种从未接触过的小型家居物品，而无须进行特定任务的微调。

图8-9　Helix演示视频中机器人协作场景

家居环境对机器人来说是极具挑战性的，会出现各种不规则形状或材质的物品。为了在家居环境中有用，机器人需要具备在未见物品上即时生成新行为的能力，即泛化能力。这次发布的Helix模型，在这一领域取得了突破，极大地推动了机器人在日常家居环境中的应用。

（2）四足机器人

四足机器人（quadruped robot）模仿犬科或猫科动物的外形和运动模式，通过协调的步态和低重心设计，在复杂地形（如废墟、山地）中稳定移动，广泛用于巡检勘察、灾害救援等场景。

宇树科技是全球四足机器人市场的领导者，2023年占据全球69.75%的销量份额和40.65%的销售额份额。2023年11月3日，宇树发布了全新的Unitree B2工业机器狗（图8-10（a）），最高行走速度6 m/s，最大负重120 kg，持续负载40 kg，持续行走续航5 h，综合性能在当时全球四足机器人中处于领先地位。该产品应用于电力巡检、救援、军事等领域，在消费级和工业级市场都有较强竞争力。

云深处科技也是一家专注于四足机器人研发的公司。云深处"山猫"机器人（图8-10（b））采用了轮足复合技术，在速度与灵动之间寻找良好的平衡点，可攀爬80 cm高台、征服45°斜坡，防水防尘等级高，能适应雪坡、山地等多种复杂户外场景，在工业巡检、户外探险等领域有独特优势。

联想晨星足式机器人IS（图8-10（c））是联想公司自研的一款六足机器人，实现了碎石、积水、苔藓等多种地形全覆盖。它还跟随我国第 41 次极地考察队一起抵达南极，并在天寒地冻的极端环境中顺利执行了多项任务。

此外，波士顿动力公司的机器狗 Spot 具备高度的自主性和多功能性，广泛应用于工业、军事、救援等领域。瑞士的 ANYbotics 研发的 Anymal 系列四足机器人（图 8-10（d）），具备出色的稳定性和可靠性，适应高温、潮湿、有粉尘等恶劣工业环境，目前已应用于石油、天然气和化工行业等工业领域的日常巡检。

(a) 宇树机器狗　　　　　　　　(b) 云深处机器人

(c) 联想晨星IS　　　　　　　　(d) Anymal四足机器人

图 8-10　四足机器人产品示例

足式机器人最大的优势在于出色的复杂地形适应能力。尤其是轮足复合技术的应用，让它们能够快速移动，轻松跨越障碍物、上下楼梯，甚至在崎岖山地等复杂环境中也能自如移动。同时，它们还能够完成一些精细的动作任务，比如在狭窄空间内对物体进行操作等。

然而，足式机器人的发展也面临着诸多挑战。它的控制算法极为复杂，需要精准协调多个关节的运动，才能确保稳定行走和各种动作的顺利完成。此外，由于运动过程中需要频繁改变重心，导致能量消耗过快，续航能力也成为限制其发展的一大瓶颈。

3. 飞行机器人

飞行机器人又称智能无人机，它通过集成的传感器（如 GPS、加速度计、摄像头、激光雷达等）感知周围环境，获取位置信息和图像数据，从而实现自主飞行和任务执行。它能够根据任务需求和环境反馈自主调整飞行路线、选择合适的飞行高度、决定降落或起飞等，具有相当的独立性和自适应性，可以在动态复杂的环境中灵活应对。

在长距离监测任务中，固定翼无人机发挥着重要作用。无论是生态环境监测，还是边境巡逻，它都能够在短时间内覆盖大面积区域，收集海量的数据。在测绘领域中，搭载了高精度测绘设备的固定翼无人机，可以对地形、地貌进行精确测绘，为城市规划、土地开发等项目提供重要的数据支撑。

另一类旋翼无人机则是在室内、室外都能灵活作业。在室内，它可以完成拍摄、巡检等任务；在室外，它能够进行航拍，为影视制作、旅游宣传等提供独特的拍摄视角。其中，四旋翼无人机由于结构简单、成本较低，在市场上应用最为广泛。六旋翼和八旋翼无人机凭借更强的负载能力和稳定性，适用于一些对载重和稳定性要求较高的任务。

随着无人机技术的不断成熟，尤其是在感知、导航、避障等方面的进步，低空经济将带来更广泛的行业变革。尤其是在物流和配送领域，推动了低空经济的快速发展。低空经济指的是以无人机和其他低空飞行器为核心的商业化活动，涉及物流配送、城市空中出行等多个场景。如今，智能无人机已经开始应用于"最后一公里"配送、无人机送货以及空中出租车等新兴行业，为城市和乡村地区提供更加高效、灵活的服务。

我国大疆、亿航、顺丰、京东都在无人机行业的不同领域取得了显著的成就，图8-11展示了智能无人机的部分应用场景。

(a) 大疆无人机助力农业

(b) 亿航载人飞行器

图8-11　无人机的应用示例

4. 水下机器人

水下机器人就是无人水下航行器，是一类能够在水下执行任务的极限作业机器人，主要可分为载人水下机器人和无人水下机器人。

载人水下机器人由潜水人员进行人工操控，比如著名的"蛟龙号"。这是我国第一台自主设计研制的作业型深海载人潜水器，最大下潜深度达到水下7 062 m。"蛟龙号"配备了多种传感器、机械臂和导航系统，是一个多功能的水下作业平台，可以执行多种复杂的深海作业任务,如海洋地质考察、资源勘探和生态调查等。它集成了先进的声纳系统、摄像技术和水下通信设备,能够在深海环境中进行实时数据采集和传输。这些高科技组件的应用使其能够在极端环境下稳定工作,并且具备一定的自主能力。潜水人员则可以通过观察窗直接观察外部环境,并根据需要操控调整机器人的操作。

无人水下机器人按连接方式又能分为有缆遥控水下机器人和无缆自治水下机器人。有缆遥控水下机器人,即有缆遥控潜水器,由操作人员在水面通过电缆进行控制和监视,机器人本体通过电缆从水面接收信号和动力来作业,常见于海底热液矿物取样等工作。

无缆自治水下机器人,也就是自主式水下潜器,具有自主决策和控制能力,不依赖外部控制就能实现导航、探测、数据采集和作业等。如"潜龙二号",就是采用非回转体立扁鱼形设计,具备热液异常探测等多项高新技术,完成过多金属硫化物等深海矿产资源的水下勘探作业。这类自主水下机器人具备自主导航能力,能够依据预设的任务和环境信息,自主规划航行路径,避开障碍物,完成各种探测和作业任务。并且可以在水下长时间自主运行,无须人工实时干预。

水下机器人除了传统的潜航器,还经常被设计成"仿生鱼"形态。仿鱼机器人可以模仿鱼类的身体形态或者游动方式,比如利用摆动鱼鳍来实现推进和转向。这种独特的游动方式赋予了它高效、灵活、低噪声等优势,使其能够更好地适应水下环境。西北工业大学近年研发的仿生"魔鬼鱼"水下机器人,外形酷似蝠鲼,具备高机动性、超长续航和隐身性能,适用于科研侦察和军事攻击。图 8-12 展示了水下机器人的示例。

(a) 正在换装升级的"蛟龙号"

(b) "潜龙二号"入水

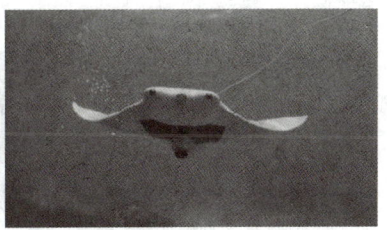
(c) 西北工业大学的"魔鬼鱼"

图 8-12　各种水下机器人示例

5. 其他常见形态

(1) 机械臂

机械臂有工业机械臂和协作机械臂两类。工业机械臂是现代制造行业中不可或缺的设备。它们能够精确地完成汽车零部件的焊接、装配、搬运等工作,保证生产的高精度和高效率。例如,在汽车车身焊接过程中,机械臂可以按照预设的程序,准确地完成焊点的焊接,提高了车身的焊接质量和生产速度。

协作机械臂主要应用于与人协同工作的领域,如电子制造、医疗手术辅助等。在电子制造中,协作机械臂可以协助工人完成一些精细的零部件组装任务,提高生产效率和产品质量。在医疗手术辅助方面,协作机械臂可以辅助医生进行手术操作,提高手术的精准度和稳定性。

机械臂能够满足不同工业和应用场景的需求,关键在于其具备两大核心特性。一方面,机械臂具备高精度的特点,借助先进的测量与控制系统,能够精确地定位和操作物体,误差可被控制在极小范围内,这极大地减少了人为因素干扰,提高了生产效率与产品质量。另一方面,机械臂还拥有强大的负载能力,依据不同的结构设计、材料选用以及控制系统等,它可以搬运和操作较重的物体。

(2)仿生手

仿生手通过模仿人类手部的骨骼、肌肉和关节结构,实现了类似人类手部的抓握、伸展、旋转等多种动作。它采用先进的传感器技术,能够感知物体的形状、大小、重量和表面纹理等信息,从而实现更加自然和精准的操作。

在医疗康复领域中,仿生手可以为截肢患者提供恢复手部功能的希望,帮助他们再度拥有日常生活自理能力,如抓取物品、写字、吃饭等。在特殊作业场景,比如核辐射环境、深海等危险区域,仿生手可以替代人类完成一些危险的操作任务,有效保障了相关人员的安全。

不过,触觉反馈的实现依旧是仿生手面临的一大技术难题。尽管目前已经有一些触觉反馈技术问世,但如何让使用者能够真实、准确地感受到触摸物体时的感觉,仍然是科研人员需要深入研究和攻克的重要课题。图 8-13 展示了机械臂与仿生手产品示例。

(a)辽宁新松智能机械臂

(b)智能仿生手

(c)仿生双臂机械手

图 8-13　机械臂与仿生手产品示例

(3)微型机器人

微型机器人,通常指尺寸在几毫米甚至更小的机器人,是融合微机电系统(MEMS)、纳米技术、材料科学、电子学以及生物医学工程等多学科的前沿产物。微型机器人的体积极其微小(可以达到微米级或纳米级),能够在狭小的空间内自由穿梭,如人体的血管、细胞间隙,或是精密仪器的内部。在生物医学领域中,它能够被注入人体，精准地抵达患病部位，实现药物的靶向输送，提高治疗效果并减少对健康组织的损害（图 8-14）。在微观制造和纳米技术领域中，它可以用于构建纳米电路、制造微型传感器，助力电子设备向更小尺寸、更高性能方向发展。在环境监测方面，微型机器人能够深入到复杂的生态环境中，收集微观层面的环境数据，为生态研究提供更全面的信息。

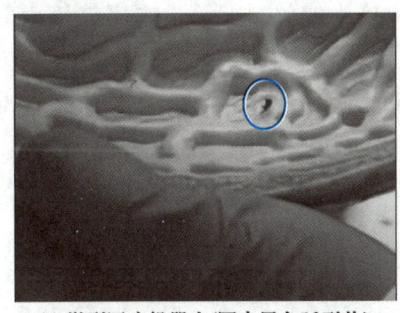
(a) 微型医疗机器人(圈内黑色弧形片)

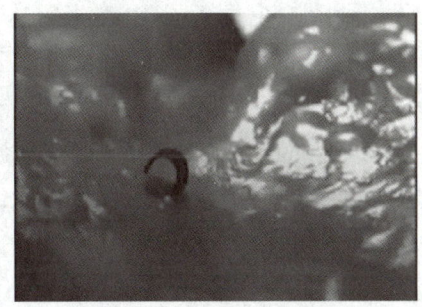
(b) 实验中的微型医疗机器人

图 8-14　微型机器人示例

микро型机器人的驱动方式多种多样：有的依靠化学能驱动，通过化学反应产生的能量来驱动自身的运动和操作；有的则采用电驱动，利用外部电源提供的电能来实现各种功能。无论如何，微小的体积意味着更低的能耗，它们可以在有限的能源供应下长时间运行，且对周围环境的影响微乎其微。

当然，实际应用场景中，不少机器人是多形态、多功能融合的产物，如轮足式机器人、水陆两栖机器人等。例如，水陆两栖机器人在陆地上可以根据实际需求选择轮式、履带式或式等移动方式，在水中航行时则通过螺旋桨、喷水推进器或仿生推进方式实现移动。其工作模式的转换机制通常采用机械结构切换或智能控制切换，以快速适应不同的环境需求。

可以看出，不同形态具身智能体凭借各自的"特技"在不同的领域发挥着自己的独特价值和重要作用。未来，具身智能将更加智能化、多功能化、小型化和集成化。随着人工智能、材料科学、传感器技术等多学科领域的不断突破和创新，具身智能有望成为推动各行业变革的关键力量。

8.3.2　具身智能的典型应用

在科技浪潮奔涌向前的当下，具身智能作为人工智能领域的重要分支，正逐步渗透到人类生活的各个层面。它打破了传统智能仅依赖抽象运算的局限，强调智能体自身与环境的交互来实现智能行为，宛如赋予机器以感知与行动的"生命"，让它们能在复杂多变的现实世界中灵活应对各类任务，展现前所未有的价值与潜力。下面，将从工业、物流、医疗健康、交通、服务等多个领域，看看具身智能是如何在现实世界中施展拳脚的。

1. 工业领域

在工业领域中，具身智能的应用主要集中在智能制造、工业检测和危险环境作业（图 8-15）中。例如，2020 年，波士顿动力的四足机器人 Spot 开始在挪威的海上石油平台上展露拳脚。它配备了 3D 激光雷达和热成像仪，能够自主完成长达 10 km 的管线巡检任务，精准识别微米级的裂缝和压力异常，检测效率比人工提升了 300%。更令人惊叹的是，它的机械臂可以远程操控阀门，减少了工人在高危环境中的作业风险。2024 年，Optimus 人形机器人在特斯拉的弗里蒙特工厂参与了电池组装线的测试。凭借其柔性关节，它能够实现 0.1 mm 级的精密抓取，并与无人 AGV（Automated Guided Vehicle）协同完成每小时 120 组电池模组的搬运和装配任务，误差率低于 0.05%。这种高效、精准的表现，正在重新定义现代制造业的标准。

(a) Spot 3.0 管线巡检

(b) Optimus 电池组装测试

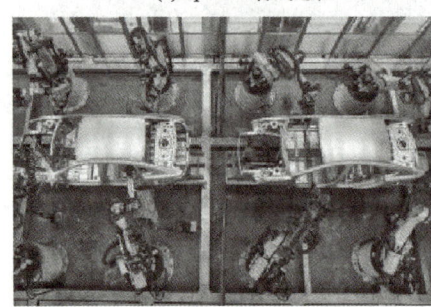
(c) 比亚迪工厂机械臂

(d) OPPO 组装机械手

图 8-15 具身智能在工业领域的应用示例

在现代化汽车制造工厂里，多机械臂协同作业的场景处处可见。这些机械臂就像是训练有素的工匠，凭借精准的编程指令以及传感器实时捕捉的环境反馈，能在复杂的三维空间中灵动起舞。以车身焊接工序为例，机械臂能够精准定位每一个焊点，确保焊接位置分毫不差，焊接质量稳定可靠。这种高效且精准的作业方式，不仅大幅提升了生产效率，将汽车的生产周期大幅缩短，还显著提高了产品质量，减少了因人工操作可能产生的误差，有效降低了劳动强度，为汽车制造业的高质量发展注入了强劲动力。

步入精密的电子制造车间，芯片、电阻、电容等微小零部件的尺寸愈发精巧，而对装配精度的要求却达到了近乎严苛的程度。具身智能机械手宛如拥有一双"火眼金睛"和"灵巧双手",借助高速视觉传感器快速识别零部件的位置与姿态,搭配先进的控制算法,能够在瞬间完成对这些微小部件的精准抓取与放置。以手机主板生产流水线为例,机械手可以在极短时间内完成数以千计的精密部件装配,不仅极大地提升了生产速度,还让产品的良品率得到显著提升,有力地推动了电子制造行业向精细化、高效化迈进。

2. 物流领域

在现代物流和仓储行业中,轮式机器人广泛应用于物品运输和分拣作业。京东、亚马逊等公司已在其智能仓库中部署大量自动化机器人。这些轮式机器人直接与仓库控制系统进行通信,结合 RFID、条码识别等物流信息技术,规划运输路线,实现货品自动化识别、存取、上架、分拣、理货等功能。它们可以在仓库内自动行驶,完成货物搬运、上架和拣选等任务。图 8-16 展示了我国智世机器人公司为立体智能仓储提供的解决方案部分场景。

(a) 搬运机器人检测货物形状　　(b) 搬运货物上架　　(c) 机械臂分拣

图 8-16　轮式机器人在物流仓储中的应用示例

自主移动机器人(autonomous mobile robot,AMR)不仅具备出色的货物搬运能力,还能与库存管理系统深度融合,实现无缝对接。通过实时的数据交互,机器人能够实时掌握库存动态,自动规划出最优的搬运路径,确保库存始终处于合理水平。当某类货物库存不足时,机器人会像收到指令的士兵一样,迅速自动前往补货区域进行搬运,不仅提高了仓库的空间利用率,还让整个仓储管理流程更加智能、高效。

自主移动仓储机器人"Proteus"(图 8-17(a))是亚马逊第三届"Delivering the Future 2024"全球峰会的焦点之一,它工作在亚马逊的超大型仓储中心。高峰时段,Proteus 会与上百台同伴以及人类紧密协作,快速完成数万件商品的出货准备,展现了人机协作的高效与流畅。2023 年升级版的 Proteus 在北美仓储中心实现了"货到人"的全自动化分拣。它通过 SLAM 算法动态避障,单机日处理包裹量超过 5 000 件,分拣错误率从 0.3% 降至 0.01%,大幅提升了物流效率。Proteus 这种次世代 AMR 的诞生,不仅推动了物流行业向智能化迈进,更为全球竞争激烈的物流市场带来了全新的可能性。

我国优必选科技公司发布的 Walker S 系列人形机器人（图 8-17（b））也已进入多家车厂进行实训并取得初步成效，它们能够精准完成搬运、装配、质量检查等任务，目前已能与无人物流车、无人叉车、工业移动机器人和智能制造管理系统协同作业，助力实现室内外物流场景的无人化和规模化商业落地。

(a) 亚马逊仓储机器人 Proteus　　　　　(b) 优必选科技人形机器人

图 8-17　物流仓储机器人应用示例

3. 医疗健康领域

（1）手术辅助机器人

2000 年，世界上第一台腹腔镜手术机器人获批上市并迅速享誉世界，它就是风靡全球多年的达芬奇手术机器人（DaVinci robot）（图 8-18）。达芬奇手术机器人又称"内窥镜手术控制系统"，是美国直觉外科公司开发的一款高端医疗系统，用于协助外科医生完成微创手术。它由外科医生控制台、床旁机械臂系统和视频成像系统组成，能通过微创方式实施复杂的外科手术。

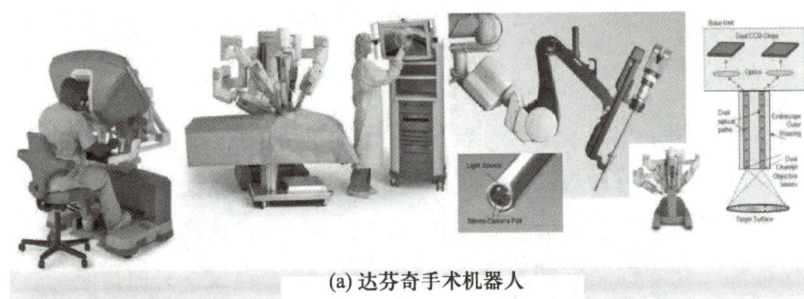

(a) 达芬奇手术机器人

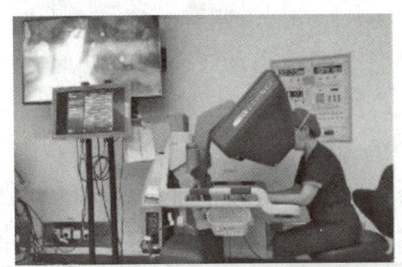

(b) 主刀医生在控制台操作机器人　　　(c) 床旁机械臂精准实施手术

图 8-18　达芬奇手术机器人

手术过程中，主刀医生只需在控制台前通过立体目镜或显示器观察手术视野，两手操作控制器，通过控制器传感遥控床旁机械臂和镜头来完成手术。控制器可以让手术器械和医生的双手达到精准的同步性。每条机械臂都安装了一个摄像头，手术时带摄像头的机械臂通过微小创口伸入到患者体内进行同步摄像，画面会传送到显示器上，呈现出高达10倍以上的高清3D影像，甚至连细小的血管也能一目了然。这样能让医生看得更清楚，轻松实现毫米级别的精准操作，同时也减轻了医生操作中的视觉疲劳。

这种机械臂十分灵活，它可以540°自如运动，不会出现医生在做手术时手抖的情况。而且它可以深入人手难以达到的部位，可以轻松完成传统微创手术器械（如腹腔镜）下角度刁钻复杂的操作。因此，机器人手术的精确度更高，患者创口小，术后恢复更快、愈合更好，术后感染风险更小，而同时手术的效率也更高。在心脏搭桥、前列腺切除等复杂手术中，达芬奇手术机器人凭借卓越的性能，展现出了极高的手术成功率和良好的患者预后效果，为无数患者带来了生的希望。

目前，达芬奇手术机器人广泛适用于普外科、泌尿科、心血管外科、胸外科、妇科、五官科、小儿外科等。许多国家都研发了自己的手术机器人。例如，我国天智航公司开发的天玑骨科手术机器人（图 8-19（a）），微创机器人研发的腔镜机器人（图 8-19（b）），都是国内医疗领域占据了一定市场份额的机器人产品。而瑞龙外科为切合我国实际临床需求，首创分体式模块化手术机器人（图 8-19（c）），其独有的模块化设计很好地克服了一体式机器人系统的缺点，对于执行跨象限手术具备明显优势。医院可按需设置不同的产品组合，由主控台、不同数量的手术臂台车、3D腹腔镜和执行手术器械组成。目前模块化手术机器人已完成临床试验，并在2024年国际机器人手术协会年会上精彩亮相，有望不久投产并在未来推动微创外科领域的发展，为患者带来更多的福音。

（2）康复护理机器人

康复护理类机器人主要有帮助肢体残疾患者康复训练的外骨骼机器人和陪伴老年人、协助日常护理的智能机器人。

外骨骼机器人如同为肢体残疾患者量身定制的"力量增幅器"，能够通过传感器敏锐感知患者的运动意图，为患者的肢体提供恰到好处的力量支持，助力患者完成行走、站立等日常动作（图 8-20（a））。对于脊髓损伤、中风等患者而言，外骨骼机器人可以辅助他们进行重复性的康复训练，如同耐心的康复师，不断刺激神经功能的恢复，逐步提高患者的自理能力，让他们重新拥抱生活的美好。

智能护理机器人能用来分担医院护理人员繁重琐碎的护理工作（图 8-20（b））。例如，帮助医护人员确认病人的身份，并准确无误地分发所需药品；检查病人健康状况，甚至通过远程实时语音视频通信与隔离病房的护士或病人直接交流、帮助医生及时了解病人病情；清理病房、代替护士送病例和化验单等。

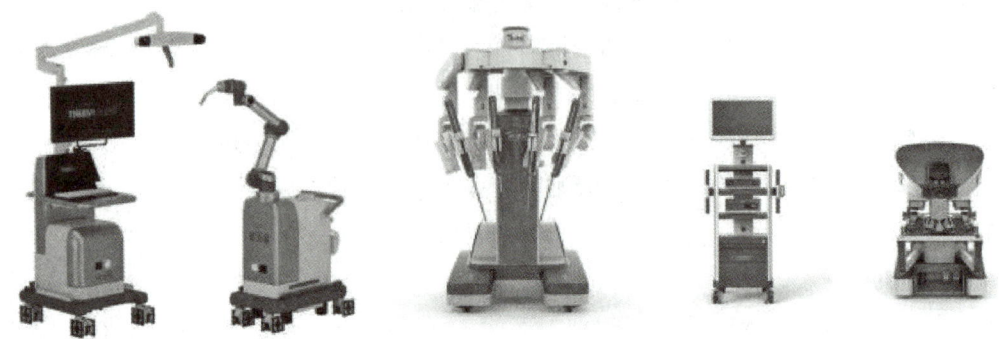

(a) 天玑骨科手术机器人　　　　　　　(b) 腔镜机器人

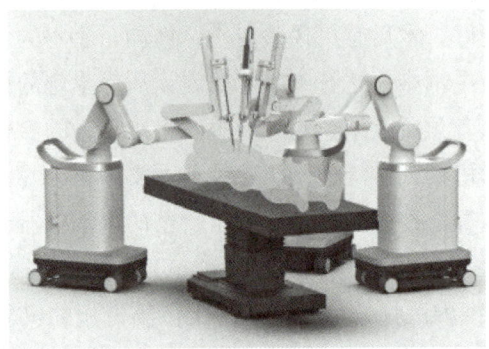

(c) 模块化手术机器人

图 8-19　国产手术机器人示例

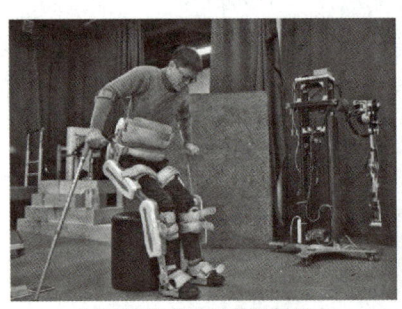 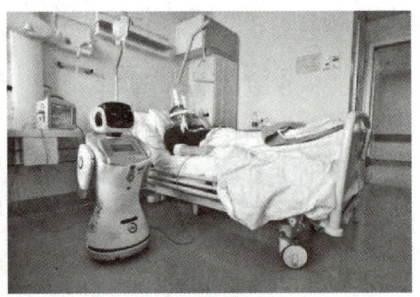

(a) 志愿者体验外骨骼机器人　　　　　(b) 智能护理机器人

图 8-20　康复护理机器人示例

4. 交通领域

自动驾驶汽车是轮式机器人最具代表性的应用之一，展示了智能交通系统的巨大潜力。其核心技术包括先进的传感器、AI算法和高精度地图。这些车辆通过激光雷达、摄像头、毫米波雷达等传感器实时感知周围环境，能够检测障碍物、行人及其他交通元素，为决策提供精准数据。同时，人工智能算法帮助车辆分析复杂的路况，实

8.3 具身智能的常见形态与典型应用

时判断何时加速、刹车或变道。此外，高精度地图和定位系统确保了车辆在城市环境中的精准导航，车联网技术则使车辆能够与周围设施和其他车辆进行实时互动，提升了交通安全和效率。

自动驾驶技术大体可以分为两种主要路线。一类是以特斯拉为代表的视觉驱动系统，依赖多个摄像头和深度学习算法进行环境感知。特斯拉的系统通过视觉数据识别道路标志、行人、障碍物等，并通过其他辅助传感器如雷达和超声波传感器辅助判断，形成完整的决策链。另一类技术则是以华为和比亚迪为代表的传感器融合技术，结合了摄像头、激光雷达、毫米波雷达和超声波传感器等多种感知手段，提供更加精准和冗余的环境感知能力。这种技术配置提高了自动驾驶系统在各种环境下的稳定性和安全性。

除了私家车，自动驾驶技术还逐渐应用于自动驾驶巴士、无人出租车等公共交通工具（图 8-21），推动了传统交通模式的变革。自动驾驶的普及有望减少人为错误，提高交通安全，并有效缓解交通拥堵，从而推动智慧城市交通系统的建设，优化城市出行体验。

(a) 萝卜快跑无人驾驶出租车

(b) 特斯拉自动驾驶汽车

(c) 特斯拉自动驾驶巴士

图 8-21　自动驾驶汽车示例

轨道交通中也有多种机器人发挥关键作用。如我国自研隧道检测机器人，检测速度可高达每小时数十千米，单次检测里程可超数十千米，最小识别精度达 mm 级，能实时远程监控区间异常，已成功应用于多地的地铁、隧道线路，为日常检测和结构性难题提供高效解决方案。

此外，在道路养护中，道路检测机器人可搭载多种传感器，对路面平整度、裂缝、坑洼等病害进行检测，及时发现道路隐患，为养护维修提供准确数据；清扫机器人则可自动清扫路面垃圾、尘土，洒水降尘，还能根据路面脏污程度自动调整清扫力度和水量，提高清扫效率和质量。

5. 特殊领域

在极端或未知环境中，具身智能成为人类感官与行动的延伸。无论是深海、太空，还是灾难现场，这些机器人都在突破人类的物理极限，完成探测和救援任务。

(1) 科研探索

在深海和太空这些极端、未知的探索环境中,人类的直接探测和研究面临着巨大挑战。具身智能机器人则成为人类的"先锋使者",能够代替人类完成这些艰巨任务。在深海,水下机器人可以搭载各种先进的传感器和采样设备,深入探索海底地形、神秘生物以及丰富的矿产资源。在太空,火星车等机器人在火星表面辛勤工作,进行地质勘探、气象监测等科研活动,为人类探索宇宙奥秘提供了大量珍贵的数据支持。

NASA(美国国家航空航天局)2020年发射的"毅力号"火星车(图8-22(a))具备多种智能,包括自主导航、科学探测和样本处理等。它配备了先进的自动导航系统和一系列科学探测设备(如激光光谱仪、有机物检测仪、雷达探测仪、移动气象站、无人机等),能在极端、复杂的火星环境中,根据预设的任务目标和实时获取的环境信息,自主决定如何开展科学探测,包括整合多种传感器(如雷达探测仪、移动气象站)数据,构建火星环境动态模型;与"机智号"无人机协同工作,后者提供高分辨率地表图像辅助路径规划;利用AI技术进行自适应采样,例如,X射线化学分析仪通过X射线分析岩石成分后,可自主选择科学目标并调整采样策略,无须等待地球指令;激光光谱仪与X射线化学分析仪、有机物检测仪联动,结合AI分析生成矿物和分子分布图,帮助科学家高效筛选潜在生命痕迹样本;等等。

在深海探索方面,我国的"奋斗者"号载人水下机器人(图8-22(b))在2020年取得了重大突破。它在马里亚纳海沟10 909 m的深度成功采集了地质样本。"奋斗者"号的控制系统实现了在线智能故障诊断、基于在线控制分配的容错控制以及海底自主避碰等功能,提高了潜水器的"智商"和安全性。神经网络优化算法让"奋斗者"号在海底自动匹配地形巡航、定点航行以及悬停定位。其中,水平面和垂直面航行控制性能指标达到国际先进水平。两套主从伺服液压机械手开展万米作业,每套手有7个关节,可实现6自由度运动控制,持重能力超过60 kg,能够覆盖采样篮及前部作业区域,具有强大的作业能力。这双手在深渊海底顺利完成了岩石、生物抓取及沉积物取样等精准作业任务,填补了我国应用全海深液压机械手开展万米作业的空白。"奋斗者"号不断进行维护和升级,积极开展国内外联合科考,目前仍然在深海科研和科考中发挥重要作用,并取得了丰厚的成果。

在生物实验室里,科研人员通过设计和制造模拟生物行为的机器人,开启了深入研究生物运动机理和行为模式的新大门。例如,模仿昆虫飞行的微型机器人能够帮助研究人员深入理解昆虫独特的飞行原理,为飞行器的创新设计提供灵感源泉。模拟鱼类游动的机器人则可以研究鱼类在不同水流环境下的运动方式,为水下航行器的优化升级提供重要参考。

(a) "毅力号"火星车　　(b) "奋斗者"号载人水下机器人

图 8-22　科研探索机器人示例

(2) 应急救援

在应急救援领域中，各类机器人都可以大显身手。例如，在化学泄漏或火灾区域，轮式机器人能够进入高温、有毒或狭小的环境，进行现场检查或运送紧急设备，避免了人类直接暴露的风险。在一些地形复杂的建筑物中，四足机器人能够自主导航到人类无法轻易到达的区域，且能灵巧地执行搜救、危险排查等任务。智能无人机能更高效快速地进行侦查、定位和搜救，灵活多变地应对多种救援场景（火灾、地震、水上）的复杂地形，低风险地执行搜救任务，极大地提高了救援工作的效率和安全性。

2022 年日本东京电力公司开始使用波士顿动力 Spot 机器狗，对福岛第一核电站展开收集数据、拍摄视频、测量辐射剂量并收集碎片等工作（图 8-23（a））。相比其他履带式和轮式机器人，Spot 四足机器人拥有卓越的机动性能。背部的自动化机械臂提供了其他机器人无法提供的开关门、捡拾物品等操作。位于新墨西哥州荒漠上的洛斯·阿拉莫斯国家实验室为 Spot 提供了核辐射极限检测，结果显示，Spot 可以在没有故障的状况下吸收 413 rem（413 rem = 4.13 Sv）的伽马射线（美国国家自然资源委员会给出的数据显示，这相当于人类累计 82 年，每年可接受辐射剂量的总和）。Spot 就此成为福岛第一核电站内，唯一能够自由穿梭事故现场的四足机器人。它利用激光雷达设备收集点云数据，通过摄像头进行拍摄，并使用机械臂来收集辐射区域内的样本。为了防止辐射对通信产生干扰，Spot 在福岛核电站检测区域内放置了多个无线电设备，以加强通信能力。Spot 具备良好的感知能力和自主行动能力，在实际作业场景下，工作人员远程对 Spot 进行操控，在对它发布指令的时候，甚至可以使用对话完成，加上它的机械臂可以自动开门，极大提升了作业效率。在电池电量以及作业时间有限的前提下，能够快速完成预定任务显得尤为重要。

2025 年初，西藏日喀则地区发生地震，我国出动了应急救灾型无人机、照明无人机和运输救援机器狗等多品类机器人，在地震救援中承担了多项任务，包括照明和应急通信、灾情侦察与环境评估、物资运送、生命探测与安全评估等。其中，现代救援机器狗配备了先进的传感器系统，包括双光云台和气体探测器，能够在复杂地形中精确定位并评估环境风险（图 8-23（b））。它们通过实时传输现场图像和关键灾情信息，帮助救援指挥部全面监控灾害环境，提前探知地形障碍和危险因素，保障救援人员的生命安全。通过搭载的 3D 激光雷达实时扫描和构建三维地图，反馈建筑立体结构，帮助救援人员进行楼宇搜救和规划救援路径，避免二次倒塌危险。搭载的热成像双光谱云台能够穿透烟尘追踪人体热源，精准捕捉被困人员的生命信号并迅速反馈给救援中心，帮助救援人员快速定位和营救被困人员。它们还具有超强载荷能力，例如，云深处科技的机器狗动态载重能力达 200 kg，不仅能运送救援物资，还能协助转移伤员，大大提高了救援效率。这些表现展示了机器狗在复杂环境中的高效作业能力和对救援工作的巨大贡献。

排爆机器人是排爆人员用于处置或销毁爆炸可疑物的专用器材，一般有履带式或轮式，安装有机械臂等用于多种复杂地形代替排爆人员探查、搬运、转移、销毁爆炸可疑物品及其他有害危险品，可有效避免不必要的人员伤亡。我国一款型号为 JP-REOD400 的小型排爆机器人（图 8-23（c））应用广泛。这种机器人质量仅 37 kg，但其作业能力已达到中型排爆机器人的标准。该机器人搭载多个红外专业摄像头、各种检测仪和传感器、机械臂和机械爪、拆解器、有线控制器和无线遥控器，功能齐全、高效安全，有着强大的抓举、拖拽能力和全地形适应能力（草地、冰雪地、碎石、沙土、泥泞地面以及涉水作业等）。其远距离遥控操作相当简便，人们在简单培训后就能够做出很多精确操控动作。

(a) Spot探索福岛核电站

(b) 救援中的机器狗

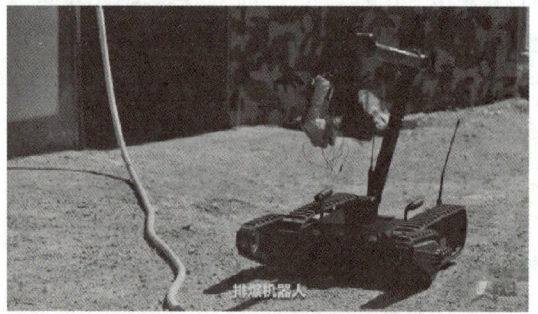

(c) JP-REOD400排爆机器人

图 8-23 应急救援机器人示例

8.3 具身智能的常见形态与典型应用

6. 其他服务领域

（1）公共服务

在商业和政务服务领域中，各类机器人通过技术创新实现了多样化应用，显著提升了效率和服务质量。无论是在车站、机场、广场、政务大厅、校园，还是在商业中心、酒店、银行、博物馆、医院，大家经常能看到各种机器人。

例如警用智能巡逻机器人（图 8-24（a）），它拥有自主巡逻、全景监控、智能识别、宣传防范、一键报警等多项功能，能有效协助警力对人流密集的重点领域进行巡逻。同时它还可以进行高清语音播报协助民警向群众播报防骗、交通、天气等语音提示，做到一呼百应，最大化提高警力使用效率。

智能导览类机器人（图 8-24（b））可以辅助客户进行业务咨询、业务办理，为客户节省时间和精力。或者引导游客参观场馆，并通过智能互动来增强参观的趣味性。

餐饮服务型机器人主要用于餐饮行业，如递送机器人（图 8-24（c））、自动烹饪机器人等。它们能够完成送餐、炒菜等任务，提高餐饮服务的效率和品质。酒店服务机器人可以承担迎宾、入住登记及送餐等任务，并通过智能化技术提供 24 小时的自动化客房服务，提升客人的住宿体验以及保障客人入住过程中的安全性和隐私性。

上面这些公共服务领域中的机器人以轮式为主，此外，还有一些轮式机器人（图 8-24（d））或无人机服务于农业领域，可以进行播种、除草、喷洒、采摘等作业，提高农业生产效率。

（2）家庭服务

在家庭生活中，机器人已逐渐成为得力助手，为人们带来诸多便利，让家庭生活更加舒适与智能。

清洁机器人是家庭中最常见的一类机器人。扫拖机器人可通过内置的激光导航或视觉导航系统，对房间进行全面扫描，绘制出精准的地图，从而规划出高效的清扫路径。它能轻松钻进家具底部等狭小空间，清扫灰尘和碎屑。在清洁地面时，会根据地面的脏污程度自动调节出水量和清洁力度。而擦窗机器人利用真空吸附技术，紧紧贴合在玻璃表面，按照预设的程序擦拭玻璃，从室内就能轻松清洁户外的窗户，避免了人工擦窗的危险。

陪伴机器人则为家庭增添了温暖与乐趣。它们拥有可爱的外形和丰富的情感交互功能，能陪老人聊天解闷，讲述新闻趣事、播放音乐戏曲，还能通过视频通话让子女与老人随时沟通。对于儿童，陪伴机器人可以充当学习伙伴，辅导孩子功课，陪孩子玩益智游戏，激发孩子的学习兴趣和创造力。它们通过面部识别和语音交流技术，能够敏锐感知家庭成员的情绪和需求，从而提供贴心的服务。

(a) 智能巡逻机器人

(b) 智能导览机器人

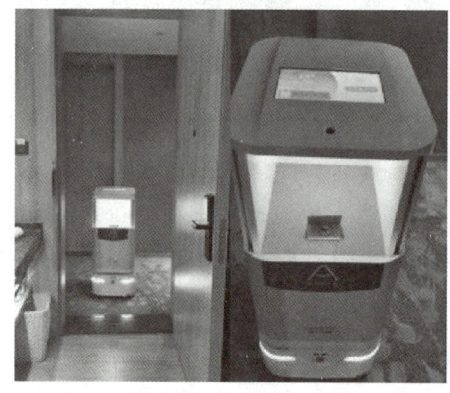
(c) 递送机器人

(d) 轮式机器人

图 8-24　机器人在公共服务中的应用示例

在家庭健康护理方面，一些智能机器人能实时监测家庭成员的心率、血压、睡眠质量等生理指标，一旦检测到异常数据，会及时发出警报或通知家人，还能按时提醒老年人服药。

这些机器人能够根据家庭成员的需求，灵活地调整自己的工作安排。例如，扫地机器人可以在特定时间点自动清扫家庭环境；养老护理机器人可以按需为独居老人提供健康监测、人机互动和紧急呼救等服务，还能够自动监测卧床老人便尿情况并自主启动清洁程序。高端的机器人还能通过自主学习家庭成员的生活习惯，来提供更加智能、更具人性化的服务。

图 8-25 展示了家庭服务机器人示例。

（3）娱乐互动

提到迪士尼，人们首先会想到的是人头攒动的主题公园或各具特色的卡通角色。事实上，迪士尼公司还制作了不少形态各异的机器人，有"大白"软体机械臂、"机器鸟"、可拆卸"机器蜘蛛""机器阿凡达"、沙滩作画机器人、特技机器人。当然，

8.3 具身智能的常见形态与典型应用

无一例外都是围绕迪士尼的娱乐王国开展设计的"专业"娱乐机器人。2024年,一款双足机器人在迪士尼乐园主题区开启了它的互动表演生涯,它的外形酷似《机器人总动员》中的瓦力(图8-26),能够通过微表情引擎与语音合成技术实现个性化对话,每天能完成2 000次游客互动,情感识别准确率高达92%。机器人通过情感交互与创意表达,正在为人们创造虚实融合的新型娱乐体验。

(a) 家用扫拖机器人

(b) AI宠物Ropet

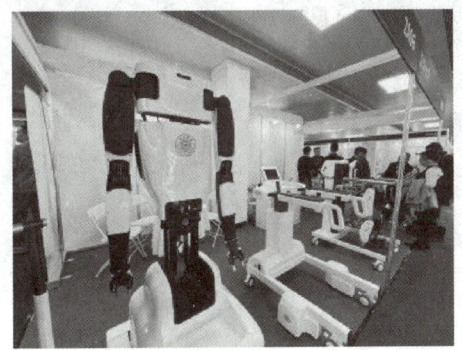
(c) 智能护理机器人

图8-25 家庭服务机器人示例

图8-26 迪士尼娱乐器人示例

2025年蛇年春晚，创意融合舞蹈《秧BOT》节目中，来自我国机器人企业宇树科技的一批H1人形机器人（图8-27（a））与舞者共舞，手绢花翻飞旋转，为观众呈现了一支别开生面的"赛博"秧歌。这背后其实是一系列超硬核的技术在撑腰。高精度3D激光SLAM定位和导航技术让机器人在复杂的舞台环境里也能精准找到自己的位置；先进组网方案和时间同步技术保证它们在复杂的网络环境里也能稳定连接，不掉链子；强大的集群协同控制系统让它们能应对各种突发情况，就算舞台上突然"状况百出"，也能尽在掌控。2月15日，宇树科技再次发布G1人形机器人（图8-27（b））跳舞的视频，可进行高难度的动态动作，舞蹈动作无比丝滑，展现出令人惊叹的灵活性。

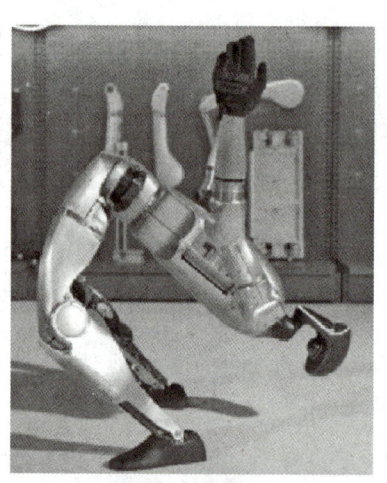

(a) H1人形机器人　　(b) G1人形机器人

图 8-27　宇树科技人形机器人

从工厂车间到深海极地，从家庭生活到娱乐体验，具身智能正在以多样化的形态融入人们的世界。它们不仅提升了生产效率和生活质量，还在探索未知、突破极限的过程中展现了无限可能。未来，随着类脑计算和柔性电子技术的进一步发展，具身智能将更深入地融入人类社会的各个场景，成为推动科技进步的核心力量。

8.4 挑战与伦理

具身智能与传统的基于纯数据处理的人工智能不同，强调智能体拥有"身体"，并通过身体与环境的互动来获得智能。这一领域的研究和应用面临许多技术挑战和伦理问题。

8.4.1 具身智能的技术挑战

1. 复杂环境的感知与建模

具身智能体需要在动态、不确定的环境中实时感知和理解周围世界。这种环境可能包括不断变化的物体、移动的障碍物、复杂的光照条件以及多样的声音和触觉信息。如何高效整合来自视觉、触觉、听觉等多种传感器的数据，构建一个统一且精确的环境模型，是当前的技术挑战之一。此外，在动态环境中，确保感知系统的响应速度和准确性，以及在噪声和不确定性中提取有用信息，避免误判和错误决策，也是环境建模的关键问题。

2. 实时决策与行动

智能体需要在复杂环境中快速做出决策并执行动作。这要求系统不仅能够快速处理信息，还能在短时间内规划出最优的行动路径。在有限的计算资源下，如何实现低延迟、高精度的控制，确保智能体能够迅速响应环境变化，也是当前亟须解决的问题之一。

3. 学习与适应能力

具身智能体需要通过与环境的交互不断学习和优化行为。这种学习过程应该是持续的，能够适应新环境和新任务。尤其是当数据稀缺时，如何设计高效的学习算法，使智能体能够从有限的数据中快速学习并适应新环境，是研究者面临的挑战之一。此外，如何将在一个环境中学习的知识迁移到另一个环境中，提高智能体的通用性和适应性，也是当前研究的热点。

4. 人机交互与协作

具身智能体需要与人类或其他智能体协作完成任务。这要求智能体能够理解人类的意图和需求，并以自然、安全的方式进行交互。如何准确理解人类的意图和需求，确保智能体的行为符合人类的期望，如何在协作过程中确保人类和智能体的安全，避免意外伤害，也是研发人员需要解决的问题。

5. 能源与硬件限制

具身智能体依赖物理硬件（如机器人身体），而硬件通常受限于能源、材料、成本等因素。这要求智能体在设计和运行过程中充分考虑这些限制。如何设计高效、低功耗的硬件系统，延长智能体的工作时间，如何在保证功能的前提下，设计轻便、灵活的硬件，提高智能体的机动性和灵敏度，都是必须突破的瓶颈问题。

解决这些技术挑战需要跨学科的合作和创新，结合人工智能、机器人技术、传感器技术、材料科学等多个领域的最新成果。在这些技术难题上取得突破后，具身智能将能够真正实现其潜力，为人类社会带来更多的便利和价值。

8.4.2 具身智能的伦理问题

随着具身智能技术的发展,其伦理问题也日益引起关注。

1. 隐私与数据安全

具身智能体在执行任务时,通常需要收集大量的环境数据,包括人类的行为数据。这些数据可能涉及个人隐私,如面部识别、语音记录、位置信息等。如果这些数据被不当使用或泄露,可能会对个人隐私造成严重威胁。因此,如何确保数据收集和使用的透明性,设计有效的隐私保护机制,防止数据被滥用或未经授权的访问,以及确保数据在传输和存储过程中的安全性,防止黑客攻击和数据泄露,这些都是研究者与管理部门必须重视的问题。

2. 自主性与责任归属

具身智能体在某些场景中可能自主决策和行动,这必然会带来责任归属的问题。如果智能体的行为导致损害,责任应由谁承担?是开发者、使用者还是智能体本身?如何明确界定智能体行为的责任归属,是否应该为智能体设立法律主体地位?此外,如何确保智能体的决策过程是透明且可解释的,以便在出现问题时能够追溯原因。除了突破技术难题之外,更重要的是制定相应的法律法规,明确各方的责任和义务,才能为具身智能的开发者与使用者都提供保障。

3. 人类依赖与技能退化

随着具身智能体的普及,人类可能会过度依赖这些智能体,导致某些技能的退化。例如,依赖自动驾驶可能导致驾驶技能的下降,依赖智能助手可能导致沟通能力的减弱。如何平衡智能体的辅助功能与人类的自主能力,避免过度依赖。是否需要评估和应对过度依赖智能体对人类心理和行为的长期影响,都是人们需要深度思考的问题。

4. 人机关系与情感依赖

具身智能体,特别是社交机器人,可能与人类建立情感联系。这种情感依赖可能对人类心理健康产生复杂影响。如何避免人类对机器的过度情感投入,设定人机关系的伦理界限,确保人类情感不被滥用;如何判断并为那些对智能体产生情感依赖的人提供心理支持和干预,都是亟待解决的问题。

5. 安全与滥用风险

具身智能体也可能被恶意利用。例如,用于监视、攻击或操控人类。这种滥用可能对社会安全和个人自由构成严重威胁。如何制定有效的监管措施,防止技术的滥用?如何在设计阶段考虑安全性和防护措施,防止智能体被恶意操控?如何通过法律手段制裁滥用智能体的行为,确保技术的正当使用?

解决这些问题需要技术开发者、政策制定者、伦理学家和社会各界的共同努力。只有在技术发展与伦理规范并重的前提下，具身智能才能真正造福人类社会，避免潜在的负面影响。

思考与拓展

1. 如果能设计一个智能机器人，你想解决什么现实问题？

2. 请结合自己的专业，了解一些未来的职业场景，想象一下，哪些场景中的工作可以被机器人取代？原因是什么？

3. 电动汽车需要充电桩，无人机也依赖电池续航，越来越多的具身智能体需要各种各样的"能量补给"，这将如何改变城市基础设施规划？未来你的专业领域能为具身智能提供哪些助力？

4. 2025 年 2 月，一则新闻中报道了一位司机在高速上不小心睡着了，华为智驾系统安全地把他送回了家。你怎么看待这个问题？

第 9 章

智 慧 办 公

在办公事务中，经常需要进行文字处理、表格处理、文档管理、文件收发管理、财务统计、报表处理、个人数据库管理等工作。这些常用的办公事务处理可以在相应的应用软件，如金山公司的 WPS Office、微软公司的 Microsoft Office 等中完成。WPS Office 套件中最常用的有文字处理、电子表格和演示文稿 3 种。

本章要点：
① 文字的处理。
② 电子表格的处理。
③ 演示文稿的处理。
④ WPS AI 的应用。
⑤ WPS 与大模型的结合。

9.1 文字的处理

在学习、生活与工作中，处处都离不开文字的处理。撰写论文、编写书稿、起草文件、修订合同，都需要使用文字处理软件。在文字处理软件中，屏幕相当于传统文书工作中的稿纸，屏幕上的光标指示当前要操作的文字的位置，键盘相当于撰写文稿使用的笔。

文档（document）是由某种固定格式组织起来的符号集合。文档内容一般由应用程序所创建，可以输入、输出、打印、查看等。文档包括数据、资料、图形、图像及声音等文件，如 WPS 中的 .wps 文件、Word 中的 .docx 文件、演示文稿中的 .pptx 文件等都可以认为是文档。

一个文字处理软件一般应具有如下功能：

① 文档管理功能：文档的建立、搜索、保存、加密和意外情况恢复等。

② 编辑功能：对文档内容的多种途径输入，文本的选定、复制、粘贴、自动更正错误、拼写检查、简体繁体转换、大小写转换、查找与替换等。

③ 排版功能：对字体、段落、页面格式多种排版格式的设置等。

④ 表格处理：表格建立、编辑、格式化、统计、排序以及生成统计图等。

⑤ 图形处理：建立、插入多种形式的图形或图片，对图形编辑、格式化、图文混排等。

⑥ 高级功能：文档的自动处理，如建立目录、邮件合并、宏的建立和使用等。

本节以 WPS 文字为例，介绍文字处理软件的基本功能和使用方法，包括文档管理、文档编辑、文档排版、图形处理、表格制作和文档打印等。WPS 文字窗口如图 9-1 所示。

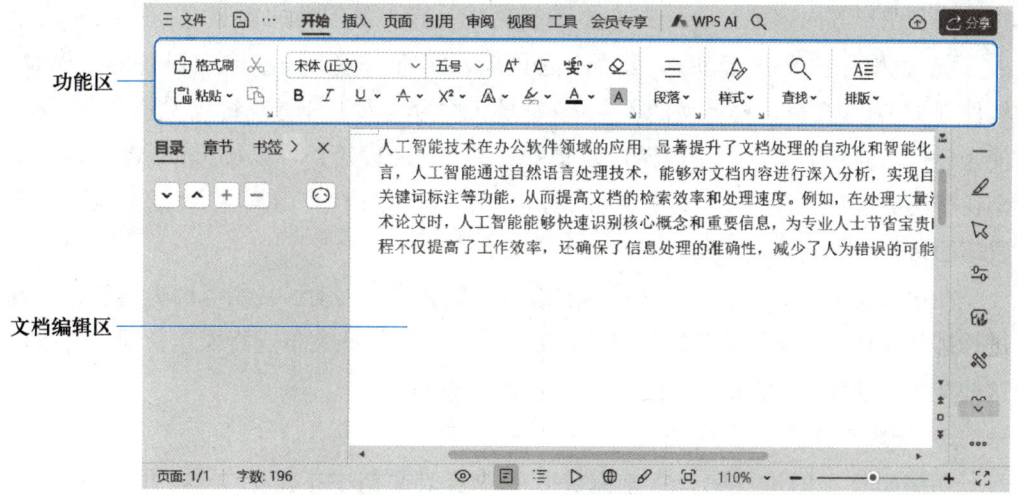

图 9-1　WPS 文字窗口

9.1.1　文字编辑

启动 WPS 文字后，一般会先创建一个空白文档再开始文档编辑。文档的建立就是由操作系统在内存中开辟一块区域，以便用户进行编辑，编辑的内容都保留在内存中，如果需要永久保存所编辑的内容，可以使用"保存"命令将内容写到所指定的磁盘文件中。

在 WPS 文字中，文档实际是创建的信函、报告、通知及文章等的一个统称，它代替了传统用的稿纸，就像是传统稿纸的电子版。

在建立一个空白文档后,可以对文档进行编辑。文档编辑主要包括文档浏览方式(视图)的选择、文本输入、选定、查找与替换等操作。

1. 视图模式

视图就是文档窗口的显示方式,也就是用户选择哪一种浏览文档的方式来进行编辑。每一种视图都有各自显示和使用的特点,用户可以根据不同的文档处理需求,选择不同的视图。如在 WPS 文字中,常用的视图模式有页面、阅读版式、大纲、写作模式和 Web 版式视图、全屏显示 6 种视图。其中页面视图是最接近实际打印效果的视图模式,可以查看文档的布局、格式和分页效果,适合进行最终的排版和审阅。大纲视图显示文档的结构和大纲,可以折叠和展开不同级别的标题,方便用户管理和浏览文档的组织结构。

2. 文本的输入和选定

创建文档后就可以输入文本内容了。文本是通过输入设备输入的文字、符号、特殊字符和图形等内容的组合。在文本编辑区中,有一条闪动的粗竖线,称之为"插入点",也称为"光标",用户可以在这里插入字符。每当文本输入到右侧边界时,软件(如 WPS 文字)会自动插入一个↓符号,称为"人工分行"符或"软回车"符,使光标自动移到下一行的左边界处。如果想生成一个段落,可以按 Enter 键,系统就会在行尾插入一个↵符号,称为"段落标记"符或"硬回车"符,并将插入点移到新段落的首行处。

在输入文本后,常常要对文本内容进行诸如删除、移动、复制等编辑操作,或者进行排版操作。在进行这些操作之前,必须先清楚对哪些文本进行操作,即要先选定这些文本,这就是所谓的"先选定,后操作"原则。

3. 查找与替换

在编辑文本的过程中,常常需要查看或修改文档中指定的文本、图形及其他元素。使用"查找"和"替换"命令可以查找及替换字符、特殊字符(如制表符和段落标志)等。例如,如果在文本中"中华人民共和国"出现的频率较高,我们在输入时可用一个简单的字符(如中国)代替该字符串,当文本全部输入完毕时,再利用"查找和替换"的功能,用"中华人民共和国"替换原来的"中国"。查找替换的高级搜索可以完成格式的替换,例如,查找"红色"字体替换成"黑色"。

9.1.2 文字排版

编辑完文本之后,为了使文档具有漂亮的外观,便于阅读,需要对文档进行排版。文档排版的主要对象有字符、段落和页面。

1. 字符格式化

在一篇文章中，不同的内容应该使用不同的字体和字形，这样才能使文档层次分明，使阅读的人能够一目了然，抓住重点。所谓字符格式化就是设置字符的各种外观，以实现用户所要求的屏幕显示和打印效果。常见的字符格式化有字体、字号、字形、文字的修饰、字间距和字符宽度以及中文版式等。图9-2显示了字符的部分格式效果。

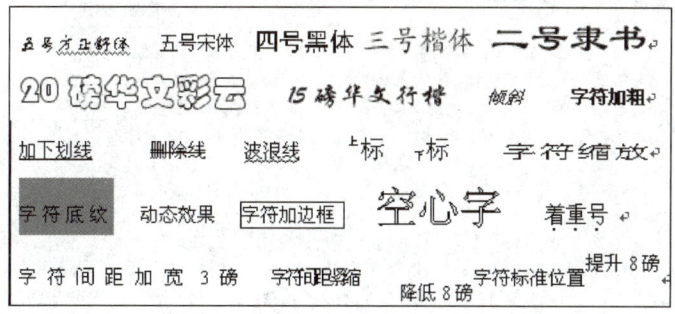

图9-2　字符格式效果

字体：文字在屏幕或打印稿上呈现的书写形式。中文操作系统提供了常用的宋体、楷体、黑体等中文字体，也提供了 Times New Roman、Arial 等英文字体。

字号：文字的大小，可以用"磅"来表示，1 磅为 1/72 英寸，约为 0.352 7 mm。中文习惯以字号表示，文档中字号从最大的初号到最小的八号字，相应磅值从最大的 72 磅到最小的 5 磅。在 WPS 文字中，默认的最大可选字号为 72 磅，字号的大小理论上没有最大值限制。

字符间距：两个字符之间的间隔距离，标准的字间距为 0 磅。当一行的字符数有规定时，可通过加宽或紧缩来调整。

上标与下标：输入数学公式或化学公式时，可以设置字符的上标或下标，如化学式 H_2O、勾股定理 $a^2+b^2=c^2$。

2. 段落格式化

段落是文档格式化的单位，它介于字符和节之间。如在文档中，段落不一定全由语句组成，任何数量的文本或图形加一个段落标记（回车换行符）就构成了一个段落，段落的格式化信息都保存在段落标记中。段落是独立的信息单位，具有自身的格式特征，包括段落的对齐方式、缩进、段间距、行间距、分栏、首字下沉等设置。

段落的对齐方式一般包括左对齐、居中对齐、右对齐、两端对齐和分散对齐；段落缩进是指文本与页边距之间保持的距离，包括首行缩进、悬挂缩进、左缩进、右缩进 4 种方式，如图 9-3 所示。行间距是从一行文字的底部到下一行顶部的间距，段间距决定段落的前后空白距离的大小。在进行段落设置时，经常要用到水平标尺，拖动水平标尺上的缩进标记可以调整段落的首行缩进、左缩进和右缩进等。

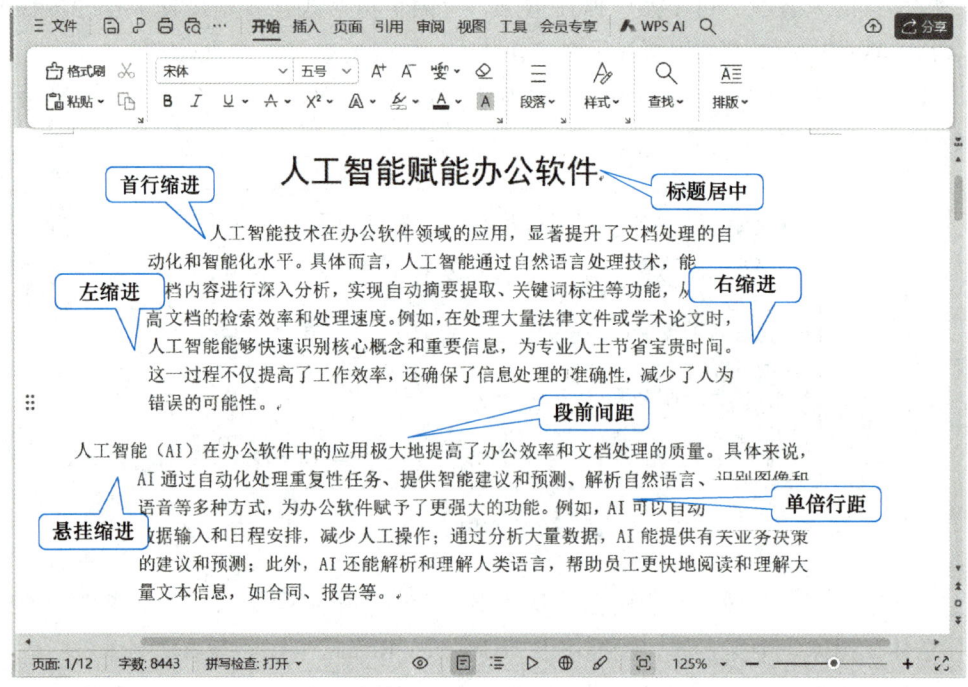

图 9-3　段落缩进示例

3. 页面排版

用户编辑一个文档时，调整页面是必不可少的工作，其目的是使页面布局与客观要求（如纸张的大小）和主观愿望（如页边距等）相一致。如果页面排版不合理，打印稿就可能显得杂乱无章。页面排版反映了文档的整体外观和输出效果。页面设置可以在文档开始之前进行，也可以在结束文档编辑之后、打印输出之前进行。页面布局如图 9-4 所示。

① 分页符是用来分页的，分页符后的文字将另起一页，自动分页的标志是横线。

② 页眉和页脚是在每一页顶部和底部加入的信息。一个文档的奇数页和偶数页可以使用不同的页眉和页脚，首页也可以不显示页眉和页脚（图 9-5）。

③ 页边距是指打印文本与纸张边缘的距离。通常在页边距以内打印正文，包括脚注和尾注，而页码、页眉和页脚等都打印在页边距上。

④ 分节符可以实现分页功能，在新的节中，用户可以独立设置页面格式，如页边距、纸张大小、纸张方向等，而不会影响其他节的格式。通常把论文封面、目录、内容、文献等分为不同的节。

9.1 文字的处理

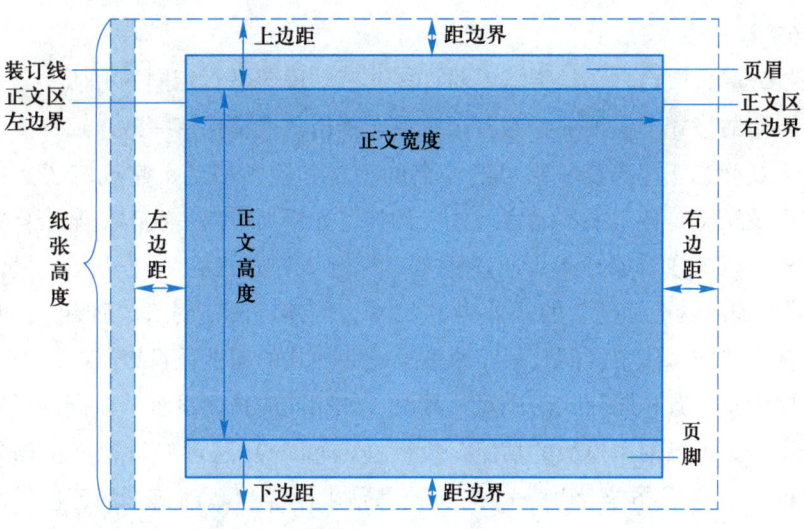

图 9-4　页面布局图

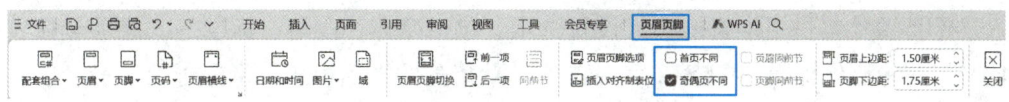

图 9-5　页眉和页脚设置

4. 图文混排

在文档中输入图片或形状，实现图文混排，能够使文章内容更加丰富、直观。文字处理软件提供了多种图文对象的输入和制作方法，如插入图片、艺术字、形状、图标、智能图形、思维导图等，同时，可以对图形放大、缩小、裁剪、移动、复制，并制作出具有三维、阴影、倒影和发光效果的文档，使文档图文并茂。图文混排需修改图片的"环绕"方式，图 9-6 为一个图文混排示例。

图 9-6　图文混排示例

5. 样式和模板

当编排一篇长文档时，经常需要对许多文字和段落进行相同的排版。若是重复地设置每个段落的格式不仅烦琐，而且很难使文档格式严格保持一致，而样式的使用能顺利解决上述问题。样式是一组已经命名的字符和段落格式，它规定了文档中的标题、题注以及正文等各个文本元素格式。例如，如果用户想一次改变某个样式的所有文字的格式，只需修改该样式即可。例如，标题 2 样式最初为"小三、黑体、左对齐、常规"，如果希望标题 2 的样式为"三号、黑体、两端对齐、加粗"，此时不必重复定义标题 2 的每一个实例，只需改变标题 2 样式的属性就可以了。

当需要编排具有相同格式的多篇文档时，如相同的页面设置、相同的样式、部分相同的文字等，可以使用模板的功能。模板（template）是预先设置好文档外观框架的特殊文档。如在 WPS 文字中，任何文档都是以模板为基础建立的，模板实际上是创建文档的一个母版，它已设置好了文档的各种标题和正文格式，制定好了文档的基本结构，当输入文档内容后，就会按模板所制定的样式格式化文档。

WPS 文字提供了丰富的样式设置选项，包括字体、段落、标题等，能够轻松实现文档的专业化排版。WPS 文字内置了大量精美的文档模板，涵盖办公、教育、科研等多个领域，用户可以直接使用或根据需要进行修改，提高文档制作效率。WPS 文字支持多种文件格式，包括 DOCX、DOC、PDF 等，方便用户与其他办公软件进行文件交换和共享。

9.1.3 智能文档

WPS 智能文档是 WPS Office 办公软件中的一个重要功能，它集成了人工智能技术，为用户提供了更加智能、高效的文档处理体验。智能文档提供了各种简历、报告、周报日报、工作规划、团队管理等模板，以下是对 WPS 智能文档的详细介绍。

1. 新建智能文档

在 WPS Office 中，单击"新建"按钮，选择"智能文档"选项即可开始创建新的智能文档。图 9-7 显示智能文档有多种校园模板，选择一个示例"个人简历说明书"，打开简历模板，完善个人信息，再修改个人资料，可以快速完成个人简历的设计（图 9-8）。

2. 智能文档的应用

在智能文档中除了可以插入图片、形状、图标之外，还可以快速插入日期、高亮块、程序代码块等。通过插入对象，可完善智能文档。图 9-9 是插入一些通用对象的示例。

9.1 文字的处理

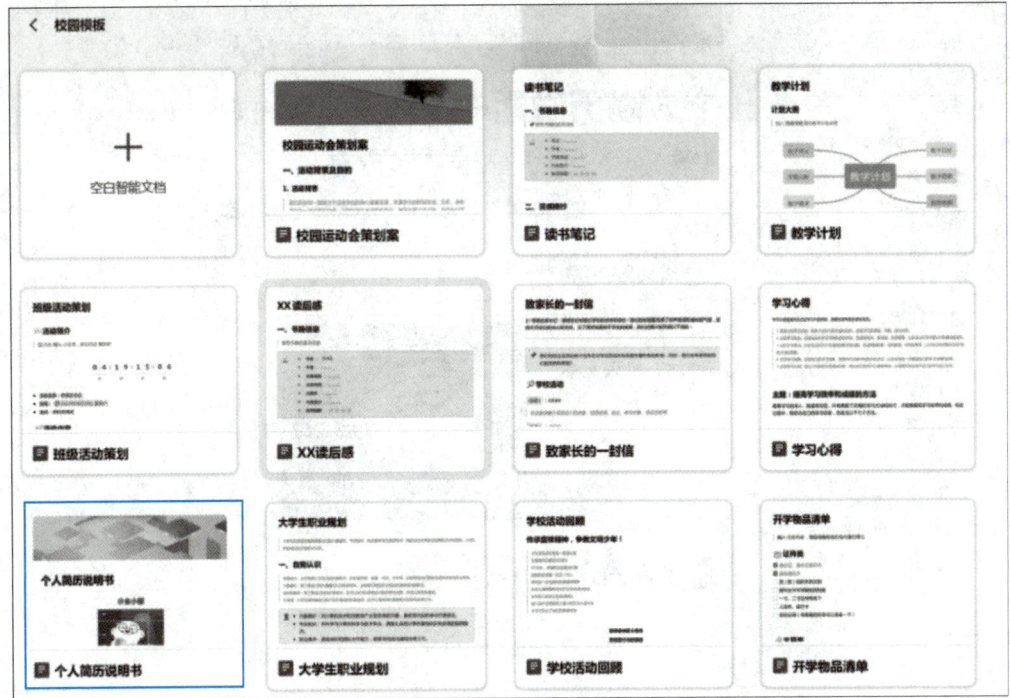

图 9-7 智能文档之校园模板

图 9-8 个人简历模板编辑界面示例

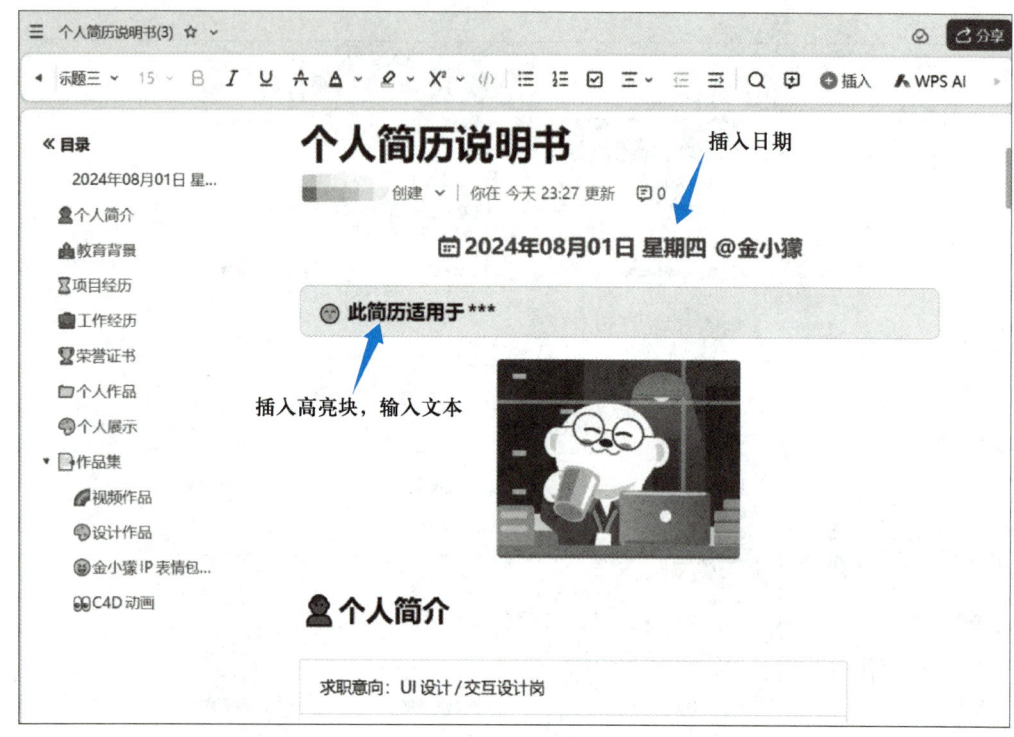

图 9-9 智能文档的应用

虽然 WPS 智能文档提供了多种 AI 辅助功能，但用户仍需对生成的内容进行仔细审核和修改，以确保准确性和符合要求。用户应根据实际需要合理使用 AI 功能，避免过度依赖 AI 而忽视自身的创作和思考能力。WPS 智能文档是一款功能强大、操作便捷的办公软件，它利用人工智能技术为用户提供了更加智能、高效的文档处理体验。

WPS 智能文档为在线文档，在保存文档时，可以选择"保存到云文档"，也支持将文件导出为其他格式等。

WPS 智能文档支持多人实时协同编辑功能，团队成员可以方便地共享和编辑文档，实时跟踪文档的修改和更新，提高了团队工作效率。

9.1.4 高级应用

1．表格应用

在文档中常常需要使用表格和图表来表示数据，让读者一目了然，也使文件或报告更具有说服力。表格是由水平和垂直方向的直线交错而成的网格，每个网格称为一个单元格。在每个单元格中，可以输入文字、数字或插入图片，也可以对单元格进行各种编辑和格式设置，对表格中的数据还可以进行一些简单的计算，如求和、求平均值、求最大值和最小值等。通过表格应用，用户可以轻松对信息进行分类、比较和分析。

若要对表格进行格式化，可以使用"表格工具"下的各功能项和"表格样式"选项卡，这里提供了边框样式、单元格大小调整、合并单元格等多种格式化选项。表格示例如图 9-10 所示。

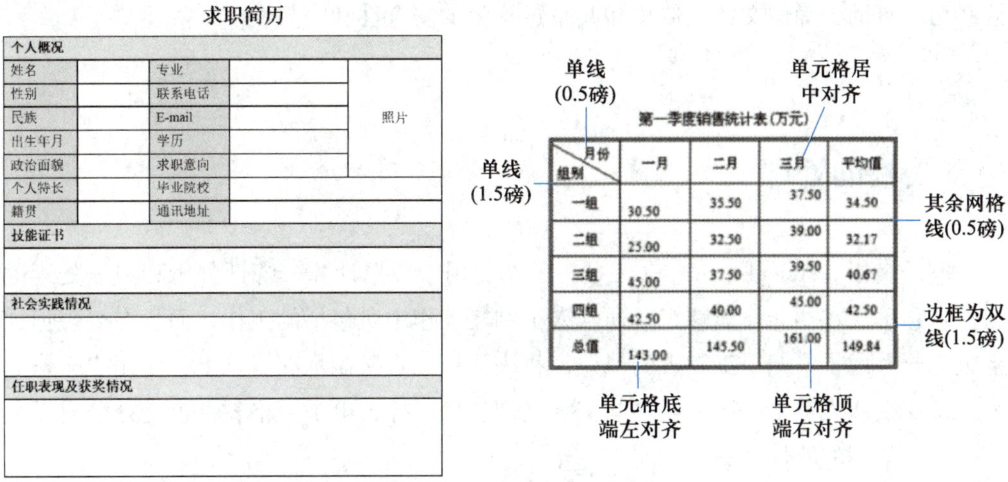

图 9-10 表格示例

2. 域代码应用

域代码是一个高级功能，它允许用户在文档中插入动态内容，如目录、索引、页码等。通过域代码，用户可以轻松实现文档的自动化处理，减少手动编辑的工作量。同时，域代码还支持复杂的文档处理操作，如条件格式设置、邮件合并等。单击"插入"选项卡"文档部件"下拉列表中的"域"按钮，打开对话框如图 9-11 所示。如选择插入域"当前时间"，时间会随时调整，显示为当前的时间。

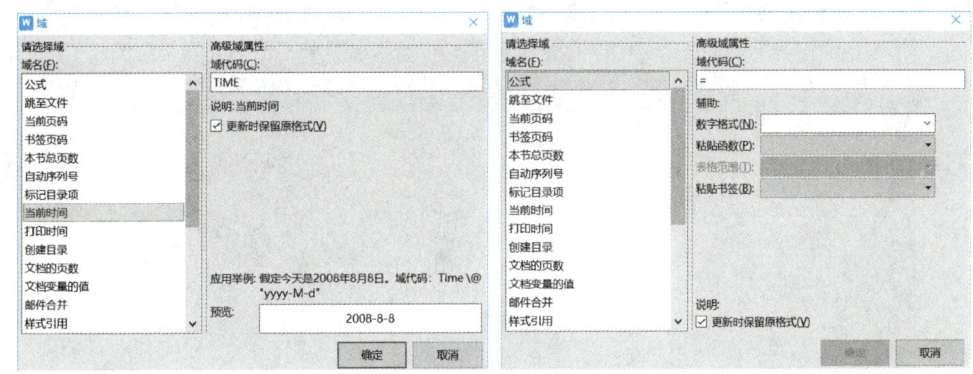

图 9-11 选择"当前时间"域

3. 跨文档引用与合并

WPS 文字允许用户在不同文档之间进行引用和合并操作。例如，用户可以在一个文档中插入另一个文档的链接或内容，实现跨文档的引用和整合。此外，WPS 文字还支持邮件合并功能，可以将数据库中的数据批量插入文档中，生成个性化的文档集合。

4. 安全性与权限设置

为了保护文档的安全性和隐私性，WPS 文字提供了丰富的安全性与权限设置选项。用户可以采用为文档设置密码保护、限制编辑权限、添加数字签名等安全措施。这些功能有助于确保文档在传输和共享过程中的安全性和完整性。

9.2 电子表格的处理

电子表格（spreadsheet）软件是一种专门用于数据计算、统计分析和报表处理的软件，它不仅在功能上能够完成通常人工制表工作中所包括的工作，而且在表现形式上也充分考虑了人们手工制表的习惯，将表格形式直接显示在屏幕上，使用户操作起来就像在纸质表格中一样方便。同文字处理软件一样，电子表格软件也是办公自动化系统中最常用的软件之一。

本节将以 WPS 表格为例，介绍软件的基本功能和使用方法，主要内容包括电子表格的界面布局、基本元素、数据计算、数据管理、数据图表化等。WPS 表格窗口如图 9-12 所示。

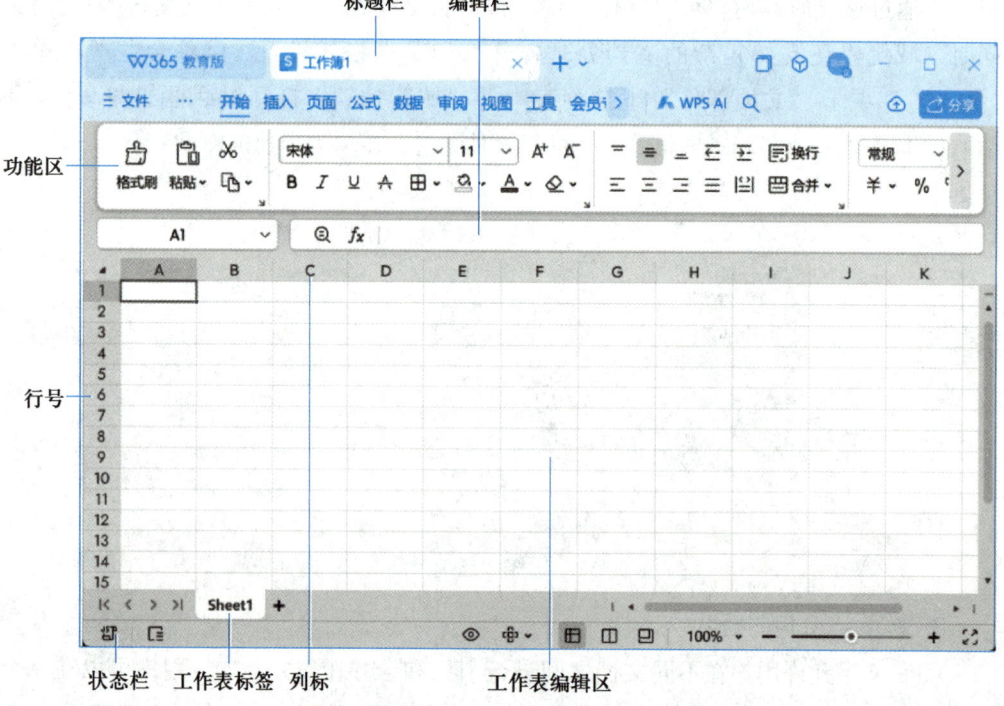

图 9-12　WPS 表格窗口

9.2.1 基本元素

WPS 表格的基本元素包括单元格、单元格区域、工作表和工作簿等。下面介绍几种主要元素。

1. 单元格

单元格是工作表中的小方格,行和列交叉点为一个单元格,是存放数据的最小单元。单元格的名字(也称"地址")是由它所在的列标和行号组成。例如,在表格中,第 A 列第 6 行交叉处的单元格名为 A6,D4 为第 4 行第 D 列交叉处的单元格。

2. 单元格区域

单元格区域指的是在表格中,一组被用户选中的单元格,这些单元格既可以是彼此相邻的,也可以是分散在表格不同位置的。当用户选中一个单元格区域时,该区域内的所有单元格会被高亮度显示,以便用户能够清楚地识别出哪些单元格被选中。如果用户取消选中,则这些单元格会恢复到它们原来的显示状态,不再突出显示。

单元格或单元格区域还可以作为变量的形式出现在公式或表达式中,参与各种计算和逻辑判断。例如,在编写公式时,可以引用一个单元格区域作为参数,公式会自动对区域内的每个单元格应用相同的计算规则,并返回计算结果。这种功能使得表格不仅能够进行简单的数据记录和展示,还能够执行复杂的数学计算和数据分析任务。

3. 工作表

所谓电子表格,其实指的就是工作表(Sheet)。工作表是单元格的组合,是电子表格进行一次完整作业的基本单位。若干个工作表构成一个工作簿。工作表是通过工作表标签来标识的。工作表标签显示在工作簿窗口的底部,用户可以单击不同的工作表标签来进行工作表的切换。有些工作表中包含一些图表,这些图表与工作表数据相链接,并随工作表数据的变化而自动更新。

4. 工作簿

在电子表格软件中,工作簿(Book)是存储和管理多张工作表的容器。每个工作簿可以包含多张工作表,这些工作表通过工作表标签进行区分和访问。

9.2.2 数据计算

在电子表格中,基础的数据处理依赖公式的运用,这些公式能够执行包括加法、减法、乘法、除法等在内的多种数学运算,并且还能针对字符和日期类型的数据进行相应的字符串处理及日期计算。为了应对更为复杂且频繁使用的计算需求,系统还内置了一系列函数,供用户直接调用,从而有效减轻了用户手动构建复杂计算公式的负担。

1. 公式

电子表格中的公式构成严谨,由运算符、数值、字符串、变量及函数等元素组成,且严格遵循以"="为起始的规则。换言之,所有以等号作为起始字符的输入数据均被视为公式。在"="之后,可依次输入数字、运算符、变量以及函数等,以确保公式的完整性与功能性。

一个符合规范的公式需满足 3 个基本条件:首先,必须以等号作为起始字符;其次,必须包含至少一个运算符及其对应的运算对象;最后,必须能够产生明确的结果。此外,当工作表中的相关数据发生变动时,该公式所生成的结果也将自动进行调整。

为支持复杂的计算与数据处理需求,电子表格精心设计了 4 种类型的运算符,包括算术运算符、文本运算符、比较运算符以及引用运算符,以应对不同场景下的计算需求。

2. 单元格引用

每一个单元格都有一个名字,如"B3""A1",代表变量名和值。引用单元格值进行运算时,可直接输入名字或单击单元格自动引用。单元格名称可以直接引用与数据相连,如"=B3+9";也可以直接在计算公式中引用,如 A2、A3 单元格中存放的是数字数据时,可以在 A4 单元格输入"=A2+A3"进行求和计算。电子表格支持引用同一工作簿的不同工作表、不同工作簿的单元格,甚至其他应用程序的单元格。

在 WPS 表格中,单元格引用的灵活性使得用户能够根据需要选择不同的引用方式来满足特定的计算需求。相对引用在复制公式时会发生变化,它允许公式根据单元格相对于公式所在位置进行调整。绝对引用则通过在列字母和行号前加上符号($)来固定引用,确保在复制公式时引用的单元格位置保持不变。混合引用结合了相对引用和绝对引用的特点,可以固定行号或列字母中的一个,而另一个则相对变化。

例如,如果用户希望在复制公式时保持对某一列的引用不变,同时让行号相对变化,可以使用列的绝对引用和行的相对引用,如"$A1"。相反,如果希望行号固定而列标相对变化,则可以使用行的绝对引用和列的相对引用,如"A$1"。这种灵活的引用方式为用户在处理复杂的数据表格时提供了极大的便利。

此外,电子表格还支持跨表格引用,允许用户引用同一工作簿中多张工作表中相同位置的单元格区域。这种引用方式在汇总多张工作表的数据时非常有用，例如，当需要计算多张工作表中相同单元格区域的总和时，可以使用三维引用简化公式。三维引用的格式为"工作表名称1:工作表名称2!单元格区域"，例如，"Sheet1:Sheet3!A1"。

掌握这些单元格引用的技巧，用户可以更加高效地进行数据处理和分析，充分利用表格的强大功能来完成各种复杂的计算任务。

3. 函数的使用

电子表格中的函数是一些预先定义好的复杂的计算公式，可以供用户通过简单的调用来实现复杂的运算，而无须用户再费心地去书写公式。例如，如果需要计算一系列数值的总和，可以使用 SUM( ) 函数；若要计算平均值，可以使用 AVERAGE( ) 函数。这些函数不仅可以进行基本的数学运算，还可以实现逻辑判断、文本处理、日期和时间计算等多种功能。通过组合使用不同的函数，用户能够构建出复杂的公式来处理各种数据问题。WPS 表格中的函数可以按照功能分为 11 类：财务、日期与时间、数学与三角函数、统计、查找与引用、数据库、文本、逻辑、信息、工程、多维数据集。

函数的使用大大提高了数据处理的效率和准确性。用户可以通过输入函数名称和括号内的参数来调用函数。例如，"=SUM(A1:A10)"将计算 A1 到 A10 单元格区域内所有数值的总和。此外，函数还可以嵌套使用，即在一个函数的参数中使用另一个函数，从而实现更高级的数据分析。

9.2.3 数据管理

在数据管理方面，WPS 表格提供了多种实用工具，以帮助用户高效地组织和分析数据，例如数据排序、数据筛选、数据分类汇总等。

1. 数据排序

数据排序是常用的数据管理方法。通常数据按输入顺序排列，但这可能不是所需顺序。电子表格的排序功能可以解决这个问题。排序分为单一条件和多条件组合排序。单一条件排序是按一列排序，而多条件组合排序是按多列排序。排序设置包括关键字选定、排序依据和排序次序。例如，将学生成绩表按总成绩由高到低排序，结果如图 9-13 所示。

2. 数据筛选

数据筛选是将数据表中满足条件的数据显示出来，将不满足条件的数据隐藏起来。例如，在学生成绩表中只显示出总成绩高于 668 分的学生的记录，表中总成绩低于 668 分的记录暂时隐藏起来，如图 9-14 所示。

N13

	学号	姓名	性别	数学	语文	英语	物理	化学	政治	生物	总成绩
2	20284800168	杨敏	女	100	84	98	100	100	99	99	680
3	20284800108	陈静	女	100	84	100	100	100	99	95	678
4	20284800185	田铭	男	100	84	100	100	100	99	94	677
5	20284800208	邓俊	男	100	84	99	100	100	99	93	675
6	20284800171	林为	男	100	85	100	98.5	98	99	89	669.5
7	20284800136	胡佳	女	100	84	97	100	100	99	89	669
8	20284800174	姜嫣	女	100	83	99	100	100	99	88	669
9	20284800169	邓涵	女	100	84	95	100	100	98	92	669
10	20284800156	徐怡	女	100	84	98	100	92	98	96	668
11	20284800166	王倩	女	100	84	99	100	100	99	85	667
12	20284800158	赵璇	女	100	83	97	100	98	98	90	666
13	20284800191	何妍	女	100	83	99	100	98	99	87	666

图 9-13 学生成绩表排序结果

M123

	学号	姓名	性别	数学	语文	英语	物理	化学	政治	生物	总成绩
2	20284800168	杨敏	女	100	84	98	100	100	99	99	680
3	20284800108	陈静	女	100	84	100	100	100	99	95	678
4	20284800185	田铭	男	100	84	100	100	100	99	94	677
5	20284800208	邓俊	男	100	84	99	100	100	99	93	675
6	20284800171	林为	男	100	85	100	98.5	98	99	89	669.5
7	20284800136	胡佳	女	100	84	97	100	100	99	89	669
8	20284800174	姜嫣	女	100	83	99	100	100	99	88	669
9	20284800169	邓涵	女	100	84	95	100	100	98	92	669

图 9-14 数据筛选结果

3. 数据分类汇总

分类汇总是一种快速从大量数据中提取有用信息的方法，它通过按特定字段对记录进行分类并进行统计分析，有助于决策。进行分类汇总包括 3 个步骤：按需要分类的字段排序、设置分类字段、选择汇总方式和汇总项。例如，将学生成绩表数据清单按“性别”字段分类，分别统计男生和女生的总成绩的平均值，如图 9-15 所示。

M11

	学号	姓名	性别	数学	语文	英语	物理	化学	政治	生物	总成绩
2	20284800196	何涛	男	99.83	84	71	79	100	89	56	578.83
3	20284800138	朱勇	男	98.33	80	73	73	96	87	70	577.33
4	20284800143	黄凯	男	99.33	84	76	79	92	88	64	582.33
5	20284800141	邓涵	男	99.83	81	76.5	94.4	86	91	73	601.73
6	20284800129	伍怡	男	97	82	76.5	73	90	87	67	572.5
7	20284800182	杜超	男	98.83	83	77.25	100	88	96	76	619.08
8			男 平均值								588.6333333
9	20284800115	唐楠	女	96.83	82	37	73	100	89	49	526.83
10	20284800104	王澎	女	95.17	81	45.33	73	92	87	74	547.5
11	20284800147	何欢	女	98.83	82	46	73	88	86	61.5	535.33
12	20284800106	陈俊	女	97.5	82	71	73	98	87	49	557.5
13	20284800148	陈雪	女	99.67	81	77	73	94	88	48	560.67
14	20284800109	汤美	女	100	82	77	74.4	0	79	73.5	485.9
15	20284800161	王舟	女	99	61	78	73	92	88	71	562
16			女 平均值								539.39
17			总平均值								562.1176923

图 9-15 分类汇总数据实例

9.2.4 数据图表化

将数据转换为图表的表达形式，能显著提升信息的直观性和理解度。数据的图表化是将以行列形式表示的数据转换成以图表形式，同时，在图表中增加颜色和样式以突出显示重要的信息，可以使用户方便地查看数据的走向、分布、差异、交点、拐点和预测趋势。

WPS 表格与 WPS 文字采用的是同一套图表系统，它们的操作方法基本相同。如图 9-16 所示为数据表和相应的柱状图。

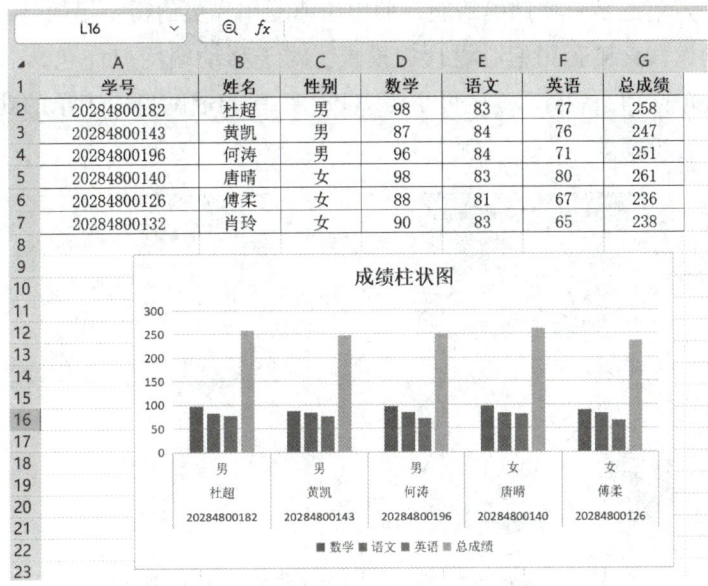

图 9-16　数据表和柱状图

9.2.5 智能表单

智能表单是一款简便易用的在线多人信息收集工具，通过简单的操作即可迅速创建并分发表单。它能够规范化地收集百万条数据，并将结果实时汇总到表格中，支持多设备在线查看和编辑，使得整理和汇总工作变得简单而高效。

智能表单的优势包括多端兼容，在线编辑填写，实时同步；模板多样，覆盖多种场景，免费使用；操作简便，点选拖曳即可生成或填写；数据规范，自动验证格式；安全保障，独立填写，多层加密；实时汇总，可视化分析，支持百万量级数据处理等。

1. 访问入口

智能表单是一款在线协作产品,它不依赖任何特定的平台、设备或客户端,能够跨平台、多终端、全场景使用。

独立访问途径:金山表单网页版、金山表单微信小程序。

生态系统内的访问途径:金山文档网页版、金山文档微信小程序、WPS Office 客户端(适用于计算机和移动设备)。

2. 多样创建

智能表单提供多样化的创建途径,旨在满足各类用户的特定需求。如图 9-17 所示,用户不仅能够从零开始直接新建空白表单,还能享受极速创建的高效体验。此外,复制现有表单也是一项便捷功能,助力快速复用;更值得一提的是,用户还能根据自身业务场景,直接套用精心设计的模板。对于移动端用户(包括 WPS Office 移动端及金山表单微信小程序),更可享受 WPS AI 智能辅助生成表单的功能,让表单创建变得更加轻松高效。

图 9-17 智能表单的创建

3. 编辑表单

智能表单的编辑包括设计标题、添加编辑题目题型、全局/基础题目设置、设计背景等。如图 9-18 所示,可以分 3 步编辑表单。

① 操作:单击左上角切换题型,当表单中有两个以上题目时,可以拖曳控制柄移动顺序,还可以复制、删除、添加到题库。

② 编辑：编辑题目标题、题目描述（选填）、填写者回答区（文本框/选项/下拉框/上传按钮等）。

③ 设置：按需配置答题填写规则，包括全局题目设置、（此题）基础设置、（此题）题型设置。

图 9-18　智能表单的编辑

4. 设置表单

一份高质量的表单，其构成不仅限于精心设计的题目，更关键的是包含"精细的配置"。在填写权限方面，需明确界定哪些用户可参与填写；在时间管理上，需设定清晰的填写时段；在数量控制上，需规定每位用户可提交的表单份数；在修改权限上，需明确是否允许用户进行修改。所有这些填写限制均须得到精准掌控，以确保表单的完整性与规范性。

如图 9-19 所示，可以对填写有效时间、填写对象、填写次数等进行精细设置。

5. 美化外观

在配置外观的环节中，用户能够实时切换预览模式，查看计算机端与手机端的显示效果，确保所见即所得的体验。如图 9-20 所示，系统提供了由设计师精心挑选的预设主题方案，用户可直接套用，使表单主题更加鲜明，填写过程中的视觉体验显著提升。此外，系统还支持用户自定义配置页眉图片、背景以及表单配色，以满足个性化需求，打造专属的、独具特色的风格。

第 9 章 智慧办公

图 9-19　表单设置界面

图 9-20　外观设置界面

9.2.6 智能表格

智能表格是一种在线协作工具，支持跨平台和多终端使用，满足各种协作需求。它既是一个熟悉的多人协作表格，便于灵活工作；也是一个简易的轻量化数据库，用于结构化管理业务数据，操作简单易学。

1. 访问与创建

智能表格是主打"稳定高效协作""数智赋能业务"的新一代在线表格。其主要访问入口包括金山文档网页、WPS Office 客户端以及金山协作客户端等。如图 9-21 所示，使用 WPS Office 软件可以创建空白智能表格，也可以使用模板创建智能表格。

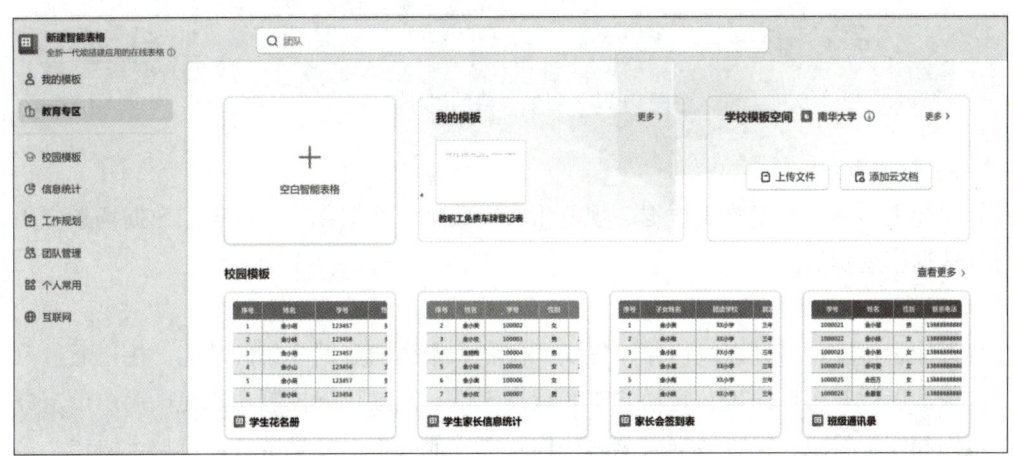

图 9-21 智能表格的创建

2. 工作界面

智能表格的结构主要由工作表和数据表两种表类型构成，基于数据表可以进一步生成应用和仪表盘。智能表格将工作表和数据表两者数据打通，支持双向快速转换、灵活迁移数据。

工作表具备自由规划、单元格样式定制、公式与函数应用以及复杂图表生成等功能，适用于复杂数据处理与分析的场景。用户可以在空白画布上自由创作，构建诸如财务模型、业务报表等应用。

数据表则融合了数据库的设计理念，用于承载结构化数据，由记录（行）和字段（列）构成。它适用于各种需要规范登记数据的场景，例如人事管理、任务管理、仓储管理、订单管理等，用户可以根据需求搭建业务系统。

如图 9-22 所示，底部状态栏显示有工作表、数据表，可以通过右侧的加号添加应用。

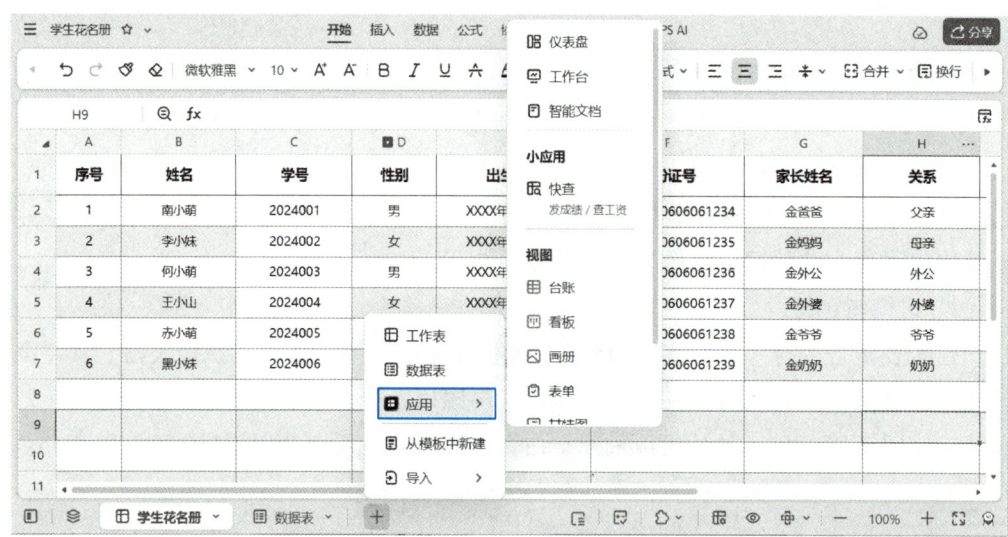

图 9-22　智能表格的工作界面

3. 数据管理

智能表格具有在线收集数据、规范化收集数据、结构化管理数据、数据场景应用化等数据管理功能。

（1）多种在线协作

智能表格支持多种在线协作，提供了便利和安全的数据收集的功能。用户通过单击头像即可展开协作面板，轻松共享和编辑表格。链接权限控制功能允许用户设定分享范围和编辑权限，保障数据安全和协作效率。他人单击分享链接即可加入协作，多人可实时在线共同填写表格，提高数据汇总速度。此外，智能表格支持内部聊天，便于团队沟通；提供在线审批流程，确保工作流程顺畅；支持关联表单收集数据，拓宽数据整合渠道。这些功能构成了智能表格的协作体系，提供高效、便捷、全面的在线协作体验。

如图 9-23 所示，在进行表格在线协作填写时，可以插入评论，可以分享部分选区，可以开启隐私内容保护。

（2）数据输入规范化

数据表融合了数据库字段格式规范的理念，它天然地适用于对数据进行规范化收集和管理的需求。具体来说，数据表通过规范性、规整性和友好性 3 个方面来优化数据的输入和管理。

① 规范性：指数据格式固定，输入数据时会有智能提醒，并自动验证数据的有效性，从而确保数据的准确性。

② 规整性：指数据格式统一，数据输入时有明确的规则，且按照指定的格式显示，确保数据的一致性。

9.2 电子表格的处理

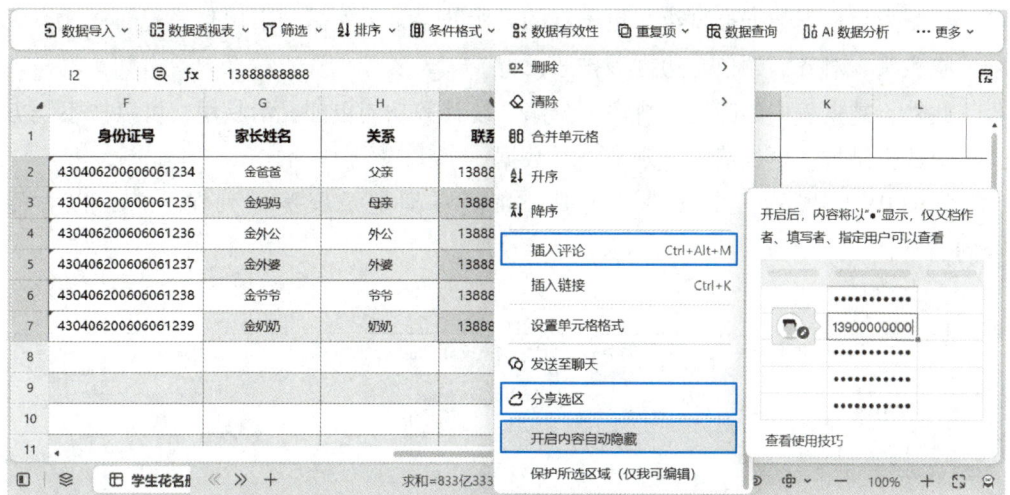

图 9-23 表格协作功能精细化

③ 友好性：指优化了数据输入的效率和体验，使得填表过程更加方便快捷，特别适合在移动设备上操作。

如图 9-24 所示，数据表支持多达 26 种字段类型，可容纳多样化数据以满足不同场景的应用需求。

图 9-24 字段类型多样化

（3）数据管理结构化

数据表会根据数据类型给予更丰富的展示效果，天然呈现出规整美观的样式，无须关心表头、对齐、颜色、边框等排版设置。

此外，数据表中的筛选、排序、分组、统计等功能更加灵活易用，可以按不同方式组织数据结构，更加清晰直观地查看数据。

如图9-25所示，按条件"性别"将同一类记录聚拢排列在一起，以方便查阅。

图9-25　快捷分组

4. 应用搭建

应用是基于数据表生成的可视化独立界面，可以满足不同业务场景的应用需求。

应用优化工作流程，助力企业降本增效。通过打通业务连接，实现多应用联动和数据全打通，使协同更顺畅。应用专注相关任务，使流程更聚焦，将特定场景从数据管理表中抽离，让协作者在各自界面上处理信息。应用还能隔离分发数据，实现协作安全，通过细致的权限控制进行分级管理。应用适配多种设备，使用便捷，通过手机扫码或单击链接即可访问。应用展现形式丰富，数据更直观，如表单问卷、精美画册、甘特图等。应用自由定制组合，搭建简单，无须代码即可打造轻量化业务系统。

如图9-26所示，应用目前有7种场景化类型：台账、看板、画册、表单、甘特图、数据查询、任务派发。

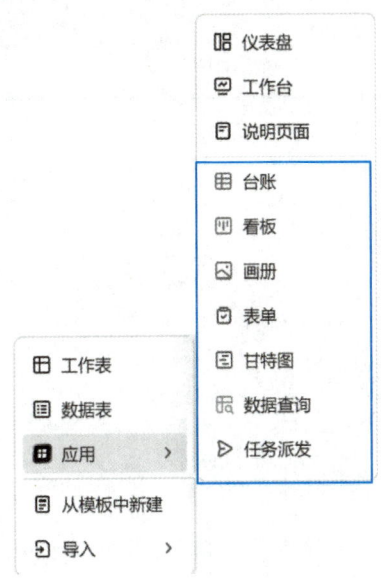

图 9-26　7 种类型的应用

9.3 演示文稿的处理

演示文稿是由一张张"幻灯片"组成的,一张幻灯片就是屏幕上的一帧。通常的演示文稿都是基于这种帧播放的原理而设计的。演示文稿中可以放图片、文字、声音、动画、视频等,使演示内容表现得更加富有影响力和感染力,从而达到良好的沟通效果。制作的演示文稿既可以在计算机或投影屏幕上播放,也可打印成幻灯片或讲义。

演示文稿已广泛应用于会议报告、课程教学、广告宣传、产品演示等方面,它是办公自动化的有力工具。

本节主要以 WPS 演示为例,介绍演示文稿设计的基本概念和功能,主要内容包括演示文稿的基本概念、创建、编辑、美化和放映等。演示文稿窗口如图 9-27 所示。

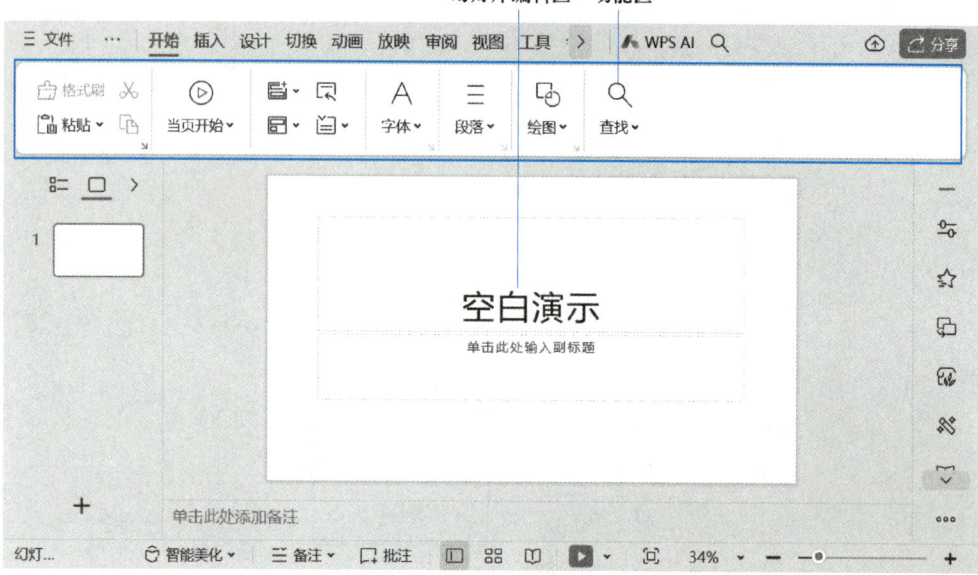

图 9-27 演示文稿窗口

9.3.1 基本概念

1. 演示文稿

演示文稿是幻灯片的集合，一个演示文稿文件（扩展名为 pptx）包含若干张幻灯片，每一张幻灯片都是由对象及版式组成的，所以建立演示文稿的过程就是制作一张张幻灯片的过程。演示文稿可以通过普通视图、幻灯片浏览视图、幻灯片放映视图、备注页视图来显示和编辑。

2. 对象

对象是幻灯片的重要组成元素。幻灯片中所插入的文字、图表、结构图、形状、表格以及其他元素，都可称为对象。每一个对象在幻灯片中都有一个占位符（在幻灯片窗格中显示的虚线框）。用户可以选择对象、输入对象内容、修改对象属性以及对对象进行移动、复制、删除等操作。

3. 版式

版式指的是各种对象在幻灯片上的布局格式，也就是内容在幻灯片上的排列方式。版式由占位符组成，而占位符中存放对象的内容，如文本、形状、表格等。演示文稿提供了多种精心设计的幻灯片版面布局图，包括"标题幻灯片"版式、"标题和内容"版式和"空白"版式等。每种版式都包含多个对象，对象的位置也各不相同。同时用户还可以根据自己的需要，新建自定义幻灯片版式，并可以保存自定义和创建的版式，以供将来使用。

9.3.2 演示文稿的创建

1. 演示文稿创建的方式

创建演示文稿常用的方式有两种：创建空演示文稿、使用模板创建演示文稿。

（1）创建空演示文稿

空演示文稿是指不包含任何模板和内容的演示文稿。如果不想使用任何预定义的模板，可以使用"空白演示文稿"项。这种方式下用户可以在空白的幻灯片上设计出具有鲜明个性的背景色彩、配色方案、文本格式和图片等，自由地发挥创造性。

（2）使用模板创建演示文稿

设计模板是预先定义好的演示文稿的样式、风格，包括幻灯片的背景、装饰图案、文字布局及颜色大小等，用户只需要考虑演示文稿的文本及内容即可。演示文稿为用户提供了许多美观的设计模板，用户在设计演示文稿时可以先选择演示文稿的整体风格，然后再进一步编辑修改。

2. 视图方式

视图是在屏幕上显示演示文稿的一种方式。在演示文稿创建过程中的不同阶段，以不同的方式查看演示文稿会很有帮助。

为了建立、编辑、浏览、放映幻灯片的需要，演示文稿（如演示设计）提供了多种不同的视图，可以打开"视图"选项卡从中挑选相应的命令进行切换。在WPS演示中，提供了4种常用视图模式：普通视图、幻灯片浏览视图、阅读视图和备注页视图。

普通视图结合了多个大小可调整的窗格，能够同时以多种方式查看演示文稿。普通视图是默认视图。幻灯片浏览视图以缩略图方式显示演示文稿中的全部幻灯片，各幻灯片排列成行。可以看到进行相关设置后演示文稿发生的整体变化，同时便于添加、删除和移动幻灯片以及选择幻灯片之间的动画切换。阅读视图中可播放幻灯片，查看动画和切换效果，而不需要切换到全屏模式。备注页视图在页面顶端显示幻灯片，下面显示一个文本框，可供输入备注。

9.3.3 演示文稿的编辑与美化

1. 演示文稿的编辑

编辑演示文稿包括两部分：一是对每张幻灯片中的内容进行编辑操作；二是对演

示文稿中的幻灯片进行插入、删除、移动、复制、增加动画效果等操作。

编辑幻灯片内容是指对幻灯片的各个对象进行添加、删除、复制、移动、修改等操作。添加的对象可以是文本框、图片、表格、流程图、思维导图等，还可以插入音频和视频、设置超链接等（图9-28）。利用超链接可以跳转到同一文档的某张幻灯片上，或者跳转到其他的演示文稿、文字处理文档、网页或电子邮件等。对象添加后，可以对它进行移动、复制和删除等操作。

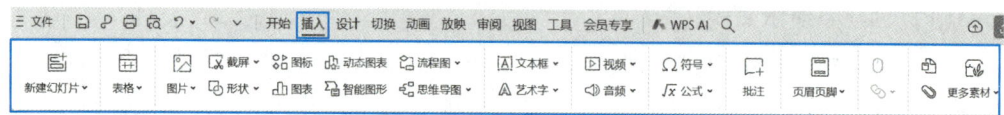

图9-28　幻灯片插入对象

一个演示文稿是由许多张幻灯片组成的，一张幻灯片就是屏幕上的一帧。因此，制作演示文稿的过程实际上就是如何使用幻灯片的问题。幻灯片的编辑主要有插入新幻灯片，幻灯片的选定，幻灯片的复制、删除或隐藏、分节等操作。

2. 演示文稿的美化

演示文稿的美化与文字处理一样，可以用文字格式和对象格式来进行修饰；演示文稿外观美化可以通过合理地使用主题、背景样式和母版等方法实现。通过这些方法，可以避免重复操作，并且在较短的时间内制作出风格统一、画面精确的幻灯片来。

（1）幻灯片的格式化

用户在幻灯片中输入标题、正文后，这些文字、段落的格式仅限于模板所指定的格式。为了使幻灯片更加美观、便于阅读，可以重新设定文字和段落的格式，同时还可以对插入的文本框、图片、形状、表格、图表等其他对象进行格式化操作。

（2）演示文稿的外观修饰

控制幻灯片外观的方法主要有3种：主题、背景样式和母版。

① 主题。当使用模板制作演示文稿时，幻灯片中的模板的主题颜色与背景样式都是可以修改的。演示文稿提供了几十种内置的主题颜色，用户可以根据需要选择不同的颜色来设计演示文稿。这些颜色是预先设置好的协调色，自动应用于幻灯片的背景、文本线条、阴影、标题文本、填充、强调和超链接。如图9-29所示为演示文稿主题模板。

② 背景样式。演示文稿的背景样式可以控制母版中的背景图片是否显示，以及控制幻灯片背景颜色的显示样式。在设计演示文稿时，用户除了可以在应用模板或改变主题颜色时更改幻灯片的背景外，还可以根据需要任意更改幻灯片的背景颜色和背景设计，如删除幻灯片中的设计元素，添加底纹、图案、纹理或图片等。

9.3 演示文稿的处理

图 9-29　演示文稿主题模板

③ 母版。演示设计包含 3 个母版，它们是幻灯片母版、讲义母版和备注母版。在"视图"选项卡中，可以选择母版。当需要设置幻灯片风格时，可以在幻灯片母版视图中进行设置；当需要将演示文稿以讲义形式打印输出时，可以在讲义母版中进行设置；当需要在演示文稿中插入备注内容时，则可以在备注母版中进行设置。

幻灯片母版主要包括字形、占位符大小和位置、背景设计等信息。通过修改母版就可以更改整个演示文稿中幻灯片的外观。讲义母版是为制作讲义而准备的，通常需要打印输出，它允许设置一页讲义中包含几张幻灯片，设置页眉、页脚、页码等基本信息。备注母版主要用来设置幻灯片的备注格式。

9.3.4　演示文稿的放映与输出

在默认情况下，幻灯片的放映效果与传统的幻灯片一样，幻灯片上所有的对象都是无声无息地同时出现。但演示文稿制作软件为了在播放时能突出重点、控制信息的流程、提高演示的趣味性，提供了一些换页效果、动画、超链接等技术。放映功能项如图 9-30 所示。

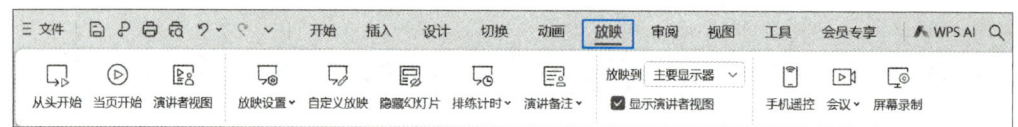

图 9-30　放映功能项

1. 演示文稿的放映效果

（1）幻灯片的切换效果

幻灯片的切换设计是指演示文稿放映时幻灯片之间的切换效果。在放映幻灯片的过程中，当由一个幻灯片进入到另一个幻灯片时，可以从多种不同的技巧中选择一种将一个幻灯片"拖"到屏幕上来，如溶解、擦除、随机等效果；幻灯片的切换速度可以调整，如图 9-31 所示速度为 0.50 s；幻灯片的换片方式，有单击鼠标换片和每隔固定的时间自动换片两种，这两种功能可以同时使用；同时还可搭配声音效果，如风铃、鼓掌、打字机或插入乐曲等。

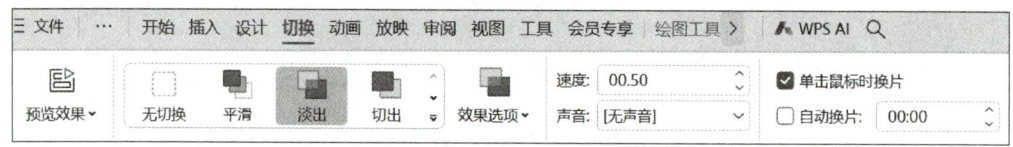

图 9-31　幻灯片的切换效果

（2）动画效果

幻灯片内的动画设计是指在演示一张幻灯片时，对幻灯片内各个对象的出场顺序、切入方式、伴音及时间控制等综合动画效果的设计。如果在幻灯片中使用了很多对象，通过为它们设置"进入""强调""退出""动作路径"的动画效果，就可以随心所欲地设置出丰富多彩、赏心悦目的动画效果来。

①进入动画：对象在幻灯片上首次出现时应用的动画效果。例如，对象可以淡入、飞入、缩放进入等。

②强调动画：用于突出显示幻灯片上的某个对象，使其在视觉上更加显著。例如，对象可以变大、变色、旋转或闪烁。

③退出动画：对象从幻灯片上消失时应用的动画效果。例如，对象可以淡出、飞出或消失。

④动作路径动画：使对象沿着预设的路径移动。例如，对象可以沿直线、曲线或其他复杂路径移动。

（3）具有交互功能的演示文稿

具有交互功能的演示文稿主要是指演示文稿的超链接。创建超链接的方法有

9.3 演示文稿的处理

"超链接"和"动作设置"两种。注意：超链接效果只有在幻灯片放映时才能看到。

超链接是指向特定位置或文件的一种链接方式，可以利用它指定程序的跳转位置。在演示设计中，超链接可以跳转到当前演示文稿中的特定幻灯片、其他演示文稿中特定的幻灯片、电子邮件地址、文件或 Web 页上，如图 9-32 所示。

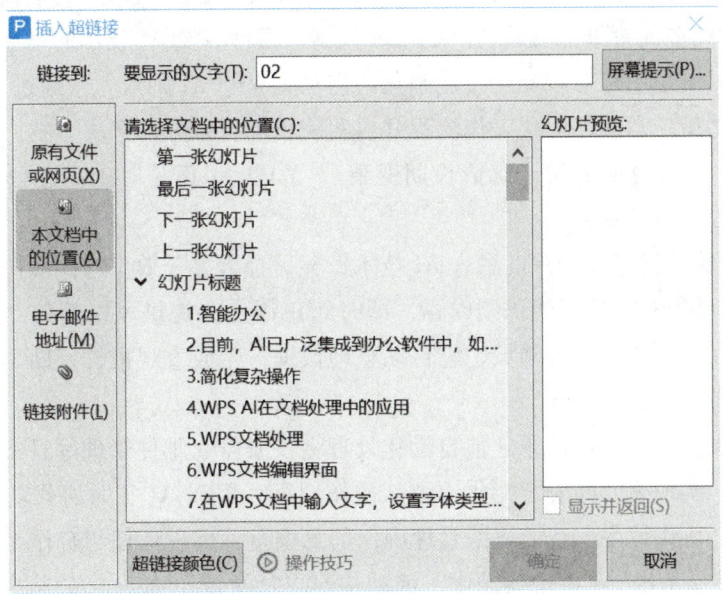

图 9-32 "插入超链接"对话框

动作设置是在演示文稿中选定对象，在"动作设置"对话框中，可以选择多种动作类型，如超链接到某个位置、运行某个程序、播放声音等，实现在放映幻灯片时跳转的目的。

2. 演示文稿打包与网上发布

打包是将演示文稿内容和所需的文件及字体打包在一起，形成一个压缩文件。打包后的文稿可以在另一台计算机上放映，如果想在没有安装演示文稿制作软件的计算机上观看演示文稿，还可以将制作软件的播放器一同打包。

为便于演示文稿的共享，可以把它发布到 Web 服务器上。方法是，在完成演示文稿的设置后，将演示文稿另存为 HTML 格式，这样就可以在 Web 上观看了。

3. 演示文稿打印

演示文稿中的任何组成部分都可以打印，如讲义、大纲和备注等，也可以将幻灯片打印在投影胶片上，通过投影放映机放映。根据使用演示文稿目的的不同，可以选择不同内容打印，如打印演示文稿幻灯片、讲义、备注页或大纲视图。

9.4 WPS AI

在当今数字化浪潮中，办公自动化正成为企业提高运营效率、缩减成本的关键驱动力。WPS AI 在此背景下崛起，顺应了大数据、云计算及 AI 技术的飞速发展。传统办公软件难以满足用户对智能化、定制化的需求，WPS AI 则致力于通过 AI 赋能，打造一款能洞悉用户意图、优化工作流程并自我完善的智慧办公解决方案。正如盖茨所言："我们常高估短期变化，低估长期变革。" WPS AI 正是对未来办公形态的前瞻探索。

WPS AI 核心优势在于深度融合 AI 技术，显著提升办公效率与团队协作质量。在文档处理上，WPS AI 能智能识别内容，即时纠正语法并提供风格建议，成为用户的私人写作顾问。在数据分析领域，它自动整理数据，生成直观报告，助力决策者高效洞察业务动态。

此外，WPS AI 的 AI 助手还能自动化处理会议安排、邮件管理等日常任务，预测工作优先级，实现个人办公智能化。团队协作层面，WPS AI 实时协作功能可避免版本冲突，提升协作效率；智能权限管理确保信息安全，促进信任与合作。

展望未来，WPS AI 将持续进化，推动构建更加智能、高效、安全的办公生态系统，引领办公模式的新一轮变革。

9.4.1 AI 赋能文字处理

在 WPS AI 的功能中，智能文档编辑是一个关键的亮点。这一创新功能利用 AI 的自然语言处理能力，能够自动检测并修正语法错误，确保文档的准确性和专业性。不仅如此，它还能理解复杂的文本结构，帮助用户快速生成一致的格式和样式，极大地提升了文档制作的效率。例如，用户在撰写报告时，WPS AI 可以智能地推荐合适的标题样式，或者根据内容自动调整段落间距，使得文档整体风格统一，专业感倍增。此外，对于需要引用资料的文档，WPS AI 可以快速检索并整合相关数据，帮助用户省去大量手动查找和引用的时间，让文档编辑变得更加智能和高效。用户在使用 WPS Office 进行日常办公时，可以直接利用 WPS AI 的强大功能来提升工作效率和质量。

1. WPS AI 文字处理主要功能

WPS AI 围绕内容创作、智慧助手和知识洞察 3 个战略方向进行发展，通过集成大语言模型和其他人工智能技术，不断提高智能化水平，为用户提供更加智能、高

9.4 WPS AI

效、便捷的办公体验。WPS AI 文字处理的功能如图 9-33 所示。

图 9-33　WPS AI 文字处理主要功能

在内容创作方面，WPS AI 能够自动生成、改写、总结、润色、翻译各类文档内容，这意味着用户在使用 WPS Office 进行文档编辑时，可以更加便捷地生成高质量的文本内容，节省大量时间和精力；在智慧助手方面，WPS AI 通过自然语言处理和人机交互技术，帮助用户自动完成文档编辑任务，提高用户的工作效率；在知识洞察方面，WPS AI 通过大数据分析和挖掘技术，帮助用户发现文档中的关键信息和价值，为用户的决策提供有力支持。

2. WPS AI 的唤起

要使用 WPS AI 功能，首先要在计算机上安装 WPS AI 版本的 WPS Office 软件并取得 WPS AI 的使用权限，然后启动 WPS Office，使用 WPS AI 前要快速唤起 WPS AI。

在 WPS Office 主窗口有一个 WPS AI 选项卡，如图 9-33 所示。单击这个选项卡，可以方便地访问和使用 WPS AI 的各种功能和工具。WPS AI 选项卡包含多个子选项卡或面板，具体内容会因 WPS Office 软件的版本不同而有所差异。其中，"AI 帮我写"选项让 AI 根据主题生成文档内容。

在常用办公事务中，AI 可以帮助用户完成各种会议、通知的书写，设计了较规范的模板，很大程度上节约了时间，提高了效率。图 9-34 所示是 AI 生成的会议通知的关键词，可以完成会议通知的撰写了。

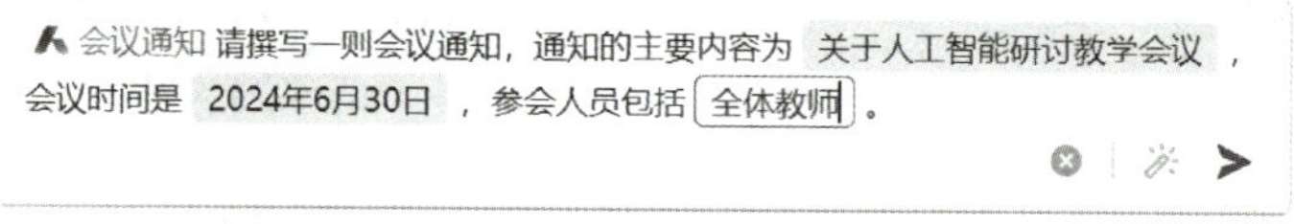

图 9-34　AI 书写会议通知关键词

生成示例如图 9-35 所示。

关于人工智能研讨教学会议的通知

会议概要	本次会议旨在深入研讨人工智能在教学中的应用，提升教师队伍的信息化教学能力。
会议内容	1. 人工智能技术在教育领域的最新进展。 2. 探讨人工智能如何优化教学方法和提高教学效率。 3. 分享人工智能在不同学科教学中的实际应用案例。 4. 讨论人工智能技术在教育公平和个性化学习中的作用。 5. 教师如何利用人工智能工具进行教学设计和学生评估。 6. 人工智能教学资源的开发与共享。 7. 会议将邀请行业专家进行主题演讲，并安排小组讨论环节。
会议时间	2024 年 6 月 30 日
会议地点	教育技术中心会议室
参会人员	全体教师
其他注意事项	• 请各位教师提前准备与人工智能教学相关的汇报内容。 • 建议携带个人笔记本电脑，以便参与现场互动和资料下载。 • 请提前下载并熟悉会议期间将使用的教学辅助软件。 • 会议期间将进行小组讨论，请提前思考并准备相关问题。

图 9-35　会议通知示例

9.4.2　AI 赋能电子表格

WPS AI 的智能表格可以帮助用户快速完成列填充、调换行列位置、分列数据等快捷操作，可以实现内容的快速标记和筛选，还可以通过规范化的自然语言生成公式，使得数据的处理变得更加便捷和高效。

1. AI 打标记

AI 打标记指的是使用条件格式对数据进行快速标记、筛选和排序。WPS AI 条件格式是一种通过自然语言与 AI 对话来设置表格单元格格式的功能，用户通过描述需求来快速应用条件格式规则，而无须手动设置复杂的公式或格式选项。

操作步骤如下。

① 唤起 AI 条件格式，如图 9-36 所示。

9.4 WPS AI

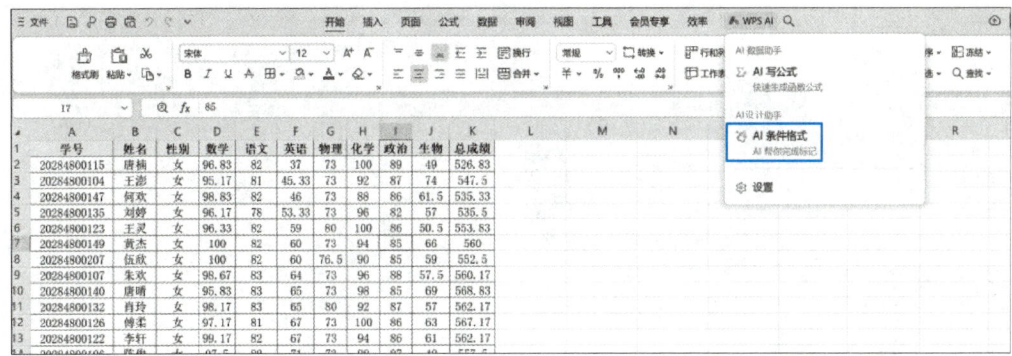

图 9-36 唤起 AI 条件格式

② 根据格式输入提示词：按照"对象+条件+操作"的顺序组织语句：如图 9-37 所示，条件格式描述为"把 K 列大于 660 的单元格标记为浅紫色"。

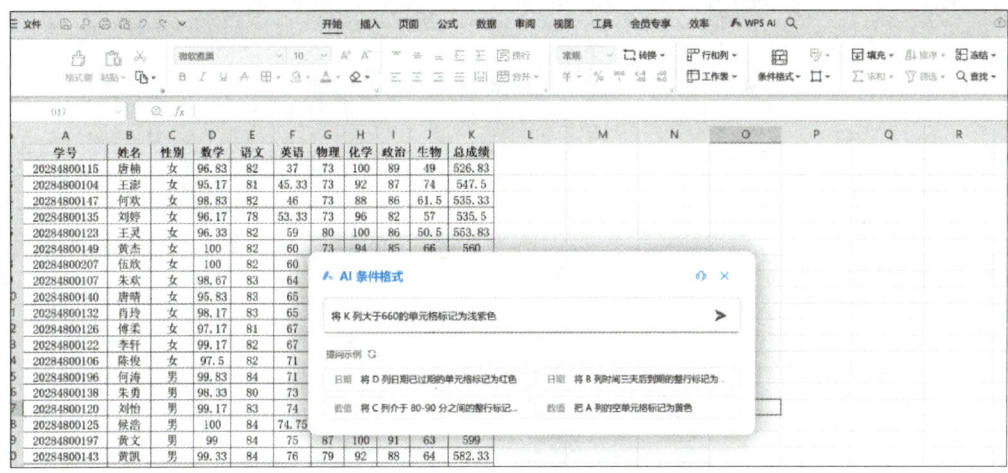

图 9-37 输入提示词的窗口

③ 确认条件格式效果：如图 9-38 所示，一方面，需要确认条件格式生成预览效果是否符合要求，大于 660 的成绩单元格是否已标为浅紫色；另一方面，确认条件的设置区域、规则、格式参数值是否符合要求。

④ 执行格式条件：如图 9-39 所示，如果 AI 生成条件格式效果正确，单击"完成"按钮执行结果；如果 AI 生成效果不正确，单击"弃用"按钮，重新优化提示词再次提问。

2. AI 生成公式

WPSAI 写公式通过智能识别用户需求，自动推荐或生成合适的公式，有效减少了手动输入的错误，提升了数据处理的准确性。用户无须掌握复杂的函数语法，极大地降低了使用门槛，提升了用户体验。

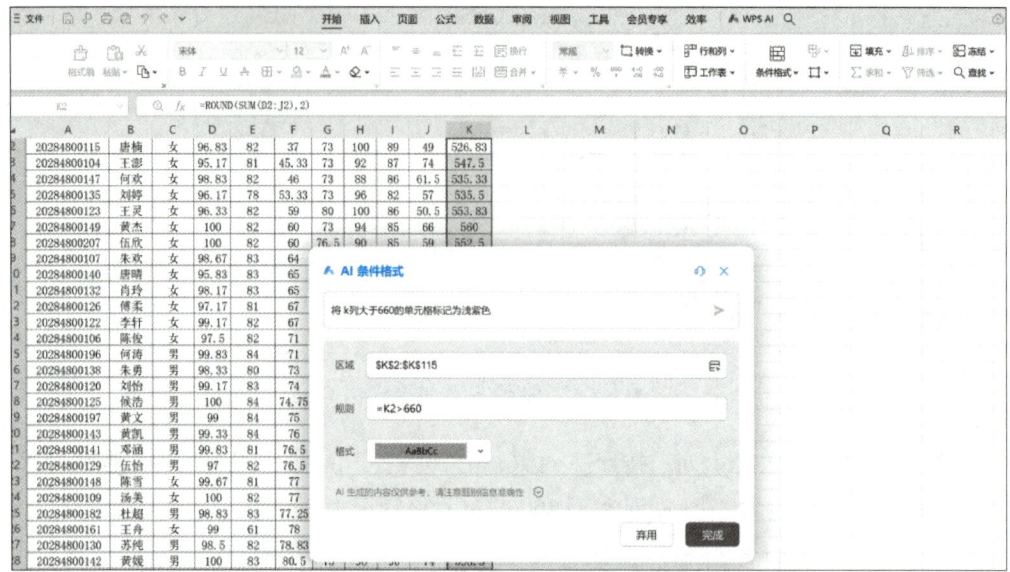

图9-38 确认条件格式效果

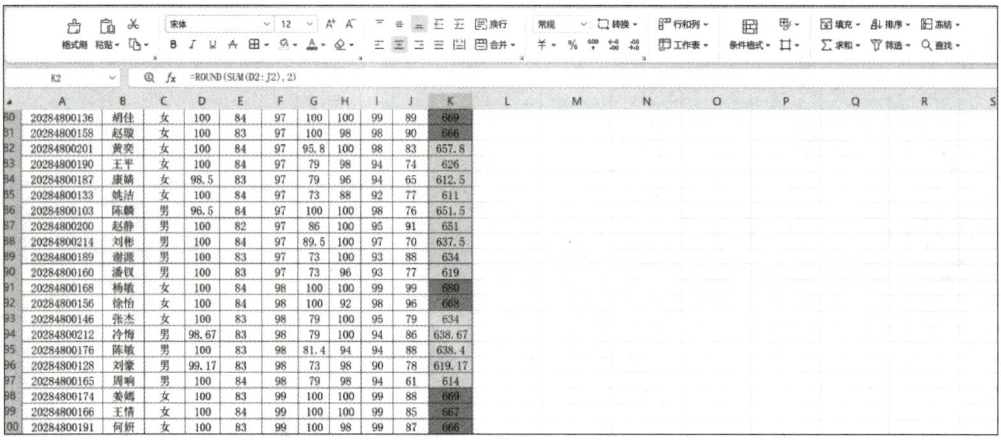

图9-39 执行条件格式

（1）开启AI写公式面板的3种方式

方式一：选定需计算的单元格，单击"公式"选项卡，单击"AI写公式"按钮，弹出如图9-40所示窗口。

方式二：在单元格中输入"="时，单元格右侧自动弹出AI图标，如图9-41所示。

方式三：选定需计算的单元格，单击WPS AI选项卡，选择"AI写公式"选项，如图9-42所示。

9.4 WPS AI

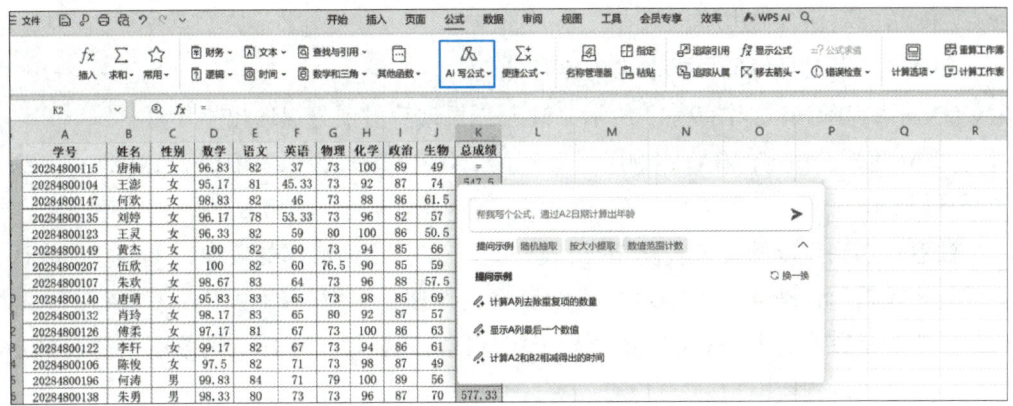

图 9-40　AI 写公式方法一

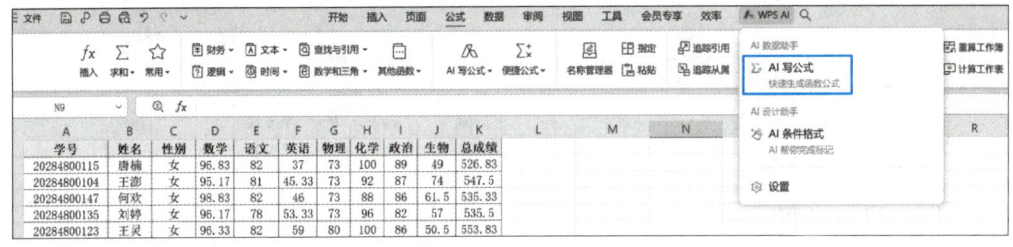

图 9-41　AI 写公式方法二

图 9-42　AI 写公式方法三

（2）AI 写公式的流程

① 自然语言处理（NLP）：WPS AI 将用户自然语言转换为计算机可理解的意图和参数。

② 意图识别：分析用户输入，确定操作类型。

③ 参数提取：识别意图后，提取相关参数，用程序语言处理。

④ 公式生成：根据意图和参数生成公式。

⑤ 用户反馈：提供公式预览，确认正确性，如有误，AI 调整。

⑥ 公式应用：用户确认后，将公式应用于指定单元格。

（3）AI 写公式的实例

例 9-1：根据身份证号提取出生年月日。

① 输入提示词：如图 9-43 所示，输入"根据身份证号提取出生年月日"。

② AI 生成公式"=DATE(MID(F2,7,4),MID(F2,11,2),MID(F2,13,2))"，如图 9-44 所示。

注意：遇到生成的公式较复杂时，通过单击对公示的解释的按钮，可以仔细确认生成公式逻辑的正确性，单击对公式的解释的按钮，了解例题中用到了 DATE( ) 与 MID( ) 两个函数，其中 DATE( ) 函数用于年月日格式处理、MID( ) 函数用于提取单元格内字符片段的内容。

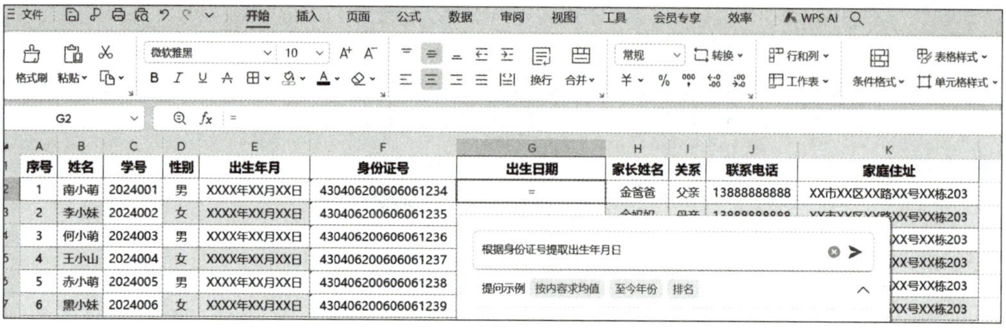

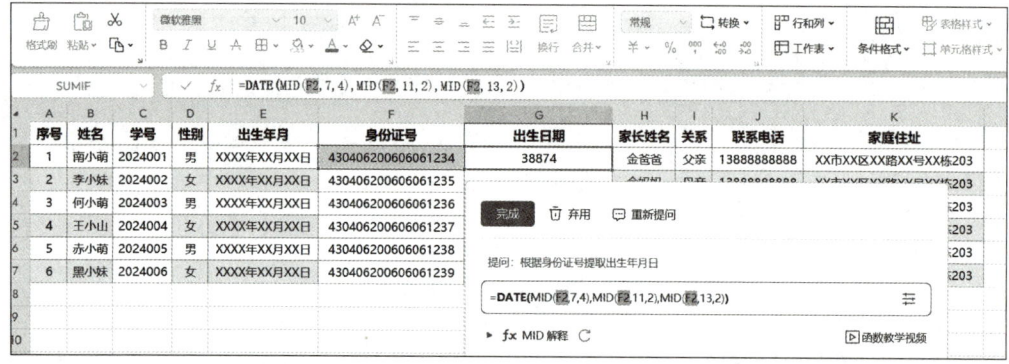

图 9-43　输入提示词 1

图 9-44　生成公式 1

例 9-2：根据总成绩进行排名。

① 输入提示词：如图 9-45 所示，输入"计算 K2 在 K 列总成绩里面的名次"。

② AI 生成公式"=RANK.EQ(K2,K2:K115)"，如图 9-46 所示。

注意：需要选中数据区域 K2:K11，按 F4 键将它更改为绝对引用的方式 \$K\$2:\$K\$115，然后再进行自动填充，排名的数据区域就始终保持不变了。如图 9-47 所示，修改后的公式为"=RANK.EQ(K2,\$K\$2:\$K\$115)"。

9.4 WPS AI

图 9-45 输入提示词 2

图 9-46 生成公式 2

图 9-47 修正公式

9.4.3 AI 创作演示文稿

WPSAI 是 WPS Office 套件中的一款创新工具，它结合了人工智能技术，旨在简化和优化演示文稿的制作过程。WPS AI 能够智能分析用户输入的内容，自动匹配合适的模板、图表和设计元素，极大地提高了设计效率。例如，当需要创建一份市场分析报告的演示时，只需输入关键数据和分析点，WPS AI 就能自动生成专业且视觉吸引力强的页面。此外，WPS AI 还支持多种设计风格，无论商务风、教育风还是创意风，都能满足需求，让演示设计变得更加得心应手。

WPS AI 在演示文稿中的应用极大地提升了设计效率和专业性。它采用先进的 AI 算法，能够根据用户输入的主题和内容，自动生成匹配的演示页面布局和设计元素。例如，用户在创建关于市场分析的演示时，只需输入关键数据和分析点，WPS AI 就能智能地生成图表，将复杂的数据以直观的方式呈现出来，类似于数据分析师的工作方式，使得非设计专业的用户也能制作出专业级别的演示文稿。

此外，WPS AI 还支持动画和过渡效果的个性化设置。用户可以根据演示的节奏和氛围，选择或自定义合适的动态效果，增强观众的观看体验。例如，引用名人名言时，可以配合淡入淡出的动画，使内容更具启发性。在讲述企业发展历程时，流畅的过渡效果能帮助观众更好地跟随讲述的节奏。

不仅如此，WPS AI 还具备实时预览和调整功能，用户可以随时根据反馈或灵感调整页面设计，确保演示始终保持最佳状态。这种灵活性使得 WPS AI 不仅适用于商业报告、学术演讲，也适用于创意展示等多种场景，成为演示设计的强大助手。

在 WPS 演示中，新建一个空白演示文档，单击"WPS AI 一键生成幻灯片"选项，根据用户输入的主题，一键生成兼具丰富内容和美观效果的幻灯片，实现高效创作；"排版美化"选项快速更换全文的模板风格、色彩搭配和字体方案，提升美化效率；"生成演讲备注"选项支持一键生成全文演讲备注，并可自动插入，助力轻松表达。

WPS AI 演示设计的主要功能如图 9-48 所示。

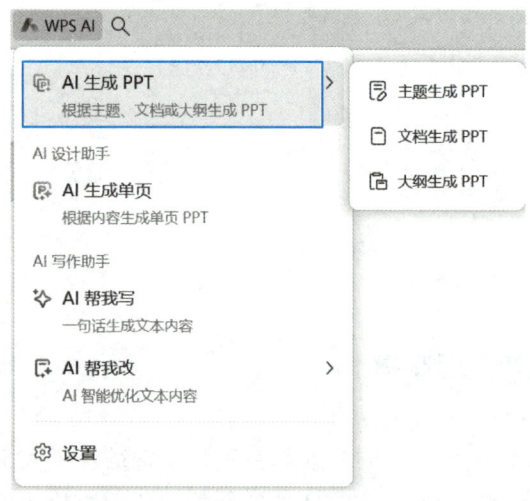

图 9-48　WPS AI 演示设计主要功能

9.5 WPS 与大语言模型的结合

在图 9-49 所示的界面中输入主题关键词,单击"开始生成"按钮。

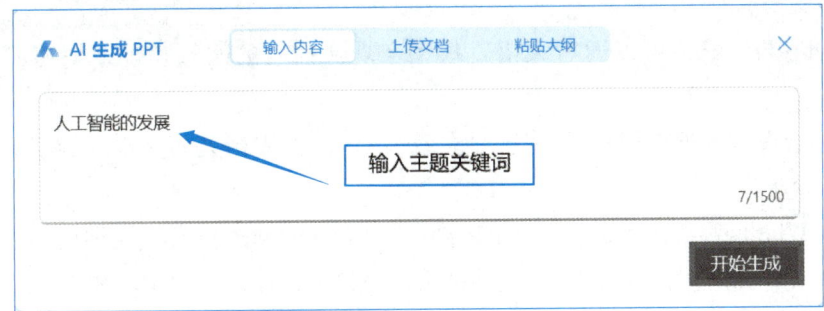

图 9-49　输入关键词

AI 生成演示设计示例如图 9-50 所示。

图 9-50　AI 生成演示设计示例

9.5

WPS 与大语言模型的结合

在 WPS 中,可以利用大语言模型的相关功能来提升办公效率。

① 智能写作辅助：提供语法检查、词汇建议、文章润色等功能，帮助用户更高效地撰写文档。

② 问答与搜索：可以通过大语言模型实现文档内的问答功能，快速获取所需信息。

③ 内容生成：根据用户提供的主题或关键词，生成相关的文本内容，如报告大纲、邮件模板等。

一些 WPS 的高级版本或插件可能会集成大语言模型的技术，提供更强大的办公支持。除 WPS AI 之外，可以安装其他的大语言模型，操作步骤参考如下。

1. Office AI 助手

打开 Office AI 助手官网，如图 9-51 所示，单击"点击这里高速下载"按钮。

图 9-51　Office AI 下载

下载成功后，双击文件"OfficeAI.exe"安装，根据操作步骤安装，完成之后可以看到如图 9-52 所示的选项卡。

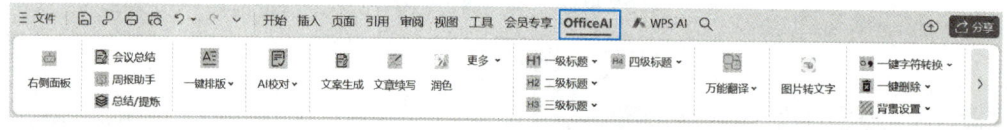

图 9-52　OfficeAI 选项卡

接下来，单击图 9-53 所示的"设置"按钮，设置选择需要的大模型。

9.5 WPS 与大语言模型的结合

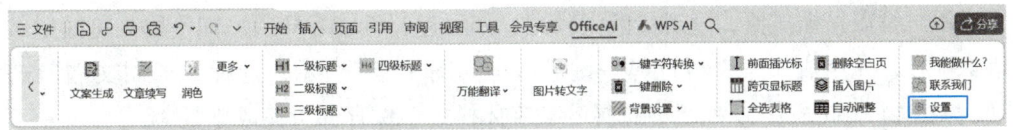

图 9-53　OfficeAI "设置" 按钮

如图 9-54 所示，可以选择模型平台 "百度云"，模型名为 "ERNIE-Speed-128K"。

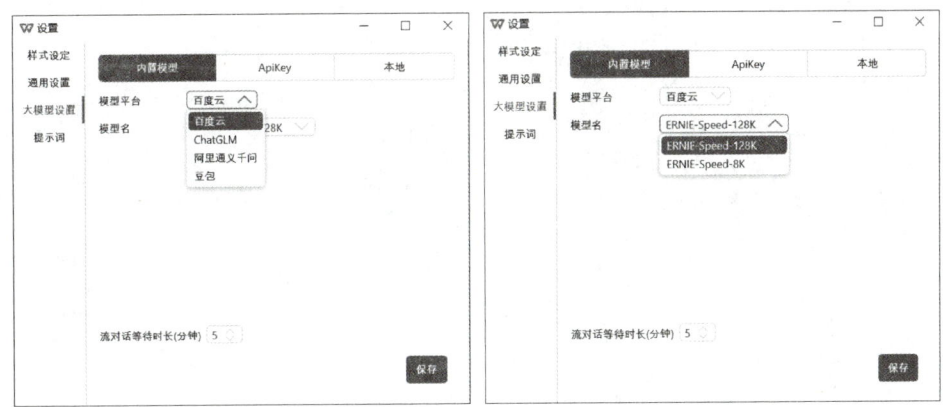

图 9-54　选择大模型

保存成功之后，单击 "我能做什么？" 按钮，弹出右侧的聊天、创作窗口。输入提示词如 "关于 WPS 与大模型的连接"，生成文案，单击 "导出到左侧" 按钮，将内容复制到文档，如图 9-55 所示。

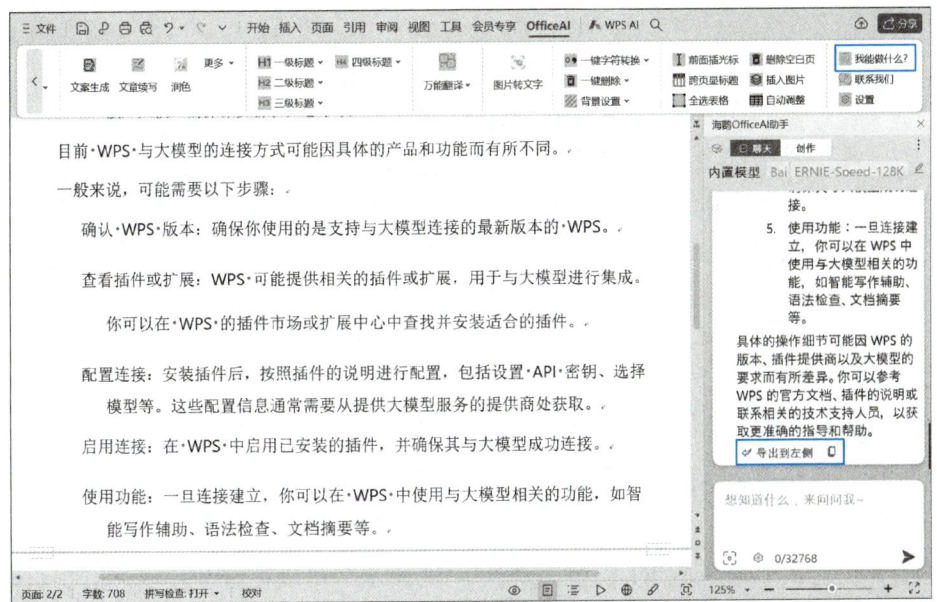

图 9-55　大模型文案生成

用户可以根据需要，随时更换大模型，如豆包、ChatGLM 等。如使用豆包模型做编辑排版，先生成文案，再选择一键排版。如图 9-56 所示，选择"通用文档"选项，弹出窗口如图 9-57 所示，选择各类字体样式，保存即可完成排版。

图 9-56　文案排版

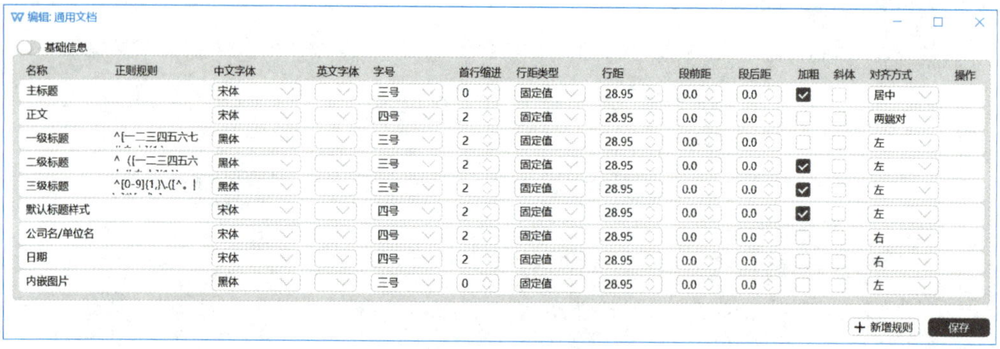

图 9-57　通用文档设置

2. WPS 灵犀

WPS 灵犀是 WPS 办公软件旗下的人工智能服务。它具备多种强大的功能，比如，可以理解和生成自然语言文本，帮助用户进行文档的创作、编辑和翻译等工作。WPS 灵犀已接入 DeepSeek R1 模型，如图 9-58 所示。可以在这个环境中用 DeepSeek R1 进行对话学习，如图 9-59 所示。

9.5 WPS 与大语言模型的结合

图 9-58 WPS 灵犀

图 9-59 使用 DeepSeek R1

思考与拓展

1. 请使用 WPS AI 的"教学设计"功能,针对某一学科和年级,生成一份完整的教学设计,并利用"课件制作"功能,该设计制作相应的 PPT 课件。

2. 选择一篇较长的文章或报告,使用 WPS AI 的"全文总结"功能提炼要点,并通过"文档问答"功能,回答关于该文档的具体问题。

3. 导入一份包含多项数据的表格,利用 WPS AI 的"智能表格"功能,进行数据分析,生成相应的图表,并撰写分析报告。

参考文献

［1］ Wing J M. Computational Thinking［J］. Communications of the ACM, 2006, 49（3）：33-35.

［2］ John J, Richard E, Alexander P, et al. Highly accurate protein structure prediction with AlphaFold［J］. Nature, 2021, 596（7873）：583-589.

［3］ Senior A W, Richard E, Johnet J, et al. Improved protein structure prediction using potentials from deep learning［J］. Nature, 2020, 577（7792）：706-710.

［4］ Turing A M. Computing Machinery and Intelligence［J］. Mind. 1950, 59（236）：433-460.

［5］ McCarthy J, Minsky M, Rochester N, et al. A Proposal for the Dartmouth Summer Research Project on Artificial Intelligence［J］. Artificial Intelligence, 2006, 4（27）：12-14.

［6］ Rumelhart D, Hinton G, Williams R. Learning representations by back-propagating errors［J］. Nature, 1986, 323：533-536.

［7］ Vaswani A, Shazeer N, Parmar N, et al. Attention is all you need［C］. Advances in Neural Information Processing Systems. Long Beach：30th Annual Conference, 2017, 5998-6008.

［8］ 吴飞, 潘云鹤. 人工智能引论［M］. 北京：高等教育出版社, 2024.

［9］ 吴飞. 走进人工智能［M］. 2版. 北京：高等教育出版社, 2023.

［10］ 王万良. 人工智能导论［M］. 5版. 北京：高等教育出版社, 2021.

［11］ 周志华. 机器学习［M］. 北京：清华大学出版社, 2016.

［12］ 雷明. 机器学习与应用［M］. 北京：清华大学出版社, 2019.

［13］ 林子雨. 大数据导论——数据思维、数据能力和数据伦理（通识课版）［M］. 2版. 北京：高等教育出版社, 2024.

［14］ 刘华平, 郭迪, 孙富春. 具身智能导论［M］. 北京：高等教育出版社, 2024.

郑重声明

高等教育出版社依法对本书享有专有出版权。任何未经许可的复制、销售行为均违反《中华人民共和国著作权法》，其行为人将承担相应的民事责任和行政责任；构成犯罪的，将被依法追究刑事责任。为了维护市场秩序，保护读者的合法权益，避免读者误用盗版书造成不良后果，我社将配合行政执法部门和司法机关对违法犯罪的单位和个人进行严厉打击。社会各界人士如发现上述侵权行为，希望及时举报，我社将奖励举报有功人员。

反盗版举报电话　（010）58581999　58582371
反盗版举报邮箱　dd@hep.com.cn
通信地址　北京市西城区德外大街4号　高等教育出版社知识产权与法律事务部
邮政编码　100120

防伪查询说明

用户购书后刮开封底防伪涂层，使用手机微信等软件扫描二维码，会跳转至防伪查询网页，获得所购图书详细信息。

防伪客服电话　（010）58582300